应用型本科经济管理类专业基础课精品教材

会 计 学

主　编　沈　明

副主编　李　政　周平根　吴永贺

北京理工大学出版社
BEIJING INSTITUTE OF TECHNOLOGY PRESS

内 容 简 介

本书是顺应我国高等教育改革和会计理论与实务发展的新趋势，在总结会计专业教师教学实践经验的基础上形成的新成果。

本书主要分为两大部分。第一部分是从第一章至第四章，主要讲述了会计概念与职能、会计目标、会计基本假设、会计法规与会计职业道德、会计要素、会计记账方法、会计循环等会计学原理的基本内容。第二部分是从第五章至第十五章，围绕财务会计的基本理论和方法，系统地讲述了货币资金及应收款项、存货、金融资产、长期股权投资、固定资产、无形资产、负债、所有者权益、收入、费用和利润以及财务会计报告、财务报表分析等财务会计基本实务。

本书可作为应用型本科经济管理类非会计学专业教材，也可作为相关专业人员的工作参考用书。

版权专有　侵权必究

图书在版编目（CIP）数据

会计学/沈明主编. —北京：北京理工大学出版社，2018.9（2018.10 重印）
ISBN 978－7－5682－6380－1

Ⅰ.①会… Ⅱ.①沈… Ⅲ.①会计学－高等学校－教材 Ⅳ.①F230

中国版本图书馆 CIP 数据核字（2018）第 221747 号

出版发行 / 北京理工大学出版社有限责任公司
社　　址 / 北京市海淀区中关村南大街 5 号
邮　　编 / 100081
电　　话 / （010）68914775（总编室）
　　　　　（010）82562903（教材售后服务热线）
　　　　　（010）68948351（其他图书服务热线）
网　　址 / http：//www.bitpress.com.cn
经　　销 / 全国各地新华书店
印　　刷 / 北京紫瑞利印刷有限公司
开　　本 / 787 毫米×1092 毫米　1/16
印　　张 / 16　　　　　　　　　　　　　　　责任编辑 / 高　芳
字　　数 / 388 千字　　　　　　　　　　　　文案编辑 / 赵　轩
版　　次 / 2018 年 9 月第 1 版　2018 年 10 月第 2 次印刷　责任校对 / 杜　枝
定　　价 / 45.00 元　　　　　　　　　　　　责任印制 / 李志强

图书出现印装质量问题，请拨打售后服务热线，本社负责调换

前　言

自 2006 年 2 月财政部颁布《企业会计准则——基本准则》以来，我国先后颁布并实施了具体会计准则第 1-42 号、会计准则解释第 1-12 号等，标志着我国会计及会计法规体系改革与国际会计准则接轨步伐明显加快，企业会计实务也随之发生了许多变化。与此同时，高等学校经济管理类专业对于会计学专业课程的学习需求更加迫切，而应用型本科大学的定位和改革对于会计学专业教学的实践性、应用性要求越来越高，面向应用型本科经济管理类专业编写会计学教材成为必然。

会计学是高校经济管理类专业涉及会计学的专业基础课程，本教材适应会计法规体系和高等教育改革发展的形势，能为应用型本科经济管理类非会计学专业学生学习会计学基本理论、基础知识和基本方法提供教学参考。

本书遵循循序渐进的原则，实践性与应用性并重，根据《企业会计准则——基本准则》，利用典型交易或者事项，说明了会计方法的基本原理和簿记操作方法；根据《企业会计准则》的具体准则，围绕资产、负债、所有者权益、收入、费用和利润等各项会计要素的确认、计量、记录和报告等进行了论述。同时本教材还运用以实践为先导的讲述方法，使学生在掌握基本会计实务方法的基础上，学习会计核算的基础理论和原则，更有利于对会计基本假设、会计基本原则等基本理论的理解和运用。

本书是顺应我国高等教育改革和会计理论与实务发展新趋势，在总结会计专业教师教学实践经验基础上形成的新成果。本书由南京审计大学金审学院沈明担任主编，南京审计大学金审学院李政、三江学院周平根和南京邮电大学通达学院吴永贺担任副主编。沈明对全书进行总纂与定稿。各章编写分工如下：沈明编写第一章至第四章，周平根编写第五章至第八章，吴永贺编写第九章至第十一章，李政编写第十二章至第十五章。

本书在编写过程中得到了南京审计大学金审学院会计与审计学院、金融与经济学院沈勇教授、石盈教授的大力支持，叶子、吴忠羽、吴柳卿、强质慧、陆慧等同志参与了本教材资料收集、校对等工作，北京理工大学出版社对本书的编辑出版给予了专业指导和帮助，本教材编写过程中还参阅了有关文献资料，在此一并表示诚挚的感谢！

鉴于我国会计准则和会计制度不断修订和完善，逐步与国际趋同，报表格式也在不断变化，教材中如有与现行会计准则和制度不一致的地方，在教学中请以最新法则制度为准。

由于编者水平有限，书中难免有疏漏之处，敬请各位读者批评指正。

编　者

目　录

第一章　会计概述 …………………………………………………………… (1)

第一节　会计的概念与职能 ………………………………………………… (1)
第二节　会计目标 …………………………………………………………… (2)
第三节　会计基本假设与会计基础 ………………………………………… (4)
第四节　会计信息质量要求 ………………………………………………… (6)
第五节　会计法规与会计职业道德 ………………………………………… (7)

第二章　会计要素 …………………………………………………………… (10)

第一节　会计要素概述 ……………………………………………………… (10)
第二节　会计要素的计量属性及内容 ……………………………………… (12)

第三章　会计记账方法 ……………………………………………………… (14)

第一节　会计方程式 ………………………………………………………… (14)
第二节　会计科目与会计账户 ……………………………………………… (19)
第三节　借贷记账法 ………………………………………………………… (23)
第四节　交易或者事项、对应账户和会计分录 …………………………… (33)

第四章　会计循环 …………………………………………………………… (39)

第一节　会计凭证 …………………………………………………………… (39)
第二节　会计账簿 …………………………………………………………… (41)
第三节　会计报表 …………………………………………………………… (46)

第五章　货币资金及应收款项 (48)

第一节　库存现金的核算 (48)
第二节　银行存款的核算 (51)
第三节　其他货币资金的核算 (60)
第四节　应收及预付款项的核算 (64)

第六章　存货 (76)

第一节　存货概述 (76)
第二节　原材料的核算 (81)
第三节　周转材料的核算 (90)
第四节　委托加工物资的核算 (94)
第五节　存货清查的核算 (96)
第六节　存货减值的核算 (98)

第七章　金融资产 (100)

第一节　金融资产概述 (100)
第二节　交易性金融资产的核算 (101)
第三节　持有至到期投资的核算 (104)
第四节　可供出售金融资产的核算 (108)

第八章　长期股权投资 (111)

第一节　长期股权投资概述 (111)
第二节　长期股权投资的初始计量 (113)
第三节　长期股权投资的后续计量 (116)
第四节　长期股权投资的减值和处置 (120)

第九章　固定资产 (122)

第一节　固定资产概述 (122)
第二节　固定资产的初始计量 (124)
第三节　固定资产的后续计量 (129)
第四节　固定资产的处置 (135)
第五节　固定资产清查 (137)

第六节　固定资产减值准备 ………………………………………………（138）

第十章　无形资产 …………………………………………………………（140）

第一节　无形资产概述 ……………………………………………………（140）
第二节　无形资产的初始计量 ……………………………………………（142）
第三节　无形资产的后续计量 ……………………………………………（146）
第四节　无形资产的处置 …………………………………………………（148）
第五节　无形资产减值准备 ………………………………………………（149）

第十一章　负债 ……………………………………………………………（151）

第一节　流动负债 …………………………………………………………（151）
第二节　非流动负债 ………………………………………………………（168）

第十二章　所有者权益 ……………………………………………………（173）

第一节　所有者权益概述 …………………………………………………（173）
第二节　实收资本（或股本） ……………………………………………（174）
第三节　资本公积 …………………………………………………………（177）
第四节　其他综合收益 ……………………………………………………（179）
第五节　留存收益 …………………………………………………………（181）

第十三章　收入、费用和利润 ……………………………………………（185）

第一节　收入 ………………………………………………………………（185）
第二节　费用 ………………………………………………………………（197）
第三节　利润 ………………………………………………………………（200）

第十四章　财务会计报告 …………………………………………………（208）

第一节　财务会计报告概述 ………………………………………………（208）
第二节　资产负债表 ………………………………………………………（209）
第三节　利润表 ……………………………………………………………（219）
第四节　现金流量表 ………………………………………………………（224）
第五节　所有者权益变动表 ………………………………………………（227）
第六节　财务报表附注 ……………………………………………………（229）

第十五章 财务报表分析 ……………………………………………………（230）

第一节 财务报表分析概述 ……………………………………………（230）
第二节 偿债能力分析 …………………………………………………（236）
第三节 营运能力分析 …………………………………………………（239）
第四节 盈利能力分析 …………………………………………………（242）
第五节 综合分析 ………………………………………………………（245）

参考文献 …………………………………………………………………（248）

第一章 会计概述

第一节 会计的概念与职能

一、会计的概念

会计是以货币为主要计量单位，采用专门方法和程序，对企业和行政、事业单位的经济活动进行完整的、连续的、系统的核算和监督，以提供经济信息和提高经济效益为主要目的的经济管理活动。

二、会计的职能

会计的职能是指会计在经济管理中所具有的功能。马克思在《资本论》中曾把会计概括为"对过程的控制和观念总结"。过程，指的是社会再生产的全过程，就一个企业来说，就是整个经营过程。控制，一般理解为"监督"。观念总结，一般理解为"核算"。也就是说，会计具有会计核算和会计监督两项基本职能。随着经济的发展和会计作用的延展，会计还具有预测、决策、评价等其他拓展职能。

（一）核算职能

会计的核算职能，也称会计的反映职能，是指会计以货币为主要计量单位，对特定主体的经济活动进行确认、计量和报告。会计的核算职能贯穿经济活动的全过程，是会计最基本的职能。

会计的核算职能包括事后核算、事中核算和事前核算。事后核算主要是指综合反映企事业单位已经发生或已经完成的各项经济活动；事中核算主要是指在计划或预算执行过程中，通过核算和监督对经济活动进行控制和干预；事前核算主要是指对未来经济活动进行预测和分析，其形式包括进行预测、参与决策、编制计划等。

（二）监督职能

会计的监督职能，是指对特定主体的经济活动和相关会计核算的真实性、合法性和合理性进行审查。真实性审查，是指检查各项会计核算是否根据实际发生的交易或者事项进行；合法性审查，是指检查各项交易或者事项是否符合国家有关法律法规，是否遵守财经纪律，是否执行国家各项方针政策，以杜绝违法乱纪行为；合理性审查，是指检查各项财务收支是否符合客观经济规律及经营管理方面的要求，是否保证各项财务收支符合特定的财务收支计划，是否实现预算目标。

会计的核算职能与监督职能是相辅相成、辩证统一的。会计核算是会计监督的基础，没有会计核算提供的各种信息，会计监督就失去了依据。会计监督又是会计核算质量的保障，没有会计监督，就难以保证会计核算提供信息的质量。只有把两者有机地结合起来，才能充分发挥会计在维护经济秩序、加强经济管理、提高经济效益中的作用。

会计核算和会计监督是会计的基本职能，它们体现了会计的本质特征。

（三）拓展职能

会计的拓展职能主要有三个：预测经济前景、参与经济决策、评价经营业绩。

1. 预测经济前景

预测经济前景是指根据财务会计报告等提供的信息，定量或者定性地判断和推测经济活动的发展变化规律，以指导和调节经济活动，提高经济效益。

2. 参与经济决策

参与经济决策是指根据财务会计报告等信息，运用定量分析和定性分析方法，对备选方案进行经济可行性分析，为企业生产经营管理提供与决策相关的信息。

3. 评价经营业绩

评价经营业绩是指利用财务会计报告等信息，采用适当的方法，对企业一定经营期间的资产运营、经济效益等经营成果，对照相应的评价标准，进行定量及定性对比分析，做出真实、客观、公正的综合评判。

第二节 会计目标

会计的目标取决于会计信息使用者的要求，并受到会计对象、会计职能的制约。人们不可能离开会计的对象和职能来提要求。同时，会计的目标还要受经济环境的制约，受经济管理体制的影响。会计目标决定着整个会计活动的发展方向和方式，它是会计系统运行的出发点和归结点。我国《企业会计准则》对会计的目标做出了明确的规定。

一、会计目标

会计目标也称财务会计报告的目标，是会计工作完成的任务或达到的标准，即向财务会计报告使用者提供与企业财务状况、经营成果和现金流量等有关的会计信息，反映企业管理层受托责任履行情况，有助于财务会计报告使用者做出经济决策。

二、财务会计报告使用者

会计信息应当符合国家宏观经济管理的要求，满足企业加强内部经营管理的需要。上述目标可以划分为三个层次：第一层次是满足政府宏观经济调控的需要；第二层次是满足投资者投资决策的需要；第三层次是满足企业自身经营管理的需要。前两个层次都是满足企业外部使用者的需要，财务会计报告外部使用者主要包括投资者、债权人、政府及其有关部门、社会公众等。后一个层次主要是满足企业管理层经营决策与管理的需要。

满足投资者的信息需求是编制企业财务会计报告的首要出发点。企业编制财务报表、提供会计信息必须与投资者的决策密切相关。

三、受托责任观与决策有用观

（一）受托责任观

财务会计报告目标不仅要反映企业管理层受托责任履行情况，而且要有助于财务会计报告使用者做出经济决策。反映企业管理层受托责任履行情况体现了"受托责任观"理论，有助于财务会计报告使用者做出经济决策体现了"决策有用观"理论。受托责任观和决策有用观是会计界研究讨论财务会计报告目标过程中形成的两大理论观点。

受托责任观可以追溯到会计产生之初，作为一种比较流行的观点，得益于公司制的产生和发展。从会计发展的历史看，工业革命完成后，以公司制为代表的企业形式开始出现并广泛流行，随之而来的便是企业所有权与经营权分离，委托代理关系也得到了进一步发展，从而形成了以受托责任为目标取向的受托责任观。在受托责任观下，信息的使用者主要是财产的委托人，投资者、债权人以及其他需要了解和评价受托责任履行情况的利害关系人，并且这些使用者是现存的，而不是潜在的。由于是对受托责任履行结果的评价，使用者所需的信息侧重历史的、已发生的信息，因此要求提供尽可能客观、可靠的会计信息。资产计价倾向于采用历史成本计量方式。企业采用受托责任观，有助于外部投资者和债权人评价企业的经营管理责任和资源使用的有效性。

（二）决策有用观

决策有用观是在资本市场的历史背景下形成的。在日益发达的资本市场上，投资者进行投资需要有大量可靠而相关的会计信息，从传统的关注历史信息转向对关注未来信息，要求披露的信息量和范围也不断扩大，不仅要求披露财务信息、定量信息和确定信息，还要求更多地披露非财务信息、定性信息和不确定信息。而这些信息的提供都是要借助于会计，因此，会计信息的提供必须以服务于决策为目标取向。决策有用观认为会计信息必须对使用者的决策有用，因此，更加强调会计信息的相关性，不仅要反映实际发生的事项，还要确认那些虽未发生但对企业有重要影响的事项。

由于产生背景不同，受托责任观和决策有用观分别立足于资产委托者和决策者两类不同的服务对象，而这两类服务对象在经济生活中的现实地位和未来地位是同等重要的，不存在孰轻孰重。受托责任观和决策有用观是相辅相成的。会计信息在提供财务会计报告以履行受托责任的同时向决策者提供了统一、可靠、可比的决策信息。反过来，会计信息在提供决策信息的同时，也向委托者提供了范围更大、内容更灵活的信息以判断受托者责任的履行情况。因此，受托责任观和决策有用观无论从其产生的根源，还是现实经济发展两方面，都有其存在的合理性，都有继续发展的空间。从国际财务会计报告准则和世界许多国家会计准则以及我国企业会计准则来看，都兼顾了受托责任观和决策有用观。

第三节　会计基本假设与会计基础

一、会计基本假设

（一）会计主体假设

《企业会计准则——基本准则》第五条规定："企业应当对其本身发生的交易或者事项进行会计确认、计量和报告。"这一规定说明会计和会计核算工作必须以会计主体假设为前提。

会计主体假设是会计的第一个假设，也称经营主体假设，是指会计所反映的每一个在经营或经济上具有独立性或相对独立性的单位。这种单位不论执行何种社会分工的职能，都应有独立的资金开展经营活动，并能计算、考核经营活动的财务成果。这样的单位就成为一个独立的"会计主体"。

会计主体假设规定了会计活动的空间范围，它从根本上确定了会计立足于微观，主要为企业服务的属性，也就同时限定了会计对象的范围：企业本身的资金及资金运动。

会计主体假设要求会计活动必须分清两个基本主体界限：一是企业"本身"的会计活动范畴和企业投资者的会计活动范畴不能混同；二是企业"本身"的会计活动范畴和与企业经营活动有关的供应商、客户、债权人、债务人等企业或单位的会计活动范畴不能混同。

企业分别是一个独立的会计主体。但同样的交易或者事项，站在不同的会计主体，在进行会计确认、计量和报告时，账务处理的结果是不同的。因此会计主体假设特别强调企业"本身"的概念，混淆了以上两个基本会计主体关系，会计核算将无法开展。

（二）持续经营假设

《企业会计准则——基本准则》第六条规定："企业会计确认、计量和报告应当以持续经营为前提。"这一规定说明会计和会计核算工作必须以持续经营假设为前提。

持续经营假设，也称继续经营假设或持续性假设，是指会计的活动是以会计主体持续存在并执行其预定的经营活动为基本前提。也就是说，每一个会计主体能无限期地连续经营下去，不需要考虑企业的终止行为。

会计主体假设为会计活动限定了空间范围，而持续经营假设为会计的正常活动做出了时间上的规定。当然，企业如果在破产、清算、合并、重组等经营的特殊阶段，持续经营假设将不复存在，同样，以这个会计假设为前提所制定的许多会计准则、会计原则和会计核算方法也不再适用。持续经营假设只适用于正常经营状态下企业单位，而不适用已经处于破产、清算、合并、重组的企业。

（三）会计分期假设

《企业会计准则——基本准则》第七条规定："企业应当划分会计期间，分期结算账目和编制财务会计报告。会计期间分为年度和中期。中期是指短于一个完整的会计年度的报告期间。"这一规定说明会计和会计核算工作必须以会计分期假设为前提。

会计分期假设，是指将会计主体持续不断地生产经营活动人为地分割为若干期间，据以结算账目和编制财务会计报告，及时地对外提供企业有关财务状况和经营成果等会计信息。

会计期间的划分是正确进行会计确认、计量和报告资产、负债、所有者权益、收入、费用和利润等会计要素的前提。会计分期假设，产生了会计核算中本期与非本期的区别，产生了资本性支出与收益性支出的区别，产生了权责发生制与收付实现制的区别，使不同类型的会计主体有了会计确认、计量、记录、报告的基准。因而，会计分期假设对于会计程序和会计方法的确定具有极为重要的作用。

会计主体假设为会计核算设定了空间范围，持续经营假设为会计核算设定了时间范围，而会计分期假设为会计核算设定了时间界限。

会计期间通常为一年，称为会计年度。不同的国家和地区可以根据自身的特点和客观要求采用不同的会计年度，会计年度服从国家财政年度、预算年度的划分，一般有历年制会计年度和七月制会计年度两种。如果自每年1月1日起至该年12月31日止为一个会计年度，称为历年制会计年度；如果自每年7月1日起至次年6月30日止为一个会计年度，则称为七月制会计年度。我国会计实行历年制会计年度。

（四）货币计量假设

《企业会计准则——基本准则》第八条规定："企业会计应当以货币计量。"这一规定说明会计和会计核算工作必须以货币计量假设为前提。

货币计量假设又称为以货币为计量单位并认定币值稳定假设，是指企业生产经营活动的经营成果必须采用标准或统一的货币计量单位来予以综合反映。

以货币作为统一计量单位包含着币值稳定的意义，即币值保持不变假设，货币的基本计量单位假设，与币值稳定的假设是不可分割的。当货币的购买力发生较大波动时，不但会直接破坏币值稳定的假设条件，而且会冲击以货币为基本计量单位的假设。只有将货币计量和币值稳定两方面的假设统一起来，会计核算才能脱离无所适从的境地，把会计主体在各个会计期间发生的交易或者事项进行连续、系统地记录、汇总，并对不同会计期间的会计信息进行比较、分析和评价。如果出现了异常情况，即出现了持续的、普遍的，尤其是恶性的通货膨胀，货币购买力不断下降，货币本身价值不变的会计假设会脱离现实，应当修正这项会计假设。例如，用"不变购买力""重置成本"等计量单位采取代"名义的货币"计量单位。也正是在市场经济环境中出现的通货膨胀现象，相应的会计理论和方法也就应运而生，例如"通货膨胀会计"和"现时成本会计"理论。

在我国，遵照会计法规，在货币计量的前提下，会计核算应采用人民币作为记账本位币。有外币收支业务的企业也可采用某种外币作为记账本位币，但向有关方面报送的财务会计报告必须折算为人民币反映。

二、会计基础

会计基础是指会计确认、计量和报告的基础。会计基础包括权责发生制和收付实现制两种。

（一）权责发生制

权责发生制，又称应计制或应收应付制，是以收入和费用是否已经发生为标准确认本期收入和支出的一种方法。根据权责发生制原则，凡是当期已经实现的收入和已经发生或应当负担的费用，不论款项是否已经收付，都应当作为本期的收入和费用处理；凡是不属于当期的收入和费用，即使款项已经在当期收付，也不应当作为当期的收入和费用处理。

权责发生制主要从时间选择上确定会计确认的基础，其核心是根据权责关系的实际发生和影响期间确定企业的收入和费用，因此，能真实地反映企业财务状况和经营成果。为了正确划分并确定各个会计期间的财务成果，企业应以权责发生制作为记账的基础。例如"待摊费用"和"预提费用"的设置及应用就是以权责发生制为基础进行的。

（二）收付实现制

收付实现制，也称现金制或现收现付制，是以款项的实际收付为标准来确认本期收入和支出的一种方法。根据收付实现制，凡是在本期收到的收入和支出的费用，不论其是否属于本期，都应当作为本期的收入和费用处理；反之，凡是本期未收到的收入和付出的费用，即使属于本期，也不作为本期的收入和费用处理。因此，对于应收、应付、预收、预付等款项均不予以调整。

权责发生制与收付实现制都属于会计基础。虽然收付实现制的账务处理方法比较简单，但不能合理、准确地确定各期损益，《企业会计准则——基本准则》第九条规定："企业应当以权责发生制为基础进行会计确认、计量和报告。"因此，企业会计核算应当采用权责发生制，而不采用收付实现制。

第四节 会计信息质量要求

会计信息质量要求是对企业财务会计报告所提供会计信息质量的基本要求，是对使用者决策有用的会计信息应具备的基本特征，主要包括可靠性、相关性、可理解性、可比性、实质重于形式、重要性、谨慎性、及时性等。

一、可靠性

可靠性要求企业应当以实际发生的交易或者事项为依据进行会计确认、计量和报告，如实反映符合确认和计量要求的各项会计要素及其他相关信息，保证会计信息真实可靠，内容完整。

二、相关性

相关性要求企业提供的会计信息应当与财务会计报告使用者的经济决策需要相关，有助于财务会计报告使用者对企业过去、现在或者未来的情况做出评价或者预测。

三、可理解性

可理解性要求企业提供的会计信息应当清晰明了，便于财务会计报告使用者理解和使用。

四、可比性

可比性是指会计核算必须符合国家的统一规定，提供相互可比的会计核算资料。不同企业发生的相同或者相似的交易或者事项，应当采用规定的会计政策，确保会计信息口径一致、相互可比。

五、实质重于形式

实质重于形式要求企业应当按照交易或者事项的经济实质进行会计确认、计量和报告，不仅仅以交易或者事项的法律形式为依据。

六、重要性

重要性要求企业提供的会计信息应当反映与企业财务状况、经营成果和现金流量等有关的所有重要交易或者事项。重要性是指企业提供的会计信息对于那些反映与企业财务状况、经营成果和现金流量的重要交易或者事项必须在财务会计报告中加以反映。各项交易或者事项是否重要，其判断标准是这项交易或者事项所产生的会计信息，是否对投资者、债权人等会计信息使用者的经济决策产生重要影响。如果某项交易或者事项对投资者、债权人等会计信息使用者的经济决策有重要影响，则该交易或者事项形成的会计信息结果就必须予以披露。凡是存在有重要影响的交易或者事项在提供的会计信息中未得到反映，就违反了会计信息质量的重要性要求，造成严重后果的，需要承担法律和经济责任。

七、谨慎性

谨慎性要求企业对交易或者事项进行会计确认、计量和报告应当保持应有的谨慎，不应高估资产或者收益、低估负债或者费用。谨慎性原则允许企业对应收账款提取坏账准备金、固定资产折旧的计提可以采用快速折旧法，对存货库存计价采用后进先出法等。

八、及时性

及时性要求企业对于已经发生的交易或者事项，应当及时进行会计确认、计量和报告，不得提前或者延后。及时性是指会计核算中要讲求时效，要求交易或者事项的处理必须及时进行，以利于会计信息的及时反映。

第五节 会计法规与会计职业道德

一、会计法规

会计法规是国家管理会计工作的法律、条例、规则、章程、制度等的总称。它是以会计理论为指导，将会计工作所应遵循的各项原则和方法，用法规的形式肯定下来，保证会计工作的正常进行，以达到一定目标的经济管理法规。其主要内容包括会计基本法、会计准则、会计事务的处理以及有关会计机构和会计人员的规定。我国的会计法规体系具体包括会计法律、会计准则、会计规章制度等。

（一）会计法律

会计法律是指国家最高权力机关通过一定的立法程序颁发施行的，在我国具体是指全国人民代表大会（全国人大）颁布的《中华人民共和国会计法》，它是调整我国经济生活中会计关系的法律。

《中华人民共和国会计法》（简称《会计法》）是会计工作的基本法。《会计法》经全国人大常务委员会于 1985 年 1 月 21 日通过，自 1985 年 5 月 1 日起施行。根据 2017 年 11 月 4 日第十二届全国人民代表大会常务委员会第三十次会议《关于修改〈中华人民共和国会计法〉等十一部法律的决定》，对《会计法》做了修改。《会计法》共 7 章 52 条，对会计工作的地位、作用和管理体制，会计核算，会计监督，会计机构和会计人员的职责，以及违反《会计法》的法律责任等都做了规定。《会计法》是制定会计准则、会计规章和会计制度的法律依据。

除了《会计法》，《中华人民共和国证券法》《中华人民共和国公司法》（简称《公司法》）、《中华人民共和国税法》（简以《税法》）等相关法律，也涉及会计工作方面的问题，主要规定了对违反会计规定的行为的法律责任。会计法规还包括国务院根据有关法律或者全国人大及其常委会的授权制定的各种条例，例如《总会计师条例》《企业财务会计报告条例》等，以及有关会计工作的地方性会计法规。

（二）会计准则

会计准则是会计人员从事会计工作的规则和指南，是会计核算工作的规范。它们指导和规范企业的会计核算，保证会计信息的质量。按其使用单位的经营性质，会计准则可分为营利组织的会计准则和非营利组织的会计准则。《企业会计准则》属于营利组织的会计准则。

为了规范企业会计确认、计量和报告行为，保证会计信息质量，根据《会计法》和其他有关法律、行政法规，财政部制定了《企业会计准则》。《企业会计准则》于 2006 年 2 月 15 日财政部令第 33 号发布，自 2007 年 1 月 1 日起施行，2017 年 7 月再次修订并颁布实施，至 2017 年年末，我国共发布《企业会计准则》（具体会计准则）第 1 号至第 42 号，公布《企业会计准则解释》第 1 号至 12 号。我国会计准则与国际财务会计报告准则实现了实质性趋同。

《企业会计准则——基本准则》包括 11 章 50 条，内容涉及总则、会计信息质量要求、资产、负债、所有者权益、收入、费用、利润、会计计量、财务会计报告和附注等。其应用指南从不同角度对企业具体准则进行强化，解决实务操作，包括具体准则解释部分、会计科目和财务报表部分。

（三）会计规章制度

会计规章制度是指由主管全国会计工作的行政部门（财政部）就会计工作中某些方面所制定的规范性文件。国务院有关部门根据其职责制定的会计方面的规范性文件，实施国家统一会计制度的具体办法等，也属于会计规章制度。会计规章制度依据会计法律和会计准则制定，如财政部发布的《股份有限公司会计制度》《会计基础工作规范》，财政部与国家档案局联合发布的《会计档案管理办法》等。

二、会计职业道德

会计职业道德是对会计人员有关职业道德方面的要求，主要体现在思想政治、工作精神、专业修养等的三个方面。

(1) 会计人员在会计工作中应当遵守职业道德，树立良好的职业品质、严谨的工作作风，严守工作纪律，努力提高工作效率和工作质量。

（2）会计人员应当热爱本职工作，努力钻研业务，使自己的知识和技能适应所从事工作的要求。

（3）会计人员应当熟悉财经法律、法规、规章和国家统一的会计制度，并结合会计工作进行广泛宣传。

（4）会计人员应当按照会计法律、法规和国家统一会计制度规定的程序和要求进行会计工作，保证所提供的会计信息合法、真实、准确、及时、完整。

（5）会计人员办理会计事务应当实事求是、客观公正。

（6）会计人员应当熟悉本单位的生产经营和业务管理情况，运用掌握的会计信息和会计方法，为改善单位内部管理、提高经济效益服务。

（7）会计人员应当保守本单位的商业秘密。除法律规定和单位领导人同意外，不能私自向外界提供或者泄露单位的会计信息。

财政部门、业务主管部门和各单位应当定期检查会计人员遵守职业道德的情况，并作为会计人员职务晋升、晋级、聘任专业职务、表彰奖励的重要考核依据。

第二章

会计要素

第一节 会计要素概述

会计要素是根据交易或者事项的经济特征所确定的财务会计对象和基本分类。

会计要素按照其性质分为资产、负债、所有者权益、收入、费用和利润。其中，资产、负债和所有者权益要素侧重于反映企业在某个时点的财务状况，收入、费用和利润要素侧重于反映企业在某个时期的经营成果。因此，前三项要素属于静态会计要素，后三项会计要素属于动态会计要素。

企业成立伊始，就必须有一定的注册资金，其形式可以是各种资产，而拥有的这些资产必定有其投资来源，提供其投资所拥有的利益在会计上称为权益。对于一个正常经营的企业来说，资产与权益是相等的。由于企业的资产来源有的是投资者出资形成，有的是债权人借入资金形成，因此权益又相应地分为所有者权益和债权人权益，而债权人权益一般就是负债。资产、负债和所有者权益就构成了会计的最基本要素。

企业在持续的经营过程中，为了取得经营收入，需要投入材料、人工和费用进行生产和服务，这些材料、人工和费用形成了营业成本。企业通过销售产品取得主营业务收入，或向客户提供服务取得劳务收入，这些主营业务收入和劳务收入成为企业经营过程中的营业收入。在一个特定的会计周期内，营业收入大于营业成本形成利润（反之，为亏损）。收入、费用和利润称为反映企业在某个时期的经营成果的会计要素。

一、资产

资产是指企业过去的交易或者事项形成的，由企业拥有或者控制的，预期会给企业带来经济利益的资源。

资产按照不同的标准可以做不同的分类。按照是否具有实物形态，资产可以分为有形资产和无形资产；按照来源不同，资产可分为自有资产和租入资产；按照流动性不同，资产可分为流动资产和非流动资产；按照经济内容与用途不同，资产分为货币资金、应收及预付款项、交易性金融资产、存货、固定资产、无形资产和长期待摊费用等。

二、负债

负债是指企业过去的交易或者事项形成的、预期会导致经济利益流出企业的现时义务。

负债一般按其偿还时间的长短划分为流动负债和非流动负债两类。流动负债是将在1年（含1年）或超过1年的一个营业周期内偿还的债务。非流动负债是偿还期在1年或超过1年的一个营业周期以上的债务。

三、所有者权益

所有者权益是指企业资产扣除负债后，由所有者享有的剩余权益。公司的所有者权益又称为股东权益。

所有者权益的来源包括所有者投入的资本、直接计入所有者权益的利得和损失、留存收益等。所有者权益通常由实收资本（或股本）、资本公积（含资本溢价或股本溢价、其他资本公积）、盈余公积和未分配利润构成。其中，盈余公积和未分配利润又合称为留存收益，反映企业历年实现的净利润留存于企业的部分。

四、收入

收入是指企业在日常活动中形成的、会导致所有者权益增加的、与所有者投入资本无关的经济利益的总流入。

收入按企业经营业务的主次分为主营业务收入、其他业务收入。收入按企业从事日常活动的性质分为销售商品收入、提供劳务收入、让渡资产使用权收入。

五、费用

费用是指企业在日常活动中发生的、会导致所有者权益减少的、与向所有者分配利润无关的经济利益的总流出。

费用包括企业日常活动所产生的经济利益的总流出，主要是指企业为取得营业收入进行产品销售等营业活动所发生的企业货币资金的流出，具体包括营业成本、税金及附加和期间费用。营业成本包括主营业务成本、其他业务成本。期间费用是指企业日常活动发生的不能计入特定核算对象的成本，而应计入当期损益的费用。期间费用发生时直接计入当期损益。期间费用包括销售费用、管理费用和财务费用。

六、利润

利润是指企业在一定会计期间的经营成果。利润包括收入减去费用后的净额、直接计入当期利润的利得和损失等。

未计入当期利润的利得和损失扣除所得税影响后的净额计入其他综合收益项目。利润与其他综合收益的合计金额为综合收益总额。利得是指由企业非日常活动所形成的、会导致所有者权益增加的、与所有者投入资本无关的经济利益的流入。损失是指由企业非日常活动所发生的、会导致所有者权益减少的、与向所有者分配利润无关的经济利益的流出。

第二节　会计要素的计量属性及内容

计量属性是指基于计量的某一要素的特性方面，如长度、重量、容积等。会计要素的计量属性是指会计要素的数量特征或外在表现形式，反映了会计要素金额的确定基础。企业在将符合确认条件的会计要素登记入账并列报于会计报表及其附注时，应当按照规定的会计要素的计量属性进行计量，确定其金额。会计要素的计量属性主要包括历史成本、重置成本、现值和公允价值等。

一、历史成本

在历史成本计量下，资产按照购入时支付的现金或者现金等价物的金额，或者按照购入资产时所付出的对价的公允价值计量。负债按照其因承担现时义务而实际收到的款项或者资产的金额，或者承担现时义务的合同金额，或者按照日常活动中为偿还负债预期需要支付的现金或者现金等价物的金额计量。

历史成本，又称实际成本，是指企业的各种资产取得或购建时所发生的实际成本，即取得或购建各种资产所实际支付的资金或其他等价物。

二、重置成本

在重置成本计量下，资产按照现在购买相同或者相似资产所需支付的现金或者现金等价物的金额计量。负债按照现在偿付该项债务所需支付的现金或者现金等价物的金额计量。

重置成本又称现行成本或现时投入成本。它通常表示在本期重置或重建持有资产的一种计量属性。重置成本就是按照购置或购置相同或相似的资产需要支付的现金进行计量，在资产评估工作中，大多采用重置成本的方法，因为它可以体现资产的现时价值，接近市场公允的价值。重置成本计量属性能避免价格变动的虚计收益，反映真实财务状况，客观评价企业的管理业绩。其主要用于高通货膨胀时期的会计计量，也用于相关资产的后续计量上。

重置成本的优点主要表现在：避免在物价上涨时虚计利润；重置成本为现时信息，而不是过去的历史信息，增强了会计信息的有用性；将重置成本与现行收入相配比，具有逻辑上的一致性，可增强期间收入与费用相配比的可比性和可靠性；便于区分企业的经营收益和资产利得，有助于正确评价管理当局的业绩。

三、可变现净值

在可变现净值计量下，资产按照其正常对外销售所能收到现金或者现金等价物的金额扣减该资产至完工时估计将要发生的成本、销售费用以及相关税费后的金额计量。

可变现净值又称预期脱手价值，是指资产按照其正常对外销售所能收到现金或者现金等价物的金额扣减该资产至完工时估计将要发生的成本、估计的销售费用以及相关税费后的金额计量。

可变现净值与现行市价一样，都是立足于销售的立场确定某项资产的变现价值。不同之处在于，可变现净值是预期的未来未贴现的变现价值，因此需要扣除为继续加工所需要的现金支出。另外，可变现净值假设企业处于正常经营状态，符合持续经营假设。可变现净值体现了稳健性的原则，反映了资产预期的实现收入能力。但它仅用于计划将来销售的资产或未来清偿既定的负债，无法适用于企业全部资产。

四、现值

在现值计量下，资产按照预计从其持续使用和最终处置中所产生的未来净现金流入量的折现金额计量。负债按照预计期限内需要偿还的未来净现金流出量的折现金额计量。

现值是企业持有资产通过生产经营，或者持有负债在正常的经营状态下可望实现的未来现金流量的折现值。在所有可能的计量属性当中，只有现值考虑了现金流量的数额、时间分布和不确定性，真正体现了资产、负债作为"未来经济利益的获得或者牺牲"的本质属性。因此，现值提供的会计信息对于使用者也是最为相关的。

在会计计量中运用现值，主要目的在于捕捉一系列现金流量中不同范围的经济差异。运用现值进行初始计量后，还要在后续时期重新开始计量。现值反映了资产的未来经济利益，考虑了货币时间价值，会计信息的决策相关性最强，最有利于财务决策。

五、公允价值

在公允价值计量下，资产和负债按照市场参与者在计量日发生的有序交易中，出售资产所能收到或者转移负债所需支付的价格计量。

公允价值的估计要确定单一的资产或负债项目，或者是它们的集合（如一组资产或一组负债），可以采用市场法、收益法或成本法。市场法主要是指市场的价格，即在市场真实交易中可观察到的相同、相似或可比的资产或负债的价格。收益法是未来投资（比如现金流量和盈利）通过折现转化为现值的方法。成本法一般是指一项资产的重置成本或现行成本为基础，做必要的调整（如资产损耗调整）。

在各种会计要素的计量属性中，历史成本通常反映的是资产或者负债过去的价值，而重置成本、可变现净值、现值以及公允价值通常反映的是资产或者负债的现时成本或者现时价值，是与历史成本相对应的计量属性。企业在对会计要素进行计量时，一般应当采用历史成本。如果需要采用重置成本、可变现净值、现值、公允价值计量的，应当保证所确定的会计要素金额能够取得并可靠计量。

第三章

会计记账方法

第一节 会计方程式

一、会计方程式概述

企业投资成立时的注册资金形成企业的全部资产，投资者（股东）和债权人拥有企业全部资产的权益。对于一个企业来讲，资产与权益是相等的。投资者（股东）出资形成的权益称为所有者权益，债权人借入资金形成的权益称为债权人权益，而债权人权益一般就是负债。

企业的注册资金，一方面表现为各种形式的资产，另一方面又表现为一定的权益。资产与权益从两个角度反映注册资金的数量及状态。因此，在会计上，一定数额的资产必然等于一定数额的权益，两者形成一种恒等关系，即

$$资产 = 权益$$

而权益又由负债和所有者权益所构成，因而可形成以资产为一方，以负债和所有者权益为另一方的等式关系：

$$资产 = 负债 + 所有者权益$$

根据这一等式关系，企业的一切资产，都源于债权人和投资者借入或投入的资金，而债权人和投资者的这笔资金又必须形成各种形式和状态的资产。资产、负债和所有者权益三者的这种恒等关系称为会计方程式，也称会计等式、会计恒等式、会计平衡公式。

二、会计方程式的恒等关系

无论在经营过程中发生多少业务，也不管资产、负债和所有者权益之间如何增减变化，会计方程式始终保持着这种恒等关系。

例如，永信实业有限责任公司拥有资产 1 060 000 元，其资产源于债权人 210 000 元，源于投资者 850 000 元。其资产、负债和所有者权益的构成如下：

资产					=	负债			+	所有者权益
银行存款	+	固定资产	+	原材料		短期借款	+	应付账款		实收资本
200 000		680 000		180 000		160 000		50 000		850 000
1 060 000						1 060 000				

永信实业有限责任公司的资产分别以银行存款（200 000 元）、固定资产（680 000 元）和原材料（180 000 元）的状态存在，这 1 060 000 元的资产分别来自向银行的短期借款（160 000 元）、欠供应商的应付账款（50 000 元）以及投资者投入的实收资本（850 000 元）。随着企业的持续经营，其所遇到的交易或者事项是复杂的，资产、负债和所有者权益的变化也会千差万别。

【例 3-1】永信实业有限责任公司在某会计期间发生如下交易或者事项：
（1）投资者（股东）投入 400 000 元银行存款作为增资之用；
（2）用银行存款购买原材料，价值 30 000 元，材料经验收入库；
（3）购置办公用计算机设备，贷款 25 000 元暂欠；
（4）以银行存款归还短期借款 12 000 元；
（5）股东以银行存款形式抽走资金 38 000 元，减少投资；
（6）向银行申请并得到借款 22 000 元，当即用于归还欠款；
（7）股东以自己的资金为永信实业有限责任公司偿还短期借款 22 000 元，作为对公司的增资；
（8）永信实业有限责任公司转让股权，其中 300 000 元被另外一家投资者购得；
（9）永信实业有限责任公司接受股东所承担的债务 20 000 元（将来代替股东付款），作为股东投入资本的抵减。

将以上各项业务逐一分析并处理如下：

业务（1）：股东投入 400 000 元银行存款作为增资之用。此项业务发生后，公司的资产（银行存款）增加，同时所有者权益（实收资本）也同时增加，其会计方程式的状态变化如下：

资产					=	负债			+	所有者权益
银行存款	+	固定资产	+	原材料		短期借款	+	应付账款		实收资本
200 000		680 000		180 000		160 000		50 000		850 000
+400 000										+400 000
600 000		680 000		180 000		160 000		50 000		1 250 000
1 460 000						1 460 000				

业务（2）：用银行存款购买原材料，价值 30 000 元，材料经验收入库。此项业务发生后，公司的资产（银行存款）减少，同时购入的原材料表明资产也同额增加 30 000 元，其会计方程式的状态变化如下：

资产			=	负债		+	所有者权益
银行存款 +	固定资产 +	原材料		短期借款 +	应付账款		实收资本
600 000	680 000	180 000		160 000	50 000		1 250 000
−30 000		+30 000					
570 000	680 000	210 000		160 000	50 000		1 250 000
		1 460 000				1 460 000	

业务（3）：购置办公用计算机设备，货款 25 000 元暂欠。此项业务发生后，公司的设备（固定资产）增加，同时由于暂欠货款的产生，应付账款同额增加 25 000 元，其会计方程式的状态变化如下：

资产			=	负债		+	所有者权益
银行存款 +	固定资产 +	原材料		短期借款 +	应付账款		实收资本
570 000	680 000	210 000		160 000	50 000		1 250 000
	+25 000				+25 000		
570 000	705 000	210 000		160 000	75 000		1 250 000
		1 485 000				1 485 000	

业务（4）：以银行存款归还短期借款 12 000 元。此项业务发生后，公司所欠的该项短期借款取消，负债减少，同时公司所用银行存款也随之减少。因此，资产（银行存款）与负债（短期借款）同额减少 12 000 元。其会计方程式的状态变化如下：

资产			=	负债		+	所有者权益
银行存款 +	固定资产 +	原材料		短期借款 +	应付账款		实收资本
570 000	705 000	210 000		160 000	50 000		1 250 000
−12 000				−12 000			
558 000	705 000	210 000		160 000	75 000		1 250 000
		1 473 000				1 473 000	

业务（5）：股东以银行存款形式抽走资金 38 000 元，减少投资。此项业务发生后，股东对公司的投资额减少，结果导致所有者权益中的实收资本减少，同时所抽走的资金也使企业的银行存款同额减 38 000 元。其会计方程式的状态变化如下：

资产			=	负债		+	所有者权益
银行存款 +	固定资产 +	原材料		短期借款 +	应付账款		实收资本
558 000	705 000	210 000		148 000	50 000		1 250 000
−38 000							−38 000
520 000	705 000	210 000		148 000	75 000		1 212 000
		1 435 000				1 435 000	

业务（6）：向银行申请并得到借款 22 000 元，当即用于归还欠款。此项业务发生后，原所欠的应付账款 22 000 元已经归还，所以，负债中短期借款与应付账款同时发生变化，

短期借款增加 22 000 元，应付账款减少 22 000 元。其会计方程式的状态变化如下：

资　产			=	负　债		+	所有者权益
银行存款	+ 固定资产	+ 原材料		短期借款	+ 应付账款		实收资本
520 000	705 000	210 000		148 000	75 000		1 210 000
				+22 000	−22 000		
520 000	705 000	210 000		170 000	53 000		1 210 000
	1 435 000				1 435 000		

业务（7）：股东以自己的资金为永信实业有限责任公司偿还短期借款 22 000 元，作为对公司的增资。此项业务发生后，公司所欠的短期借款已经归还，而股东对公司的投资随之增加，于是负债中的短期借款与所有者权益中的实收资本则同额增减，前者减少 22 000 元，后者增加 22 000 元，其会计方程式的状态变化如下：

资　产			=	负　债		+	所有者权益
银行存款	+ 固定资产	+ 原材料		短期借款	+ 应付账款		实收资本
520 000	705 000	210 000		170 000	75 000		1 210 000
				−22 000			+22 000
520 000	705 000	210 000		148 000	53 000		1 234 000
	1 435 000				1 435 000		

业务（8）：永信实业有限责任公司转让股权，其中 300 000 元被另一家投资者购得。此项业务发生后，公司股东的比例结构发生变化，这就使所有者权益中股东之间的实收资本产生一增一减的同额变化，其会计方程式的状态变化如下：

资　产			=	负　债		+	所有者权益
银行存款	+ 固定资产	+ 原材料		短期借款	+ 应付账款		实收资本
520 000	705 000	210 000		148 000	53 000		1 234 000
							+300 000 −300 000
520 000	705 000	210 000		148 000	53 000		1 234 000
	1 435 000				1 435 000		

业务（9）：永信实业有限责任公司接受股东所承担的债务 20 000 元（将来代替股东付款），作为股东投入资本的抵减。此项业务发生后，负债中应付账款增加，同时股东的投资权益减少，应付账款增加 20 000 元，实收资本减少 20 000 元，其会计方程式的状态变化如下：

资　产			=	负　债		+	所有者权益
银行存款	+ 固定资产	+ 原材料		短期借款	+ 应付账款		实收资本
520 000	705 000	210 000		148 000	53 000		1 234 000
					+20 000		−20 000
520 000	705 000	210 000		148 000	73 000		1 214 000
	1 435 000				1 435 000		

由以上9项业务处理结果来看，会计方程式的恒等关系始终没有被破坏，如果将等号左边（即资产）为一方（称左方），将等号右边（即负债＋所有者权益）为另一方（称右方），交易或者事项的发生，使企业资产负债的平衡发生以下类型的变化，如图3-1所示。

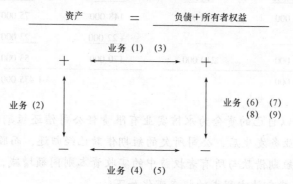

图3-1　交易或者事项类型示意图

有的业务发生以后，使左方与右方同额增加或减少，例如业务（1）、（3）、（4）、（5），左方与右方等额增减，其左右保持相等关系。有的业务发生以后，使左方或右方内部等额增减，例如业务（2）、（6）、（7）、（8）、（9），左方或右方内部等额变化，不影响总额的变化，左右还是保持相等关系。

现将以上9项业务及永信实业有限责任公司的资产负债状况列表见表3-1。

表3-1　永信实业有限责任公司交易或者事项一览表

业务	资　　产			＝	负　　债		＋	所有者权益
	银行存款	固定资产	原材料		短期借款	应付帐款		实收资本
期初	200 000	680 000	180 000		160 000	50 000		850 000
(1)	+400 000							+400 000
(2)	−30 000		−30 000					
(3)		+25 000				+25 000		
(4)	+12 000				−12 000			
(5)	−38 000							−38 000
(6)					+22 000	−22 000		
(7)					−22 000			+22 000
(8)						+300 000		−300 000
(9)						+20 000		−20 000
期末	520 000	705 000	210 000		148 000	73 000		1 214 000
合计		1 435 000		＝	221 000		＋	1 214 000
		1 435 000		＝		1 435 000		

表中所列9项业务分别代表了9种业务的变化类型，由此可见，无论交易或者事项怎样发生，企业资产、负债、所有者权益之间始终保持着平衡关系，即"资产＝负债＋所有者权益"。

三、会计方程式的扩展

由于上述会计方程式包含了资产、负债和所有者权益反映企业财务状况的三个会计要素,所以这一会计方程式是反映财务状况的会计方程式,又称为静态会计方程式、存量会计方程式,是会计的基本方程式,在会计理论和实践中具有非常重要的作用。

企业是以营利为目的,在经营活动中获取收入,实现盈利。为了生产经营,企业必然要发生相应的费用,一定时期的收入与该时期的收入进行对比,收入大于费用为利润,收入小于费用为亏损。收入、费用和利润三个会计要素之间的数量关系,用下列公式表示:

$$收入-费用=利润$$

这一公式也是会计方程式,称为动态会计方程式、增量会计方程式。由于组成这一会计方程式的收入、费用和利润要素反映着企业在一定时期的经营成果,所以这一会计方程式是反映企业经营成果的会计方程式。

企业在一定时期取得的经营成果直接影响着该时期企业所有者权益,当企业收入大于费用获得利润时,所有者权益增加,资产随之增加;当企业收入小于费用发生亏损时,所有者权益减少,资产随之减少。由此,上述两个会计方程式可以组合为下列会计方程式:

$$资产=负债+所有者权益+利润$$

即:

$$资产=负债+所有者权益+(收入-费用)$$

这一会计方程式被称为扩展会计方程式。扩展会计方程式说明,收入、费用和利润这三个会计要素的变化,最终表现为所有者权益的变化,包括收入、费用、利润变化在内的任何交易或者事项的发生,同样不会破坏会计方程式的平衡关系。

第二节 会计科目与会计账户

随着交易或者事项的不断发生,企业的资产、负债和所有者权益就不断变动,为了更清晰地反映和记录这一系列的变化过程和变化结果,有必要对各项资产、负债和所有者权益等内容进分类,进而设置会计科目和会计账户。

一、会计科目

会计科目是对会计要素的具体内容进行分类核算的项目。为了连续、系统、全面地核算和监督经济活动所引起的各项会计要素的增减变化,就有必要对会计要素的具体内容按照其不同的特点和经济管理要求进行科学的分类,并事先确定分类核算的项目名称,规定其核算内容。这种对会计要素具体内容进行分类核算的项目,称为会计科目。

会计科目的设置必须概念清晰、简明扼要、通俗易懂,既要有一定的统一性,又要有各行业、各单位的灵活性。企业在设置会计科目时,首先要便于编制财务报表,因而要尽可能与报表上的科目一致。通常把会计科目先分为"资产类""负债类""所有者权益类""成本类"和"损益类"五大类,然后分别对各大类会计科目做进一步分类。企业常用的会计科目见表3-2。

表 3-2 会计科目表

编号	会计科目名称	编号	会计科目名称
一、资产类		2205	预收账款
1001	库存现金	2211	应付职工薪酬
1002	银行存款	2221	应交税费
1101	交易性金融资产	2231	应付股利
1121	应收票据	2232	应付利息
1122	应收账款	2241	其他应付款
1123	预付账款	2401	预提费用
1131	应收股利	2411	预计负债
1231	其他应收款	2601	长期借款
1241	坏账准备	2602	长期债券
1401	材料采购	2801	长期应付款
1403	原材料	三、所有者权益	
1404	材料成本差异	4001	实收资本
1406	库存商品	4002	资本公积
1411	委托加工物资	4101	盈余公积
1412	包装物及低值易耗品	4103	本年利润
1431	周转材料	4104	利润分配
1461	存货跌价准备	四、成本类	
1501	待摊费用	5001	生产成本
1524	长期股权投资	5101	制造费用
1525	长期股权投资减值准备	五、损益类	
1526	投资性房地产	6001	主营业务收入
1531	长期应收款	6051	其他业务收入
1601	固定资产	6101	公允价值变动损益
1602	累计折旧	6061	汇兑损益
1603	固定资产减值准备	6111	投资收益
1604	在建工程	6301	营业外收入
1606	固定资产清理	6401	主营业务成本
1701	无形资产	6402	其他业务成本
1702	累计摊销	6405	税金及附加
1703	无形资产减值准备	6601	销售费用
1801	长期待摊费用	6602	管理费用
1901	待处理财产损溢	6603	财务费用
二、负债类		6701	资产减值损失
2001	短期借款	6711	营业外支出
2201	应付票据	6801	所得税费用
2202	应付账款	6901	以前年度损益调整

二、会计账户

会计账户是根据会计科目设置的,它是会计核算所特有的方法和形式,用于分类反映会计要素的增减变化情况及其结果的具体信息。

会计账户与会计科目是两个不同的概念,两者既有联系,又有区别。两者所要反映的经济内容是一致的,如"银行存款"会计科目与"银行存款"会计账户同样是反映企业资产中存放于银行的货币资金这一项内容的,其会计科目与会计账户是一致的。但是,会计科目仅仅是一个名称,进一步反映这个项目中经济内容的增减变化过程和结果,还需要利用会计账户来完成,即会计账户具有一定的结构,能够动态地反映变化及其结果,这就是会计账户与会计科目的区别所在。

在实际工作中,通常不需要将会计科目与会计账户区分清楚,即会计科目就是会计账户。

会计账户的基本结构由三部分组成:(1)会计账户的名称(会计科目);(2)会计账户的左方;(3)会计账户的右方。

会计账户的名称表明会计账户所要反映的具体某一项经济内容,而会计账户的左方和右方两个部分则分别表明该会计账户在会计处理核算过程中数量上的增加(或减少)和减少(或增加)。由于记账方法的不同,左右两方可以称为不同的名称,如"增(加)方"和"减(少)方""收方"和"付方",借贷记账方法之下,就称之为"借方"和"贷方"。一般可以用"T"形账户(也称"丁"字账户)代表会计账户的三个部分(图3-2)。

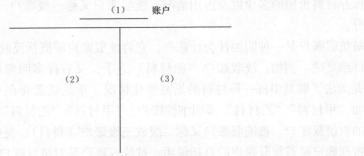

图3-2 会计账户的基本结构

在实际工作中,根据会计核算的要求,会计账户的结构会有所不同,但以上三个部分是必须具备的。除了这三部分以外,会计账户还有如下内容:日期、凭证编号、摘要、余额。

会计账户的具体形式见表3-3。

表3-3 会计账户的形式

(1) _____账户

年		凭证		摘 要	借 方	贷 方	余 额
月	日	种类	号数				

续表

年		凭证		摘　要	借　方	贷　方	余　额
月	日	种类	号数				
(4)		(5)		(6)	(2)	(3)	(7)

三、统驭账户与被统驭账户

在企业设立会计科目和会计账户时，会遇到详与略之间的矛盾。若对每一项会计要素的经济内容都一一设立会计账户，则其会计账户体系必然显得臃肿庞大，会计核算过程就非常烦琐。若只对所有会计要素的经济内容略微分类，设立几个简单的会计账户，则会计账户体系过于笼统，不能充分反映每一项会计要素具体的经济内容。因此，企业在设立会计账户时，必须进行分层次的分类，即在会计核算过程中对会计要素的经济内容进行总分类的基础上，进一步进行明细分类，从而设立出统驭账户和被统驭账户。

统驭账户是一种总括性会计账户，它将会计要素的某项内容概括加以反映，使会计核算过程能够了解每一项内容的增减变化情况。例如，从"原材料"这一账户中可以了解企业所有库存材料价值的多少以及占用情况。统驭账户又称一级账户（科目），是总分类账户的一部分。

被统驭账户是一种明细性会计账户，它将统驭账户所概括反映的会计要素的某项内容进一步详细反映。例如，统驭账户"原材料"之下，又有许多明细项目，如果仅通过"原材料"是无法了解其中每一种材料的增减变化情况，于是就需要在"原材料"账户之下再设立诸如"甲材料""乙材料"等明细性账户，"甲材料""乙材料"等账户就成为"原材料"账户的被统驭账户。被统驭账户又称二级或三级账户（科目），是明细分类账户。

统驭账户是被统驭账户的总括说明，被统驭账户是对统驭账户的详细说明，将统驭账户与它所控制的各个被统驭账户进行对照，就可以起到控制作用。统驭账户与被统驭账户的关系如图3-3所示。

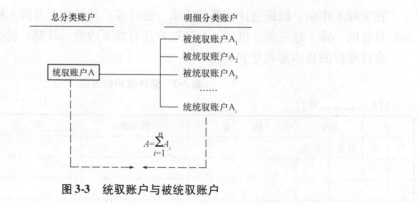

图3-3　统驭账户与被统驭账户

第三节 借贷记账法

一、单式记账法与复式记账法

会计是从一开始产生到形成一定的专门技术，经过了从简单到复杂，从单式记账到复式记账的过程。单式记账法就是以某项事物为主体，在业务发生后，单方面记录这一主体的增减变化，而不记录与之相联系的其他项目变化。这种方法简单明了，记录方便。但是单式记账法缺乏严密的体系，无法在记账过程中进行核对、查找。一般企事业单位均已不能使用单式记账法。

复式记账法是通过两个或两个以上的账户来记录每一项交易或者事项的一种会计方法。

在企业发生的繁杂多样的交易或者事项中，任何一项交易或者事项都至少会引起两个方面的变化。例如，企业用银行存款购买材料，当材料A入库以后，企业的库存材料就有所增加，而同时购买材料有所支出，如用银行存款支付，这样此项业务使"原材料"和"银行存款"两个账户有所变化。根据这一规律，可以将这两个账户的变化同时进行记录和登记，这就是复式记账的基本意义，如图3-4所示。

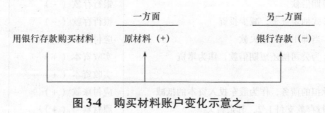

图3-4 购买材料账户变化示意之一

如果购入材料时并未支付银行存款，而是暂时欠款，则另一方面的变化就不是银行存款的减少，而是应付账款的增加，这时，此项业务使"原材料"和"应付账款"两个账户有所变化，如图3-5所示。

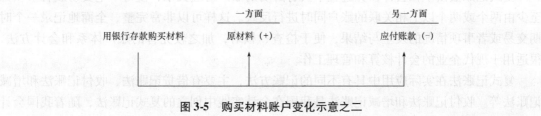

图3-5 购买材料账户变化示意之二

有的业务发生后，可能会引起两个以上账户发生变化，这时业务所涉及的变化就达三个或三个以上账户。

【例3-2】永信实业有限责任公司继续发生以下两笔交易或者事项：

（10）购入材料，货款共计88 000元，按合同纸定先支付银行存款44 000元，其余暂欠。

（11）销售产品一批，价款共计168 000元，按照协议货款先收入84 000元，存入银行，其余客户暂欠。

现将两笔业务分析如下：

业务（10）：业务发生后，公司的材料增加，同时以银行存款形式支付44 000元，而另外44 000元则导致公司的负债即应付账款增加，于是此项业务会导致原材料账户增加88 000元，银行存款账户减少44 000元，应付账款账户增加44 000元。

业务（11）：业务发生后，公司由于销售业务得到销售收入168 000元，同时收到银行存款84 000元，另外还有84 000元客户暂欠，使公司的债权即应收账款增加，此项交易或者事项会导致主营业务收入账户增加168 000元，银行存款账户增加84 000元，应收账款账户增加84 000元。

现以【例3-1】和【例3-2】的11项交易或者事项为例说明永信实业有限责任公司有关账户变化情况并列表见表3-4。

表3-4　永信实业有限责任公司账户变化情况

业　务	一方面	另一方面
（1）股东投入银行存款作为增资	银行存款（+）	实收资本（+）
（2）以银行存款购买原材料	银行存款（-）	原材料　（+）
（3）购置办公用计算机设备，货款暂欠	固定资产（+）	应付账款（+）
（4）以银行存款归还短期借款	银行存款（-）	短期借款（-）
（5）股东以银行存款形式抽走资金，减少投资	银行存款（-）	实收资本（-）
（6）向银行申请借款，当即用于归还欠款	应付账款（-）	短期借款（+）
（7）股东以自己的资金为公司偿还短期借款，作为增资	实收资本（+）	短期借款（-）
（8）公司转让股权	实收资本（+）	实收资本（-）
（9）公司接受股东所承担的债务，作为股东投入资本的抵减	应付账款（-）	实收资本（-）
（10）购入材料，以银行存款支付1/2，其余暂欠	原材料　（+）	银行存款（-）
	银行存款　（+）	应付账款（+）
（11）销售产品，收入货款的1/2银行存款，其余暂欠	应收账款（+）	主营业务收入（+）

复式记账法由于在会计核算过程中具有鲜明的账户对应关系，使每一笔交易或者事项都至少由两个或两个以上相关联的账户同时进行反映。这样可以非常完整、全面地记录一个时期交易或者事项情况的发生与结果，便于检查、核对，加之较完善的账户体系和会计方法，很适用于现代企业的会计核算和管理工作。

复式记账法在实际应用中具有不同的记账方法，主要有借贷记账法、收付记账法和增减记账法等。收付记账法和增减记账法是我国在会计实践中创立的复式记账法，随着我国会计准则与国际会计准则的接轨，借贷记账法成为目前会计核算的唯一复式记账方法。

二、借贷记账法

借贷记账法是复式记账的主要方法，是复式记账基本理论的具体应用，适用范围最广，属于国际通用记账方法。

（一）借贷记账法的特征

借贷记账法就是以"借""贷"作为记账符号记录资产、负债、所有者权益等项目增减变动情况和变化结果的一种复式记账方法。

在应用借贷记账方法时,"借""贷"二字已经完全失去其字面意义,而只被认为是两个符号以代表借贷记账法之下账户的左方和右方,即账户的左方称为"借",账户的右方称为"贷"。其"T"形账户形式如图3-6所示。

由此可见,"借"和"贷"两个记账符号及其在账户中的意义是借贷记账法的突出特征。

(二)借贷记账法的账户结构

在应用借贷记账法时,"借""贷"代表账户的左右两方,但究竟借方与贷方哪一方记增加,哪一方记减少,还需具体分析账户所属类别。

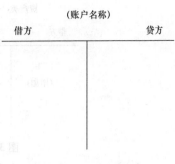

图3-6 "T"形账户

账户所属类别与会计科目的分类一致,分别从属于"资产""负债""所有者权益""收入"和"费用"等五类。其中"资产""负债"和"所有者权益"构成基本会计方程式,以等式左右区别,"资产"类账户数额的增加记入账户的借方,而"负债"和"所有者权益"类账户数额的增加就记入账户的贷方。于是,"资产"类账户的贷方就记数额的减少,"负债"和"所有者权益"类账户借方记数额的减少。"资产"类、"负债"类和"所有者权益"类账户的借贷方向的增减方位如图3-7所示。

图3-7 三类账户的借贷方向与增减方位

前述扩展会计方程式:

$$资产 = 负债 + 所有者权益 + (收入 - 费用)$$

将上式移项得

$$资产 + 费用 = 负债 + 所有者权益 + 收入$$

上两式说明,"收入"类账户数额增加,会引起利润的增加,则所有者权益随之增加;而"费用"类账户数额增加,会引起利润的减少,则所有者权益随之减少。由此可见,"收入"类账户和"费用"类账户与"所有者权益"类账户有着直接联系。"收入"类账户数额增加,将引起"所有者权益"类账户增加,两者方向一致,所以记入"收入"类账户的贷方。"费用"类账户的数额增加将引起"所有者权益"类账户减少,两者方向相反,记入"费用"类账户的借方。于是,"收入"类账户的借方记减少,"费用"类账户的贷方记减少。可见,"资产"类账户和"费用"类账户方向一致,借方记增加,贷方记减少;而"负债"类账户、"所有者权益"类账户和"收入"类账户方向一致,贷方记增加,借方记减少(图3-8)。

在一定时期内,账户借方和贷方登记的增加数额或减少数额称为"本期发生额",借方登记的发生额称为"借方本期发生额";贷方登记的发生额称为"贷方本期发生额"。

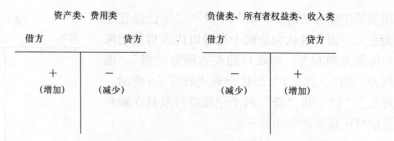

图 3-8　五类账户的借贷方向与增减方位

账户借方和贷方之间若有差额，这差额就会形成账户的期末余额。若借方数额大于贷方数额，则余额在借方，称为"借方期末余额"；若贷方数额大于借方数额，则余额在贷方，称为"贷方期末余额"。

一般情况下，"资产"类账户的期末余额在借方，而"负债""所有者权益"类账户的期末余额在贷方。由于"费用"类账户和"收入"类账户属于过渡性账户，借方本期发生额和贷方本期发生额在期末都被结转到其他账户，所以通常"费用"类账户和"收入"类账户不存在期末余额。账户结构如图 3-9、图 3-10 所示。

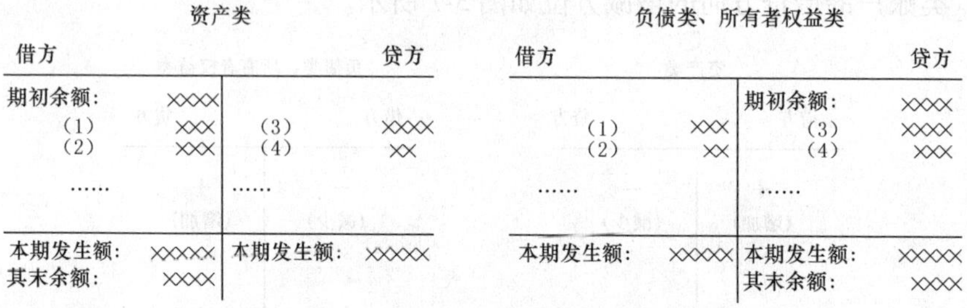

图 3-9　资产类、负债类、所有者权益类账户结构

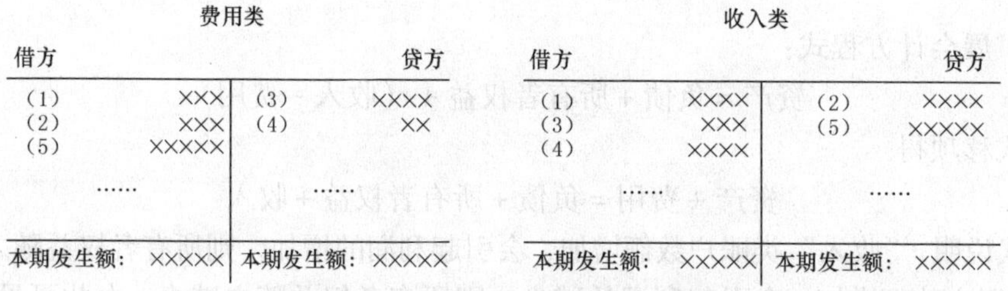

图 3-10　费用类、收入类账户结构

在以上账户结构中存在如下关系：
(1) 资产类账户。

$$\text{账户借方期末余额} = \text{账户借方期初余额} + \text{账户借方本期发生额} - \text{账户贷方本期发生额}$$

(2) 负债类、所有者权益类账户。

$$\text{账户贷方期末余额} = \text{账户贷方期初余额} + \text{账户贷方本期发生额} - \text{账户借方本期发生额}$$

(3) 收入类、费用类账户。

$$\frac{账户借方}{本期发生额} = \frac{账户贷方}{本期发生额}$$

(三) 借贷记账法的记账规则

根据借贷记账法的账户结构，即可以对每一笔交易或者事项进行记账处理，从而寻找出借贷记账法的记账规律。

现以【例3-1】的各项业务为例，逐一分析并进行记账处理。

业务（1）：股东投入400 000元银行存款作为增资。此项交易或者事项的发生，一方面使资产类账户中"银行存款"账户增加400 000元，另一方面使所有者权益类账户中"实收资本"账户增加400 000元。则"银行存款"账户增加记借方，"实收资本"账户增加记贷方。

业务（2）：用银行存款购买原材料，价值30 000元，材料经验收入库。此项交易或者事项发生后，资产类账户中"原材料"账户增加30 000元，同时"银行存款"账户减少30 000元。由于这两个账户都是资产类账户，所以"原材料"账户增加记借方，"银行存款"账户减少记贷方。

业务（3）：购置办公用计算机设备，货款25 000元暂欠。此项交易或者事项的发生，一方面，使资产类账户中的"固定资产"账户增加25 000元，另一方面，由于货款暂时赊欠，所以"应付账款"账户同时增加25 000元。而"应付账款"属于"负债类"账户，因此，"固定资产"账户增加记入借方，"应付账款"账户增加记入贷方。

业务（4）：以银行存款归还短期借款12 000元。此项交易或者事项的发生，一方面，使企业"银行存款"账户减少12 000元，"银行存款"账户属于资产类账户，所以其数额的减少记入贷方。另一方面，当借款归还以后，此项负债就有所减少，"短期借款"账户也就减少12 000元，"短期借款"账户属于负债类账户，其数额的减少记入账户的借方。

银行存款		短期借款	
借方	贷方	借方	贷方
(1) 400 000	(2) 30 000		(4) 12 000
	(4) 12 000		

业务（5）：股东抽走资金（以银行存款形式）38 000元，减少投资。此项交易或者事项的发生，一方面使资产类账户中"银行存款"账户减少38 000元，另一方面，由于股东的投资减少，其所有者权益也就随之减少，"所有者权益"类账户中的"实收资本"减少。"银行存款"账户的减少记贷方，"实收资本"账户的减少记借方。

银行存款		实收资本	
借方	贷方	借方	贷方
(1) 400 000	(2) 30 000	(5) 38 000	(1) 400 000
	(4) 12 000		
	(5) 38 000		

业务（6）：向银行申请并得到借款22 000元，当即用于归还欠款。此项交易或者事项的发生，使负债类账户中的"短期借款"账户有所增加，同时也使同类账户中的"应付账款"账户有所减少，负债类账户的增加记入账户贷方，减少记入账户借方。所以该项业务登记入账的结果是"应付账款"账户借方登记22 000元，"短期借款"账户贷方登记22 000元。

短期借款		应付账款	
借方	贷方	借方	贷方
(4) 12 000	(6) 22 000	(6) 22 000	(3) 25 000

业务（7）：股东以自己的资金为永信实业有限责任公司偿还短期借款22 000元，作为对公司的增资。该项交易或者事项发生后，公司已经归还借款，即负债类账户中"短期借款"账户减少22 000元，同时由于股东以此作为对公司的投资，因此所有者权益类账户中的"实收资本"账户随之增加22 000元。于是"短期借款"账户减少记借方，"实收资本"账户增加记贷方。

短期借款		实收资本	
借方	贷方	借方	贷方
(4) 12 000	(6) 22 000	(5) 38 000	(1) 400 000
(7) 22 000			(7) 22 000

业务（8）：永信实业有限责任公司转让股权，其中300 000元被另一家投资者购得。此项业务的发生，使企业投资者的结构产生变化，比如股东A购得股东B的300 000元股权。

因此，此项业务使得所有者权益类账户中"实收资本"账户内部发生一增一减的变化，即股东 A 的股权权益（实收资本—A）增加，股东 B 的股权权益（实收资本—B）减少，"实收资本—A"账户和"实收资本—B"账户均为统驭账户"实收资本"的被统驭账户，"实收资本"账户增加记入贷方，减少记入借方。

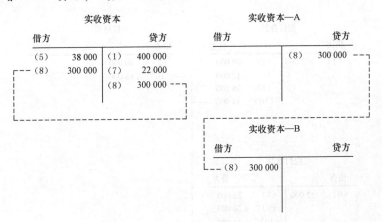

业务（9）：永信实业有限责任公司接受股东所承担的债务（将来代替股东偿还债款）20 000 元，作为股东投入资本的抵减。此项业务的发生，使企业的债务有所增加，即负债类账户中的"应付账款"增加 20 000 元，同时，作为对股东投入资本的抵减，所有者权益类账户中"实收资本"也就减少 20 000 元。因此，"应付账款"账户增加记贷方，"实收资本"账户减少记借方。

实收资本				应付账款			
借方		贷方		借方		贷方	
(5)	38 000	(1)	400 000	(6)	22 000	(3)	25 000
(8)	300 000	(7)	22 000			(9)	20 000
(9)	20 000	(8)	300 000				

由以上 9 笔交易或者事项的登记入账过程可以看出，每一笔交易或者事项必然会引起一个账户产生借方发生额，另一个账户产生贷方发生额，借方发生额与贷方发生额均相等。由此，借贷记账法的记账规则就是：有借必有贷，借贷必相等。

当一笔交易或者事项涉及 3 个及 3 个以上账户时，这个记账规则同样适用。

以【例 3-2】两笔业务为例：

业务（10）：购入材料，货款共计 88 000 元，按合同约定先支付银行存款 44 000 元，其余暂欠。此项业务的发生，公司"原材料"账户增加 88 000 元，同时对应的"银行存款"账户减少 44 000 元，"应付账款"账户增加 44 000 元。"原材料"账户和"银行存款"账户属于资产类账户，"应付账款"属于负债类账户，"原材料"账户增加记借方，"银行存款"账户减少记贷方，"应付账款"账户增加记贷方。

业务（11）：销售产品一批，货款共计 168 000 元，按照协议，货款先收入 84 000 元，存入银行其余客户暂欠。此项交易或者事项的发生，公司由于产品销售所形成的"主营业务收入"增加 168 000 元，"主营业务收入"账户属于收入类账户，增加记入账户的贷方；

同时，货款的 1/2 收到银行存款，因此，"银行存款"账户增加 84 000 元，"银行存款"账户属于资产类账户，增加记入账户的借方；其余 84 000 元客户暂欠货款的形成，使企业"应收账款"账户增加 84 000 元，"应收账款"账户属于资产类账户，增加记入账户的借方。

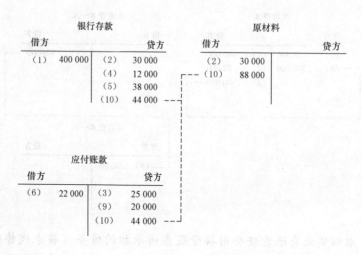

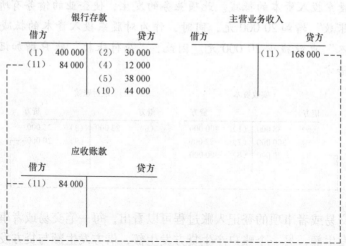

以上两笔业务分别形成的是一个账户的借方发生额对应两个账户的贷方发生额（一借两贷）和两个账户的借方发生额对应一个账户的贷方发生额（两借一贷），但借贷金额合计总是相等的，同样遵循了"有借必有贷，借贷必相等"的记账规则。这个记账规则是借贷记账法的记账法则，也是借贷记账法账户试算平衡的基础。

（四）借贷记账法的试算平衡

试算平衡就是将一定时期内所有账户的借方发生额和贷方发生额汇总计算，并根据会计方程式的恒等关系，对比账户借方发生额与贷方发生额之间、借方余额与贷方余额之间的数额平衡与否。试算平衡是对账户登记结果的总结，也是会计工作中编制财务报表的基础，因此是会计核算中重要的一项工作。试算平衡工作过程的主要内容有：

（1）将交易或者事项处理结果全部记入账户的借方和贷方；

(2) 汇总计算出每一个账户的借方发生额和贷方发生额；

(3) 将所有账户的借方发生额和贷方发生额予以合计；

(4) 将所有账户的借方发生额合计数与贷方发生额合计数进行合计对比，以两者相等为准。

经过以上工作程序，若所有账户的借方发生额合计数与所有账户的贷方发生额合计数相等，则试算平衡成立，一般初步确认会计核算过程没有错误。

根据以上 11 笔交易或者事项处理结果，进行试算平衡，由于每一笔业务的处理都是遵循"有借必有贷、借贷必相等"的记账规则进行的，所以 11 笔交易或者事项的借方发生额合计数一定等于贷方发生额的合计数。现将试算平衡过程举例如下：

首先汇总计算各账户的借方发生额和贷方发生额：

银行存款				应收账款			
借方		贷方		借方		贷方	
(1)	400 000	(2)	30 000	(11)	84 000		
(11)	84 000	(4)	12 000				
		(5)	38 000				
		(10)	44 000				
	484 000		124 000		84 000		

原材料				固定资产			
借方		贷方		借方		贷方	
(2)	30 000			(3)	25 000		
(10)	88 000						
	118 000				25 000		

短期借款				应付账款			
借方		贷方		借方		贷方	
(4)	12 000	(6)	22 000	(6)	22 000	(3)	25 000
(7)	22 000					(9)	20 000
						(10)	44 000
	34 000		22 000		22 000		89 000

实收资本				主营业务收入			
借方		贷方		借方		贷方	
(5)	38 000	(1)	400 000			(11)	168 000
(8)	300 000	(7)	22 000				
(9)	20 000	(8)	300 000				
	358 000		722 000				168 000

然后将所有账户的借方发生额和贷方发生额分别加以汇总，并进一步对照，看其是否平衡。这项工作是通过编制"试算平衡表"来完成的（表3-5）。

表 3-5　试算平衡表

年　月　日　　　　　　　　　　　　　　　　　　　　单位：元

账　户	本期发生额	
	借　方	贷　方
银行存款	484 000	124 000
应收账款	84 000	
原材料	118 000	
固定资产	25 000	
短期借款	34 000	22 000
应付账款	22 000	89 000
实收资本	358 000	722 000
主营业务收入		168 000
合　　计	1 125 000	1 125 000

此种平衡方法称为"发生额平衡法"，即利用"借方发生额=贷方发生额"的原理汇总平衡。还有一种平衡方法为"账户余额平衡法"，即在以上平衡方法的基础上，计算出所有账户的期末余额，将所有账户的借方余额和贷方余额分别加以汇总，根据会计方程式的恒等关系和借贷记账法的账户结构关系可知：借方余额必然等于贷方余额。其试算平衡表的格式见表 3-6。

表 3-6　试算平衡表

年　月　日　　　　　　　　　　　　　　　　　　　　单位：元

账　户	期　末　余　额	
	借　方	贷　方
合　　计		

如果将以上两种试算平衡方法合并起来，就形成了"发生额及余额平衡法"，其表格形式见表 3-7。

表 3-7 试算平衡表

年　月　日　　　　　　　　　　　　　　　　　单位：元

账　户	期初余额		本期发生额		期末余额	
	借　方	贷　方	借　方	贷　方	借　方	贷　方
合　计						

试算平衡的结果仅能初步确定交易或者事项处理（登记入账）的正确性，但不能绝对肯定其没有错误。因为有些错误的登记入账结果并不能在试算平衡表中发现。

第四节　交易或者事项、对应账户和会计分录

一、交易或者事项

企业在持续经营的各个期间必然发生许多业务，这些业务涉及企业生产、经营和管理的方方面面，企业应当对其本身发生的交易或者事项进行会计确认、计量和报告。

（一）交易或者事项概述

交易或者事项是指企业在生产、经营和管理过程中所发生的一切引起资产、负债和所有者权益增减变化的经营活动。

企业在经营过程中，需要筹措并投入资金，购买设备、材料等进行生产，在生产过程中要耗费人工费、材料费和设备折旧费，一旦生产出产品即投入市场销售，取得销售收入，获得利润。再一次投入生产，获得利润，这样周而复始地运转，开拓市场，扩大经营范围和规模，使企业不断发展壮大。这一切复杂的过程中交易或者事项势必会导致企业资产、负债和所有者权益的增减变化，这些变化又必然通过不同的程序和环节汇集于企业的会计部门，由会计部门通过会计的一系列方法进行加工、整理，记录下来。从会计部门的角度来看，这一切交易或者事项都被称为"交易或者事项"，而会计核算过程所要处理的就是这类"交易或者事项"。

当然，企业的经济活动中有许多交易或者事项不会引起资产、负债和所有者权益的变化，诸如资产租赁合同、供销合同的签订，虽然能够影响企业今后的经营业务，但是合同本身的签订并未引起某项资产、负债和所有者权益的变化，因此，就不能称之为会计核算意义上的"交易或者事项"，也就不需要进行会计核算的处理。交易或者事项的最突出特征就是其发生能够引起企业资产、负债和所有者权益的增减变动。

(二）交易或者事项的确认

由于企业所发生的经济业务是多种多样的，判断其业务是否为交易或者事项的工作也就十分必要，这就是交易或者事项的确认。它是会计核算过程首要的问题，其确认的准确性直接影响会计信息的准确性。

交易或者事项的确认是从两个方面进行的：一是通过经济业务的结果加以确认；二是通过经济业务的类型加以确认。

1. 通过经济业务的结果加以确认

经济业务的发生必然会有结果，确认交易或者事项的判断标准之一就是其结果会不会引起资产、负债和所有者权益的增减变化。例如，有以下两项交易或者事项：

业务 A：甲公司与乙公司签订一份供购合同，由甲公司向乙公司提供 101 号化工原料 10 000 千克，供货方式为赊销，赊销期 6 个月，货款共计 250 000 元。

业务 B：甲公司按合同要求向乙公司发运 101 号化工原料 10 000 千克，乙公司经验收合格入库，此项货款 250 000 元按照合同规定由乙公司在 6 个月到期后进行支付。

从内容上看，业务 A 和业务 B 同是一项化工原料的买卖交易，但是其业务结果显然是不同的。业务 A 发生后，其结果是以法律的手段约定了这项交易的发生，即甲公司与乙公司的此项交易事项将要发生，它的发生会影响甲公司和乙公司的资产变化，不过资产并未因为业务 A 的发生而变化，因此业务 A 并非"交易或者事项"。业务 B 发生后，甲公司的产品已经发出，销售收入也已经发生，同时一项应收账款也随之产生。同样，这项业务也使乙公司收到一批原料，随即也产生了一项负债（应付账款）。可见，业务 B 的发生引起甲公司和乙公司的资产、负债和所有者权益的相应增减变化，因此，这项业务 B 即"交易或者事项"。

交易或者事项引起资产、负债和所有者权益的变化情况是不同的，有的显而易见，像资产、负债的变化，有的则不很明显，如费用和收入的发生，表面上似乎与资产、负债和所有者权益没有关系，但分析起来可发现，其不仅会使资产或负债有所增减，而且本身也直接导致利润的增加和减少。因此，经济业务的结果若引起收入、费用的增减变化，交易或者事项也是成立的。

2. 通过经济业务的类型加以确认

通过经济业务的类型加以确认，就是认定业务的发生将影响哪些方面，并使之产生增减变化。从会计方程式看，任何经济业务的发生，都不会使资产与负债和所有者权益的恒等关系遭到破坏，因此，交易或者事项的各种类型也必然遵循这一规律。在借贷记账法之下，账户的借方反映着资产的增加、负债的减少、所有者权益的减少、收入的减少和费用的增加，账户的贷方则反映着资产的减少、负债的增加、所有者权益的增加、收入的增加和费用的减少。前者为借，后者为贷。每一笔业务必须在前者与后者之间发生对应关系，这样即可维持会计方程式的成立（图 3-11）。

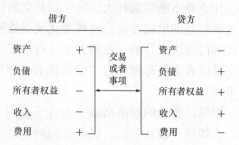

图 3-11 借贷对应关系与交易或事项

从图中可以看出，任何一笔交易或事项必须使左方与右方之中的某项账户发生借贷关系。当然，并不是任意一项左方项目可以与任意一项右方项目必然发生对应关系。总之，凡是要引起资产、负债和所有者权益的恒等关系产生失衡的业务（比如左方或右方各项目之间发生对应关系，形成同借或同贷）都不是一笔交易或事项，事实上这种类型的业务不会发生，而且不会存在。

（三）交易或者事项的分类

企业的交易或者事项是多种多样的，就会计来讲可以有下几种分类。

1. 按企业交易或者事项的内容分类

按企业交易或者事项的内容不同，企业交易或者事项可分为库存现金事项、转账事项和部分转账事项三种。

（1）库存现金事项包括银行存款和库存现金等在内的总称。凡是与库存现金、银行存款增减变化有关的交易或者事项发生，必然会导致库存现金或银行存款的增加或减少。例如"以银行存款购进材料，货款两清"，材料增加，银行存款减少。

（2）转账事项是与库存现金、银行存款增减无关的交易或者事项。此种交易或事项发生后，不会引起库存现金或银行存款发生任何变化。例如"赊购材料业务"，材料增加，应付账款增加。

（3）部分转账事项是指交易或者事项中有一部分与库存现金、银行存款增减有关。此种交易或者事项发生后，至少引起三个账户（方面）的增加或减少，其中在两种借贷关系中，一种与库存现金、银行存款有关（库存现金事项）；另一种则与库存现金、银行存款无关（转账事项）。例如，"购进材料，贷款一半用银行存款支付，一半暂欠。"此种交易或者事项的发生，使材料增加，对应的是银行存款减少和应付账款增加。

2. 按企业交易或者事项的形式分类

按企业交易或者事项的形式不同，企业交易或者事项分为简单事项和复合事项。

（1）简单事项是指由借方的一个账户和贷方的一个账户发生借贷关系的交易或者事项，即借贷两个方面分别只有一个账户。例如"以银行存款购买办公用计算机设备一台"，此种交易或事项的发生只会引起"银行存款"（减少在贷方）和"固定资产"（增加在借方）两个账户发生对应关系。

（2）复合事项是指由借方的一个账户与贷方的两个或两个以上账户（反之贷方的一个账户和借方的两个或两个以上账户）发生对应关系的交易或者事项。此种交易或者事项至少有三个账户发生变化。例如"以银行存款和库存现金购买设备，货款用银行存款支付，设备运输费用库存现金支付"，该交易发生后，"银行存款"（贷方）、"库存现金"（贷方）与"固定资产"（借方）发生对应关系。这种分类只是在形式上存在，其内容并无区别，所以，复合事项包括两个或两个以上的简单事项。

3. 按企业交易或者事项发生的主体分类

按企业交易或者事项发生的主体不同，企业所发生的主体交易或者事项一般可分为外部事项和内部事项。前者是指企业与外部各单位或个人之间进行的交易或者事项；后者是指企业内部发生的交易或者事项。如"企业与外部的购销交易事项"属于外部事项，"企业的资产在内部转移（诸如材料投入生产）"属于内部事项。

交易或者事项的种类如图3-12所示。

交易或者事项
按内容不同分类
库存现金事项
转账事项
部分转账事项
按形式不同分类
简单事项
复合事项
按发生主体不同分类
内部事项
外部事项

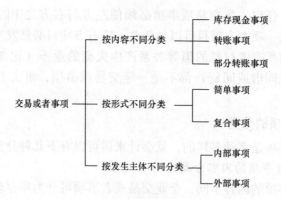

图 3-12　交易或者事项的种类

二、对应账户

在每一项交易或者事项发生后，必然会引起两个或者两个以上账户的增减变化，这时就形成两个或两个以上账户之间借贷的对应关系，这种对应关系称为账户对应关系，具备这种对应关系的账户称为对应账户。

对应账户是由交易或者事项产生的直接结果，也是处理交易或者事项的基础。表 3-4 永信实业有限责任公司账户变化情况所列示的【例 3-1】和【例 3-2】的每项业务引起变化的两个或三个账户，均分别形成对应账户（图 3-13）。

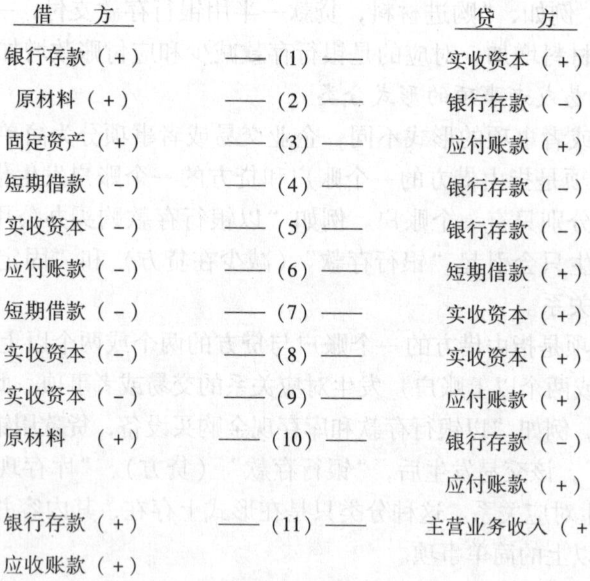

借　方
贷　方
银行存款（+）
（1）
实收资本（+）
原材料（+）
（2）
银行存款（-）
固定资产（+）
（3）
应付账款（+）
短期借款（-）
（4）
银行存款（-）
实收资本（-）
（5）
银行存款（-）
应付账款（-）
（6）
短期借款（+）
短期借款（-）
（7）
实收资本（+）
实收资本（-）
（8）
实收资本（+）
实收资本（-）
（9）
应付账款（+）
原材料（+）
（10）
银行存款（-）
应付账款（+）
银行存款（+）
（11）
主营业务收入（+）
应收账款（+）

图 3-13　账户对应关系和对应账户

三、会计分录

（一）会计分录的概念

会计分录就是指依据交易或者事项列示出应借、应贷的账户名称及其金额的一种记录方式。

交易或者事项发生后，要对其进行入账处理，但是交易或者事项的原始状态是极不规范的，如果仅仅靠判断分析以后直接入账，那么判断、分析的记录环节就不再存在，这样不可能完全保证每笔交易或者事项处理的正确性，同时入账也失去了规范的书面依据和书面证明。因此，会计分录就成为原始业务与过账环节的中介，它既是处理交易或者事项的结果，又是入账的根据，能够保证账户对应关系的正确和清晰，也为整个会计核算过程提供检查、验证的账务处理书面记录。所以，会计分录是必不可少的会计核算环节。

（二）会计分录的要素

每一笔会计分录必须具有三个因素：

(1) 记账符号；

(2) 会计科目（账户名称）；

(3) 金额。记账符号是表明账户的记录方向（借方或贷方）；会计科目表明交易或者事项的对应账户名称；金额表明有关对应账户发生增减变化的数额。这三个因素也就是会计分录的三要素。

（三）会计分录的格式

编制会计分录时是以"记账符号＋会计科目＋金额"为顺序，以"上借下贷""前借后贷""先借后贷"为列式的，具体格式如图3-14所示。

图 3-14　会计分录格式

现以【例3-1】的9笔交易或者事项为例，编制的会计分录如下：

(1) 借：银行存款　　　　　　　　　　　　　　400 000
　　　　贷：实收资本　　　　　　　　　　　　　　　400 000

(2) 借：原材料　　　　　　　　　　　　　　　3 000
　　　　贷：银行存款　　　　　　　　　　　　　　　30 000

(3) 借：固定资产　　　　　　　　　　　　　　25 000
　　　　贷：应付账款　　　　　　　　　　　　　　　25 000

(4) 借：短期借款　　　　　　　　　　　　　　12 000
　　　　贷：银行存款　　　　　　　　　　　　　　　12 000

(5) 借：实收资本　　　　　　　　　　　　　　38 000
　　　　贷：银行存款　　　　　　　　　　　　　　　38 000

(6) 借：应付账款　　　　　　　　　　　　　　22 000
　　　　贷：短期借款　　　　　　　　　　　　　　　22 000

(7) 借：短期借款　　　　　　　　　　　　　　22 000
　　　　贷：实收资本　　　　　　　　　　　　　　　22 000

(8) 借：实收资本—B　　　　　　　　　　　　300 00
　　　　贷：实收资本—A　　　　　　　　　　　　　300 000

(9) 借：实收资本　　　　　　　　　　　　　　20 000
　　　　贷：应付账款　　　　　　　　　　　　　　　20 000

从以上9笔交易或者事项的产生到编制会计分录,大体要经过四个步骤:首先,对交易或者事项进行分析,确认交易或者事项;其次,确定对应账户及其类别;再次,确定账户的借贷方向;最后,编制会计分录。

(四) 简单会计分录和复合会计分录

由于交易或者事项有简单事项和复合事项之分,所以会计分录也就随之分为简单会计分录和复合会计分录两种。简单会计分录只涉及两个对应账户,形成的会计分录为"一借一贷"式。以上9笔会计分录均为简单会计分录。

复合会计分录就是以一个账户的借方或贷方与另外几个账户的贷方或借方对应组成的会计分录,即复合会计分录涉及三个或三个以上的对应账户,形成的会计分录为"一借多贷"或"多借一贷"。

以【例3-2】的两笔交易或者事项为例,编制的会计分录如下:

(10) 借:原材料　　　　　　　　　　　　　　88 000
　　　　贷:银行存款　　　　　　　　　　　　　　44 000
　　　　贷:应付账款　　　　　　　　　　　　　　44 000
(11) 借:银行存款　　　　　　　　　　　　　　84 000
　　　　借:应收账款　　　　　　　　　　　　　　84 000
　　　　贷:主营业务收入　　　　　　　　　　　168 000

任意一个复合会计分录都能够分解为若干个简单会计分录,以上述会计分录(10)和(11)为例可进行如下分解:

(10) a 借:原材料　　　　　　　　　　　　　　44 000
　　　　　贷:银行存款　　　　　　　　　　　　　44 000
　　　 b 借:原材料　　　　　　　　　　　　　　44 000
　　　　　贷:应付账款　　　　　　　　　　　　　44 000
(11) a 借:银行存款　　　　　　　　　　　　　　84 000
　　　　　贷:主营业务收入　　　　　　　　　　　84 000
　　　 b 借:应收账款　　　　　　　　　　　　　　84 000
　　　　　贷:主营业务收入　　　　　　　　　　　84 000

分解复合会计分录是会计核算过程中常用的方法。在会计核算过程中,为了明确借贷双方对应账户的对应关系,一般情况下,复合会计分录只有"一借多贷"或"多借一贷"两种形式。除了特殊情况,一般不进行"多借多贷"形式的会计分录的编制。

(五) 会计分录的载体

会计分录是处理交易或者事项的书面记录行为,而作为"书面记录"的会计分录有其特定的载体。会计分录的载体一般就是记账凭证。记账凭证是确定会计分录,并据以记入账簿的书面证明,有关记账凭证的基本知识和基本方法将在第四章详细介绍。

第四章

会计循环

会计循环是指会计核算过程中各环节组成的程序，即从交易或者事项发生到财务报表的编制这一过程的主要工作内容。

会计的最终目的是为财务会计报告使用者提供财务会计报告。编制企业财务会计报告，必然要经过一套完整的会计核算过程。对会计信息进行加工，完成会计要素的确认、计量、记录和报告，这些工作构成了企业会计核算过程的会计循环。会计循环的核心环节包括会计凭证、会计账簿和会计报表。

第一节 会计凭证

一、会计凭证的概念

会计凭证是指记录交易或者事项发生及完成情况的书面证明，是登记会计账簿的依据。

一项交易或者事项的发生，必定有其发生的时间、地点、经手人、事项内容以及涉及的单位和个人，这一切都必须有书面的证明，有关业务人员据此即可办理有关事项，同时也说明此交易或者事项业已完成。会计人员也可凭这些书面证明的交易或者事项进行账务处理（会计分录）。处理过程具有一定的法律效益，处理结果本身也成为书面证明，以证明会计过程对交易或者事项处理的结果。所有这一切书面证明，都是会计凭证。

二、会计凭证的分类

填制和审核会计凭证是会计工作的一项重要工作，是账务处理的起点和基础，认真填制和审核会计凭证是做好账务处理工作的前提。

交易或者事项的发生和处理是会计核算过程的最初两道程序。根据这两道程序而填制会计凭证的先后顺序显然是不同的，因此，会计凭证可分为原始凭证和记账凭证。

（一）原始凭证

原始凭证是指在交易或者事项发生时直接取得或填制的，用以记录或证明交易或者事项发生和完成情况的书面证明。它是进行会计核算的原始资料和重要依据。

1. 原始凭证的种类

（1）原始凭证按其来源的不同，可分为外来原始凭证和自制原始凭证两种。

外来原始凭证是指在交易或者事项完成时，从其他单位或个人直接取得的原始凭证。其一般在外部事项中较多使用。如企业采购材料时由供应商开出的"增值税发票"，支付款项时收款人开出的"收据"，银行办理转账的有关"支票""汇票"等。

自制原始凭证是指由本单位经办部门和人员，在交易或者事项发生过程中和完成以后所填制的原始凭证。其一般是在内部事项中较多使用。如生产车间领用材料时填写的"领料单"，仓库保管人员验收材料后填制的"收料单"，职工的差旅费"报销单"等。

（2）原始凭证按其填制方法的不同，可分为一次凭证、累计凭证和汇总凭证三种。

一次凭证是指一次性记录一项或几项同类交易或者事项的原始凭证，填制手续一次完成，如"收料单""发票"等。

累计凭证是指将经常发生的同类交易或者事项连续记录在一张原始凭证上，填制手续不是一次完成，期末进行汇总完成，如企业的"限额领料单"等。

汇总凭证是指将一定时期内相同的原始凭证和资料汇总而填制的，填制手续虽然是一次完成，但必须在期末进行，如"耗用材料汇总表"等。

（3）原始凭证按其格式的不同，可分为通用凭证和专用凭证。如增值税专用发票、银行转账结算凭证等都是通用凭证；折旧计算表、工资费用分配表等为专用凭证。

2. 原始凭证的基本内容

由于原始凭证的来源不同，要求不同，格式也不同，交易或者事项的内容又是多种多样的，因此原始凭证无法具有统一的格式和内容。但无论哪一种原始凭证，都应当证明交易或者事项的发生和完成情况，也都应该明确有关部门和个人的责任。因此，原始凭证都应该具有一些基本、共同的内容。这些基本内容也是原始凭证所必须具备的要素。

根据原始凭证的意义和基本要求，原始凭证应当具备的基本内容包括：

（1）原始凭证的名称；

（2）填制日期；

（3）经办人员的签名或者盖章；

（4）接受单位名称；

（5）交易或者事项内容；

（6）数量和金额；

（7）填制单位和填制人员签名。

3. 原始凭证的审核

会计部门对于各种原始凭证所反映的交易或者事项进行处理之前，必须先进行原始凭证的审核。只有审核无误的原始凭证，才能据以编制记账凭证并登记入账。因此，原始凭证的审核是保证账簿记录真实、准确的首要环节，原始凭证审核不严，就有可能使会计核算工作假账真算，会计信息失真。原始凭证的填制必须符合记录真实、内容完整、填制及时和书写清楚等几个基本要求。原始凭证的审核主要是对原始凭证的真实性、完整性、合法性、正确性进行审核。

（二）记账凭证

记账凭证是指会计人员根据审核无误的原始凭证，按照交易或者事项的内容加以归类，并据以确定会计分录后所填制的会计凭证，它是登记账簿的直接依据。

1. 记账凭证的种类

由于在交易或者事项中要将现金事项和转账事项区分开来,在进行账务处理时也应加以区别,即将现金事项和转账事项分开编制记账凭证。库存现金事项中有些交易或者事项是收入现金,有些交易或者事项则是支付现金,而现金事项又包含现金收款和现金付款两种形式,因此对以上交易或者事项处理时,分别要编制三种记账凭证:即收款凭证、付款凭证和转账凭证,这就是记账凭证的三个种类。

收款凭证是指用来记录有关现金事项中涉及现金或银行存款收入的交易或者事项的账务处理过程。付款凭证是指用来记录有关现金事项中涉及现金或银行存款付款的交易或者事项的账务处理过程。转账凭证是指用来记录有关转账事项的账务处理过程。

2. 记账凭证的基本内容

在不同的企业采用不同格式的记账凭证,各企业的记账凭证规格式样虽然不同,但是都应具备一些共同的基本内容,主要内容有:

(1) 填制凭证的日期;
(2) 凭证编号;
(3) 摘要;
(4) 会计科目;
(5) 金额;
(6) 所附原始凭证张数;
(7) 填制凭证人员、稽核人员、记账人员、会计机构负责人、会计计管人员签名或盖章。

3. 记账凭证的审核

为了保证会计信息的质量,在记账之前应由有关稽核人员对记账凭证的相关内容进行严格的审核。记账凭证的审核一般可分为自审、互审、序审和专审等形式。自审是凭证填制人员对所填制的凭证进行的审核;互审是凭证填制人员之间或与其他会计人员之间对所填制的凭证进行交互审核;序审是办理交易或者事项进行账务处理时各个环节对上一环节所转来的记账凭证进行顺序审核;专审是由专职审核人员(稽核人员)对记账凭证的审核。

第二节　会计账簿

一、会计账簿概述

会计账簿,简称账簿,是指由一定格式的账页组成的,以经过审核无误的会计凭证为依据,全面、系统、连续地记录各项交易或者事项的簿籍。

(一) 账簿与账户

账簿与账户不同,账户是对会计对象的具体内容进行分类核算和监督的工具,是在会计簿籍中按规定的会计科目开设的户头;而账簿则是一定账户的集结与综合。账簿是账户的外壳或形体,没有账簿,账户便无处存身。在账簿中按照账户分类记录各项交易或者事项,积累和储存各项会计信息。在账簿中按照账户登记各项交易或者事项,即通常所说的记账。

由于会计凭证只能分散地、零星地反映个别交易或者事项的内容,不能全面地、连续地、系统地反映一个企业在一定时期内某类或全部交易或者事项的完成情况。因此,为了把分散在会计凭证上的大量核算资料加以归类整理,以便为经营管理提供系统完整的核算资料,就必须运用设置和登记账簿这一会计核算的方法。

科学地设置和正确地登记账簿,是会计工作的一个重要环节,也是会计核算一项十分重要的基础工作,它对于充分发挥会计作用具有重要的意义。

（二）会计账簿的分类

1. 按用途分类

账簿按其用途不同,可分为序时账簿、分类账簿和备查账簿三种。

（1）序时账簿。序时账簿又称日记账,是按照交易或者事项发生或完成时间的先后顺序逐日逐笔进行登记的账簿。序时账簿通常有两种：普通日记账,是用来登记全部交易或者事项发生或完成时间的先后顺序逐日逐笔登记的账簿；特种日记账,是用来登记某一类交易或者事项发生或完成时间的先后顺序逐日逐笔登记的账簿。在我国,大多数企业一般只设库存现金日记账和银行存款日记账。

（2）分类账簿。分类账簿是按照会计要素的具体类别而设置的分类账户进行登记的账簿。分类账户按照分类的概括程度不同,又分为总分类账簿和明细分类账簿两种。总分类账簿,是按照总分类账户分类登记交易或者事项的账簿,简称总账；明细分类账簿,是按照明细分类账户分类登记交易或者事项的账簿,简称明细账。明细账是对总账的补充和说明,并受总账的控制和统驭。分类账簿提供的会计核算信息是编制财务报表的主要依据。

（3）备查账簿。备查账簿又称补充登记账簿,是对某些在序时账簿和分类账簿中未能登记或登记不够详细的交易或者事项进行补充登记的账簿。例如,租入固定资产登记簿、委托加工材料登记簿、代销商品登记簿、应收应付票据备查簿等。备查账簿可以根据企业的实际需要进行设置。

备查账簿与序时账簿和分类账簿相比,存在两点不同之处：一是登记依据可能不需要记账凭证,甚至不需要一般意义上的原始凭证；二是账簿的格式和登记方法不同,备查账簿的主要栏目不记录金额,它更注重用文字来表述某项业务的发生情况,即无固定格式。

2. 按账页格式分类

账簿按其账页格式的不同,可分为三栏式账簿、多栏式账簿和数量金额式账簿三种。

（1）三栏式账簿,是设有借方、贷方和余额三个基本栏目的账簿。各种日记账、总账以及资本、债权、债务明细账都可采用三栏式账簿。

（2）多栏式账簿,是在账簿的两个基本栏目借方和贷方按需要分设若干专栏的账簿。收入、成本、费用利润和利润分配明细账一般均采用多栏式账簿。

（3）数量金额式账簿,是在账簿的借方、贷方和余额三个栏目内,均分设数量、单价和金额三小栏,借以反映财产物资的实物数量和价值量的账簿。如原材料、库存商品、产成品等存货明细账一般都采用数量金额式账簿。

3. 按外形特征分类

账簿按其外形特征不同,可分为订本式账簿、活页式账簿和卡片式账簿三种。

（1）订本式账簿。订本式账簿，简称订本账，是在启用之前就已将账页装订在一起，并对账页进行了连续编号的账簿。订本账的优点是能避免账页散失和防止抽换账页；其缺点是不能准确地为各账户预留账页。这种账簿一般适用于总分类账、库存现金日记账和银行存款日记账。

（2）活页式账簿。活页式账簿，简称活页账，是在账簿登记完毕之前并不固定装订在一起，而是装在活页账夹中。当账簿登记完一个会计周期之后，才将账页予以装订，加装封面，并给各账页连续编号。这类账簿优点是记账时可以根据实际需要，随时将空白账页装入账簿，或抽去不需要的账页，便于分工记账；其缺点是如果管理不善，可能会造成账页散失或故意抽换账页。通常各种明细分类账一般采用活页式账簿。

（3）卡片式账簿。卡片式账簿，简称卡片账，是将账户所需格式印刷在硬卡上。严格地说，卡片账也是一种活页账。在我国，企业一般只对固定资产明细账的核算采用卡片账形式，也有少数企业在材料核算中使用材料卡片。

二、日记账

设置日记账的目的是将交易或者事项按时间顺序清晰地反映在账簿记录中。日记账可以用来核算和监督某一类业务或全部业务的发生或完成情况。日记账一般都是按一级会计科目设置（如库存现金和银行存款），根据一级会计科目的借方发生额和贷方发生额逐日、逐笔登记的账簿。它提供的是某些交易或者事项每日的动态及静态资料。

库存现金日记账和银行存款日记账在手工记账条件下必须使用订本式账簿，不得用银行对账单或其他方法代替；往来日记账、转账日记账、销售日记账等其他序时账簿，也可使用订本式账簿。本章所讲的日记账主要是库存现金日记账和银行存款日记账。

（一）库存现金日记账

三栏式日记账是用来逐日、逐笔登记某项经济业务发生情况的序时账簿。我国企事业单位一般都设置三栏式库存现金日记账。因为每天发生的现金出纳业务和库存现金，在库存现金日记账里表现为库存现金的增加（记入借方）、减少（记入贷方）和余额（库存现金数），故称为"收付余"三栏式库存现金日记账。

（二）银行存款日记账

银行存款日记账一般也采用三栏式，三栏式银行存款日记账与三栏式库存现金日记账的格式基本相同，不同之处在于三栏式银行存款日记账在设计时，增设了"结算凭证"栏。因为银行存款的收付是根据银行规定的结算凭证来办理的，银行存款收付业务结算方式各有不同，使用的凭证也各异，为了便于同银行核对账目，"结算凭证"一栏，分别注明结算凭证的种类及编号。

三栏式银行存款日记账，也是由出纳员根据收付款业务有关的记账凭证，按时间先后顺序逐日、逐笔进行登记的。但是，它不同于三栏式库存现金日记账，不可以根据收、付款的原始凭证记账，更不可根据同性质原始凭证汇总记账，只能根据一事一单的记账凭证记账。同时，还要分别将现金支票、转账支票及其号码填写到三栏式银行存款日记账的"结算凭证"栏内。

三、总分类账

总分类账简称总账,是指"资产""负债""所有者权益""收入""费用"等各类账户全部记录的集合体。现行会计制度对于总分类账的设置格式,未做统一要求。总分类账是选用订本式的账本还是选用活页式的账本,各单位可以从实际情况自行决定。业务量少的单位,总分类账类账可选用订本式账簿,优点是便于保管和查阅;业务量大的单位,总分类账可选用活页式账簿,优点是便于翻阅、不浪费账页,总账的账页格式一般选用"借""贷""余"三栏式。

总分类账是以复式记账法的借贷平衡原理为基础,它是复式记账系统最重要的账簿。总分类账包括了各类账户的全部记录,可以了解一个经济单位在会计期初期与期末的财务状况以及会计期间内的经营业绩。总分类账的记录又是编制各种财务报表的基础。

四、明细分类账

明细分类账,也叫明细账,是按照明细科目或明细项目设置的。明细分类账是总分类账的明细记录,也是总分类账的辅助账。明细分类账是根据企事业单位经营管理的需要而设置的。凡是需要详细分类并逐笔反映其交易或者事项的会计科目,都应该按照有关的明细科目设置明细分类账。明细分类的登记,可以详细地反映某项资产、负债、所有者权益等会计要素的增减变化情况及其实有数额,这对于加强监督、控制财产物资的收发和保管、资金的管理和使用、往来款项的及时结算、收入的取得以及费用开支等,都有重要的作用。同时,明细分类账也是编制财务报表的重要依据。

明细分类账只宜选择活页式的账簿。因为有些交易或者事项发生的频率事先难以预计,若选用了订本式的账簿,预留空白账页就可能会预留过少或预留过多。选用活页式账簿,可以根据需要增减账页。不同账户要求反映的事项内容差异很大,所以明细账的账页格式要求是多样化的,主要有三栏式、数量金额式和多栏式三种格式。

(一)三栏式明细账

明细科目单独设置三栏式账页,只进行金额核算,适用于绝大多数明细账。例如应收账款、应付账款等结算类账户的明细账,只反映增加额、减少额和余额三项内容。

(二)数量金额式明细账

数量金额式明细账用来登记那些既要用金额核算,又要用实物数量核算的交易或者事项。数量金额式明细账适用于材料、燃料、库存商品等财产物资的明细分类账。在这种明细分类账格式的上端,一般应该根据实际需要,设置一些必要的项目,如材料等物品的类别、名称、规格、计量单位、存放地点,有的还要标明最高和最低储备数量等。通过数量金额式明细账的记录,能了解各种材料、库存商品等的增加减少和结存的详细情况,以利于对材料、燃料、库存商品的管理和日常监督。

(三)多栏式明细分类账

多栏式明细分类账是根据交易或者事项特点和提供资料的要求专门设计的,它分设若干专栏，以提供明细项目的详细资料。多栏式明细分类账适用于费用、成本和收入成果等类账户的明细核算。

五、对账与结账

（一）对账

为了保证账簿记录和财务报表数字的真实可靠，应当建立定期对账制度，将各种账簿的记录进行核对。对账一般分为账证核对、账账核对、账实核对。

（1）账证核对。账证核对是指将账簿记录与会计凭证核对，核对账簿记录与会计凭证的时间、内容、金额等是否一致，记账双方的数额是否相等，做到账证相符。

（2）账账核对。账账核对是指本单位各种账簿之间有关数字的核对。账账核对一般需要进行以下几方面的核对工作：

①总分类账之间的核对。各总分类账的记账是否有差错，可以通过编制试算平衡表进行检查。如果资产、负债和所有者权益之间不平衡，则说明有差错，要进一步检查。

②总分类账户与所属明细分类账户之间的核对。其一般有两种方法：

一是通过编制明细分类账户的本期发生额及余额明细表或财产物资收发存报表等与总分类账户核对，如果有不符，再进一步查找差额所在。

二是根据各明细分类账户的发生额或余额合计数，直接与有关总分类账户的相应数进行核对。

③财产物资的明细分类账户与保管卡、台账、保管账之间的核对。一般可以将有关账户的余额（包括数量和金额）与实物账、实物卡进行核对，如有不符，则应进一步查找，直至查明原因。

（3）账实核对。账实核对是指账面数字和实际的物资、款项核对。

账实核对必须采取实地盘点方法，固定资产、材料物资、在产品、库存商品、现金、有价证券、结算票据等均应盘点实物，并与账存数额进行核对，不能以白条、借据等抵库。

对结算中的债权、债务，可以通过对账单、征询函、走访、电话等各种途径同有关方面查询核对。经过核对，如果发现本单位有错账，应及时更正；如发现对方有错账，应及时通知对方进行更正。

（二）结账

结账，就是在当期（本月、本季或本年）的全都交易或者事项登记入账后，按照有关制度的规定和管理的需要，结算出各个账户的本期发生额（包括月度发生额、季度发生额和年度发生额）和期末余额。由于会计期间的长短不同，结账工作可以分为月结、季结和年结三种。

结账的标志是画线，即在会计账簿每期期末（月、季或年）最终记录末尾数字的相应行次通过画线并计算本期合计借方发生额、贷方发生额、期末余额等结清本期账簿记录。画线一般使用红线，根据结账的时间和会计账簿内容，画线方式包括单线和双线、通栏和非通栏。

六、错账更正的方法

对于发生的账簿记录错误，应当采用正确、规范的方法予以更正，不准涂改、挖补、刮擦及用药水消除字迹,不准重新抄写,但当某账页因受污损或其他特殊原因,使账簿全页模糊不清时,可以重新抄写,但在重新抄写前,应报经会计主管人员批准。抄好后要仔细复核,以防抄错。原来的账页要保留在账簿中备查,不得销毁。

错账更正的方法有划线更正法、红字更正法和补充登记法。

(一)划线更正法

在结账以前,如发现账簿中文字或数字有错误,而记账凭证没有错误,应当采用划线更正法。更正时,应在错误的数字或文字上画一红线注销,然后在上方空白处填上正确的文字或数字,并由记账人员和会计机构负责人在更正处盖章,以示负责。对于错误数字,必须全部划掉,而不能只划掉整个数字中个别错误数字。

(二)红字更正法

红字更正法,也叫红笔订正法或赤字冲账法。在记账后,如发现记账凭证所列账户对应关系或金额记错时,应采用红字更正法来改正。红字在记账中表示减少,它起着抵销作用,如果记账凭证写错了,更正时应先用红字填写一张与原记账凭证内容完全相同的记账凭证,据以用红字登记入账,在摘要栏注明"注销×月×日凭证"。同时,用蓝字再写一张正确的记账凭证,也登记入账,在摘要栏注明"补充×月×日凭证"。这样,用红字冲销原来的错误记录,蓝字就是新做的更正后的记录。

如果发现原填制记账凭证中,只是所填金额大于应填金额,可将多填金额用红字填制一张记账凭证,同样,在"摘要"栏中注明"更正××号凭证错误",并据以用红字登记入账,从而将多填金额冲销。

(三)补充登记法

在记账以后,如果记账凭证中所记账户对应关系并没有差错,只是所记金额小于应记金额时,应采用补充登记法来更正。更正时,应按正确数字与错误数字的差额用蓝字编制一张记账凭证,在摘要栏内写明"补记×月×日凭证错误"补充记账即可。

第三节 会计报表

一、会计报表的含义

会计报表即财务报表,是按照一定的格式和一定的指标体系,对日常会计核算资料加工整理而编制的,反映企业单位在一定会计期间经营情况、财务状况和财务成果的表格式财务会计报告。

二、会计报表的种类

会计报表可以按不同标准进行分类。

(1)按反映内容分类。会计报表按反映内容分类,分为资产负债表、利润表和现金流量表等。

(2)按反映时期分类。会计报表按反映内容分类,分为月报、季度和年报。

(3）按反映状况分类。会计报表按反映状态分类，分为静态报表和动态报表。静态报表是反映企业在某一时点（时日）的资金取得构成、资金用途情况的报表，如资产负债表。动态报表是综合反映企业一定时期内收入、费用和利润等情况以及现金流量情况的报表，如利润表、现金流量表等。

（4）按报送对象分类。会计报表按报送对象分类，分为内部报表和外部报表。资产负债表、利润表、现金流量表均属对外报告用的外部报表。企业中有关成本、费用等报表则是内部报表。

另外，财务报表还可以按照其他标准分为主表和附表、基层报表和汇总报表、个别报表和合并报表等。

有关会计报表的结构、内容、编制方法等将在第十四章"财务会计报告"中讲述。

第五章

货币资金及应收款项

第一节 库存现金的核算

一、库存现金管理制度

库存现金是指存放在企业财会部门,由出纳人员保管的作为日常零星开支使用的货币,包括人民币和各种外币。《中华人民共和国现金管理暂行条例》(以下简称《现金管理暂行条例》)规定:"凡是在银行或其他金融机构开立账户的机关、团体、部队、企事业单位必须依照此规定使用库存现金,自觉接受开户银行的监督。"

(一)库存现金的使用范围

(1)职工工资、津贴。
(2)个人劳务报酬。
(3)根据国家规定颁发给个人的科学技术、文化艺术、体育比赛等各种奖金。
(4)各种劳保、福利费用以及国家规定的对个人的其他支出。
(5)向个人收购农副产品和其他物资的价款。
(6)出差人员必须随身携带的差旅费。
(7)结算起点(1 000元人民币)以下的零星支出。
(8)中国人民银行确定需要支付现金的其他支出。

除上述(5)、(6)两项外,其他各项在支付给个人的款项中,支付现金每人不得超过1 000元,超过限额的部分根据提款人的要求,在指定的银行转存为储蓄存款或以支票、银行本票予以支付。企业与其他单位的经济往来除规定的范围可以使用现金外,其他款项的支付应通过银行转账结算。

(二)库存现金的限额

库存现金限额是指为了保证各企业日常零星支出的需要,允许各单位留存现金的最高数额。库存现金限额由开户银行根据企业的实际需要和距离银行远近等情况核定。其限额一般以企业 3~5 天的日常零星开支所需确定。远离银行或交通不便的企业，银行最多可以根据企业 15 天的正常开支需要来核定库存现金的限额。正常开支需要量不包括企业每月发放工资和不定期差旅费等大额现金支出。库存现金的限额一经核定，要求企业必须严格遵守，不能任意超过，超过限额的部分应及时存入银行。库存现金低于限额时，可以签发现金支票从银行提取现金，补足限额。需要增加或减少库存现金限额的单位，应向开户银行提出申请，由开户银行核定。

（三）库存现金日常收支管理

依照《现金管理暂行条例》，企业现金收支应遵守下列规定：

（1）企业的现金收入应于当日送存开户银行，并在送款簿上注明款项的来源。当日送存开户银行确有困难的，由开户银行确定送存时间。

（2）企业从开户银行提取现金时，应当在现金支票上写明用途，由本单位财会部门负责人签字盖章，经开户银行审核后，予以支付。

（3）企业支付现金时，可以从企业库存现金限额中支付或从开户银行提取现金支付，不得从本企业的现金收入直接支付（即"坐支"）。企业如因特殊情况需要坐支现金的，应事先报经开户银行审批，由开户银行核定坐支范围与限额。企业应定期向开户银行报送坐支金额和使用情况。

（4）企业因采购地点不固定，交通不便利以及其他特殊情况必须使用现金的，企业应向开户银行提出申请，由本单位财会部门负责人签字盖章，经开户银行审核后，予以支付现金。

（5）不准用不符合国家统一会计制度的凭证顶替库存现金，即不得"白条顶库"；不准谎报用途套取库存现金；不准用银行账户代替其他单位或个人存入或支取现金；不准将单位收入的库存现金以个人名义存入储蓄；不准保留账外公款，即不得"公款私存"，不得设置"小金库"等。

银行对于违反上述规定的开户单位，将按照违规金额的一定比例予以处罚。

二、库存现金的账务处理

为了核算和监督企业库存现金的收入、支出和结存情况，企业应设置"库存现金"账户。每日终了，应当在库存现金日记账上计算出当日的现金收入合计额、现金支出合计额和结余额，并将库存现金日记账的余额与实际库存现金金额核对，做到账实相符。月度终了，库存现金日记账的余额应当与库存现金总账的余额核对，做到账账相符。

【例 5-1】永信实业有限责任公司 4 月 6 日从银行提取库存现金 10 000 元备用。当日采购员小张出差借支差旅费 1 000 元。有关会计处理如下：

（1）从银行提取库存现金时，根据有关原始凭证，编制如下会计分录：

借：库存现金　　　　　　　　　　　　　　　　　　　　10 000
　　贷：银行存款　　　　　　　　　　　　　　　　　　　　　　10 000

（2）小张出差借支差旅费时，根据有关原始凭证，编制如下会计分录：

借：其他应收款——小张　　　　　　　　　　　　　　　1 000
　　贷：库存现金　　　　　　　　　　　　　　　　　　　　　　1 000

三、库存现金的清查

企业为了保证账款相符,防止库存现金发生差错和丢失,应定期和不定期地进行库存现金清查盘点。每日终了,结算库存现金收支、财产清查等发现的有待查明原因的现金溢余或短缺,除设法查明原因外,还应及时进行账务处理,通过"待处理财产损溢"账户核算。

(一)库存现金的溢余

(1)企业发现库存现金溢余时,会计分录如下:
借:库存现金(发现盘盈的现金长款)
    贷:待处理财产损溢——待处理流动资产损溢
(2)待查明原因时,分别进行如下处理:
借:待处理财产损溢——待处理流动资产损溢
    贷:其他应付款(应支付给有关人员或单位)
        营业外收入(无法查明原因的现金溢余)

【例5-2】永信实业有限责任公司12月份进行财产清查,发现库存现金长款250元,原因待查。

(1)批准处理前,根据有关原始凭证,编制如下会计分录:
借:库存现金   250
    贷:待处理财产损溢——待处理流动资产损溢   250

(2)核查后,经领导批准,转入"营业外收入"账户,根据有关原始凭证,编制如下会计分录:
借:待处理财产损溢——待处理流动资产损溢   250
    贷:营业外收入——库存现金溢余   250

(二)库存现金的短缺

(1)企业发生库存现金短缺时,会计分录如下:
借:待处理财产损溢——待处理流动资产损溢
    贷:库存现金(库存现金清查发现的短缺)
(2)对于库存现金的短缺,如果是因单据丢失或记账错误,应补办手续入账或更正错误,其他原因的应分别进行如下处理:
借:其他应收款(应收过失人或保险公司的赔偿款)
    管理费用(无法查明原因库存现金短缺款)
    贷:待处理财产损溢——待处理流动资产损溢

【例5-3】永信实业有限责任公司12月份进行财产清查,发现库存现金短缺560元,原因待查。

(1)批准处理前,根据有关原始凭证,编制如下会计分录:
借:待处理财产损溢——待处理流动资产损溢   560
    贷:库存现金   560

(2) 经核查,属于出纳人员的责任,出纳人员已赔偿,根据有关原始凭证,编制如下会计分录:

借:库存现金　　　　　　　　　　　　　　　　　　　　　560
　　贷:待处理财产损溢——待处理流动资产损溢　　　　　　　560

四、备用金

(一) 备用金的概念

备用金(国际上也称暂定金额)是企业、机关、事业单位或其他经济组织等拨付给非独立核算的内部单位或工作人员作为差旅费、零星采购、零星开支等用的款项。

(二) 备用金的特点

备用金应指定专人负责管理,按照规定用途使用,不得转借给他人或挪作他用。预支备作差旅费、零星采购等用的备用金,一般按估计需用数额领取,支用后一次报销,多退少补。对于零星开支用的备用金,可实行定额备用金制度,即由指定的备用金负责人按照规定的数额领取,支用后按规定手续报销,补足原定额。

(三) 账务处理

企业可在"其他应收款"账户内进行备用金的核算,也可单独设置"备用金"账户。"备用金"账户属于资产类账户,借方登记增加数,贷方登记减少数,余额表示备用金数额,并按照领用单位或个人设明细分类账户核算。

【例5-4】永信实业有限责任公司的会计部门对总务部门采购人员实行定额备用金制度,会计部门付给定额备用金10 000元,根据有关原始凭证,编制如下会计分录:

借:备用金或其他应收款——备用金　　　　　　　　　　　10 000
　　贷:库存现金　　　　　　　　　　　　　　　　　　　　　10 000

总务部门采购人员报销差旅费1 200元时,其报销并补足余额时,根据有关原始凭证,编制如下会计分录:

借:管理费用——差旅费　　　　　　　　　　　　　　　　1 200
　　贷:库存现金　　　　　　　　　　　　　　　　　　　　　1 200

假定由于管理需要调整,会计部门收回定额备用金。该采购员持未报销的1 200元开支凭证和多余备用金8 800元,到会计部门办理报销并交回备用金,根据有关原始凭证,编制如下会计分录:

借:管理费用——差旅费　　　　　　　　　　　　　　　　1 200
　　库存现金　　　　　　　　　　　　　　　　　　　　　8 800
　　贷:备用金或其他应收款——备用金　　　　　　　　　　10 000

第二节　银行存款的核算

一、银行存款账户管理

银行存款是企业存放在银行或其他金融机构的货币资金。凡新办的企业或公司在取得工商行政管理部门颁发的法人营业执照后,可选择办公地点附近的银行申请开设自己的结算账户。银行账户是各单位通过银行办理转账、结算信贷以及现金收支业务的主要工具,具有反映和监督国民经济各部门经济活动的作用。

根据《银行账户管理办法》的规定,银行账户应分为基本存款账户、一般存款账户、临时存款账户和专用存款账户四种。

(1) 基本存款账户。基本存款账户是存款人办理日常转账结算和现金收付的账户。它是各独立结算单位或实行独立核算的企业在银行开立的主要账户。按照规定,每一存款人只能在银行开立一个基本存款账户,主要用于办理日常的转账结算和现金收付。企事业单位的工资、奖金等现金的支取只能通过该账户办理。

(2) 一般存款账户。一般存款账户是存款人在基本存款账户以外的银行借款转存、与基本存款账户的存款人不在同一地点的附属非独立核算单位开立的账户。存款人可以通过该账户办理转账、结算和存入现金,但不能支取现金。

(3) 临时存款账户。临时存款账户是指存款人因临时经营活动需要开立的账户。存款人可以通过该账户办理转账结算和根据国家现金管理规定办理现金收付。

(4) 专用存款账户。专用存款账户是指存款人因特定用途而开立的账户。

二、银行结算方式

根据中国人民银行有关结算制度规定,目前我国银行支付结算办法有银行汇票、银行本票、商业汇票、支票、汇兑、委托收款、托收承付、信用证和信用卡等。银行结算方式不同,企业原始凭证及记账凭证填制时间和依据也不同。

(一) 银行汇票

银行汇票是指由出票银行签发的,由其在见票时按照实际结算金额无条件支付给收款人或者持票人的票据。

1. 银行汇票的特点

银行汇票适用于异地结算。持票人可以将银行汇票背书转让给他人。所谓背书,是指在票据背面或者粘单上记载有关事项并签章的票据行为。背书的目的是转让票据上的权利。受让票据的单位或个人称为被背书人。票随人到,兑现性强。银行汇票的付款期限为自出票日起1个月内。

2. 银行汇票结算的一般程序

(1) 汇款单位需使用银行汇票时,应向出票银行填写"银行汇票申请书",银行受理"银行汇票申请书"。

(2) 汇款人持银行汇票即可向填明的收款方办理结算。

(3) 收款人或被背书人在收到银行汇票后,将银行汇票和解讫通知、进账单一并交开户银行结算,银行审核无误后,办理转账。

(4) 银行汇票多余的金额,可由出票银行退交汇款人。

银行汇票结算的业务程序如图 5-1 所示。

(二) 商业汇票

商业汇票是出票人签发的,委托付款人在指定日期无条件支付确定的金额给收款人或者持票人的票据。商业汇票按承兑人不同,分为商业承兑汇票和银行承兑汇票。

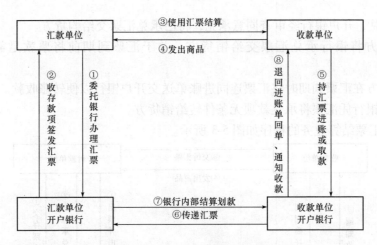

图 5-1 银行汇票结算业务过程

1. 商业汇票的特点

商业汇票既适用于同城结算，也适用于异地结算，商业汇票可延期支付货款，但最长不得超过 6 个月。商业汇票的提示付款期限自汇票到期日起 10 日内。未到期票据可背书转让或贴现。

2. 商业承兑汇票结算的一般程序

（1）交易双方约定采用商业承兑汇票结算时，由销货企业或购货企业签发商业承兑汇票，经购货企业承兑。承兑后的商业承兑汇票交给销货企业。

（2）汇票到期时，销货企业应在提示付款期限内将商业承兑汇票提交银行，通过开户银行委托收款或直接向付款人提示付款。

（3）购货企业应于汇票到期前将款项足额交存其开户银行，由其凭票将票款划给销货企业或贴现银行。

商业承兑汇票结算业务的程序如图 5-2 所示。

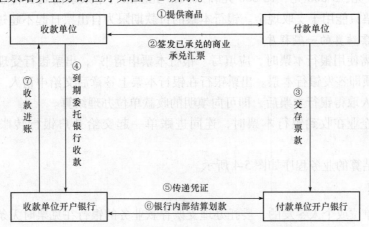

图 5-2 商业承兑汇票（付款人出票）结算业务过程

3. 银行承兑汇票结算的一般程序

（1）购销双方约定采用银行承兑汇票结算时，由购货方将商业汇票和购货合同向其开户银行申请承兑,开户银行经审查同意承兑,将已承兑汇票交给购货方。

(2)购货方将银行承兑汇票交给销货方,并于汇票到期前将票款足额交存其开户银行。

(3)销货方在汇票到期时将汇票连同进账单送交开户银行以便转账收款。

(4)承兑银行凭汇票将承兑款项无条件转给销货方。

银行承兑汇票结算业务的程序如图5-3所示。

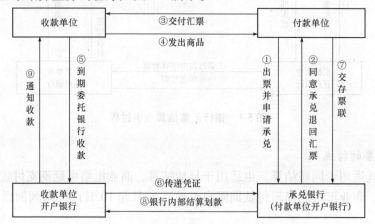

图5-3 银行承兑汇票(付票人出票)结算业务过程

(三)银行本票

银行本票是指申请人将款项交存银行,由银行签发的承诺自己在见票时无条件支付确定金额给收款人或者持票人的票据。

1. 银行本票的特点

银行本票适用于同城结算,结算灵活。银行本票分定额本票和不定额本票。定额本票面值分别为1 000元、5 000元、10 000元和50 000元。银行本票票面划去转账字样的为现金本票,现金本票只能用于支取现金。银行本票的付款期限为自出票日起不超过2个月。

2. 银行本票结算的一般程序

(1)企业需使用银行本票时,应填写"银行本票申请书",出票银行受理银行本票申请书后,收妥款项即签发银行本票。出票银行在银行本票上签章后交给申请人。

(2)申请人取得银行本票后,即可向填明的收款单位办理结算。

(3)收款企业在收到银行本票时,连同进账单一起交给开户银行转账,并进行账务处理。

银行本票结算的业务程序如图5-4所示。

(四)支票

支票是指单位或个人签发的,委托办理支票存款业务的银行在见票时无条件支付确定的金额给收款人或者持票人的票据。

1. 支票的特点

支票适用于同城结算,有提现或转账两种方式,支票上印有"现金"字样的为现金支票,现金支票只能用于支取现金。支票上印有"转账"字样的为转账支票,转账支票只能

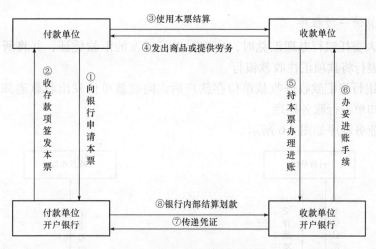

图 5-4 银行本票结算业务过程

用于转账。未印有"现金"或"转账"字样的为普通支票，普通支票可以用于支取现金，也可以用于转账。支票的提示付款期限为自出票日起 10 日，中国人民银行另有规定的除外。转账支票可以根据需要在票据交换区域内背书转让。

2. 支票结算的一般程序

（1）付款人签发支票，并将支票交给收款人。

（2）收款人在支票期限内持支票办理转账或支取现金。

支票结算业务程序如图 5-5 所示。

图 5-5 支票结算业务过程

（五）汇兑

汇兑是指汇款人委托银行将款项支付给外地收款人的结算方式。

1. 汇兑的特点

汇兑适用性强，划拨款项简便、灵活，只适用于异地结算。汇兑适用于单位和个人的各种款项结算。汇兑分为信汇与电汇两种。信汇是指汇款人委托银行通过邮寄方式将款项划转给收款人。电汇是指汇款人委托银行通过电报方式将款项划给收款人。这两种汇兑方式由汇款人根据需要选择使用。

2. 汇兑结算的一般程序

（1）汇款人委托银行办理汇兑时，应填写银行印发的汇款凭证，并将所汇款额交给开户银行，委托银行将款项汇往收款银行。

（2）收款银行将汇款收进收款单位存款户后，向收款单位发出收款通知。收款单位根据银行收款通知单进行账务处理。

汇兑结算业务程序如图 5-6 所示。

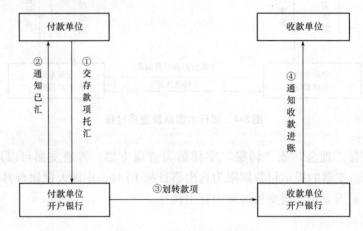

图 5-6　汇兑结算业务过程

（六）委托收款

委托收款是指收款人委托银行向付款人收取款项的结算方式。

1. 委托收款的特点

委托收款既适用于同城结算也适用于异地结算，适用范围广。单位或个人可凭已承兑商业汇票、债券、存单等付款人债务证明办理同城或异地款项收取，由收款人主动办理结算。委托收款分为邮寄和电报两种。

2. 委托收款的一般程序

（1）企业委托开户银行收款时，应填写银行印制的委托收款凭证，并提供有关的债务证明。

（2）企业的开户银行受理委托收款后，将委托收款凭证交付款单位开户银行。

（3）付款单位开户银行审核委托收款凭证后，通知付款单位付款。

（4）付款单位收到银行转来的委托收款凭证及债务证明，确认之后通知银行付款。

（5）收款单位在接到银行收款通知时，应填制收款凭证，进行账务处理。

委托收款结算业务程序如图 5-7 所示。

（七）托收承付

托收承付是指根据购销合同由收款人发货后委托银行向异地付款人收取款项，由付款人向银行承认付款的结算方式。

1. 托收承付的特点

托收承付有规定的使用对象，必须是商品交易，以及因商品交易而产生的劳务供应的款

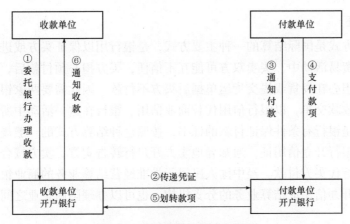

图 5-7 委托收款结算业务过程

项。托收承付只适用于有购销合同的异地结算。托收承付款项划回方式分为邮寄和电报两种。托收承付结算每笔金额的起点为 10 000 元。

2. 托收承付结算的一般程序

（1）销货企业按合同发货后，填写托收承付凭证，连同符合托收承付结算的有关证明和交易单证送交开户银行办理托收手续。

（2）销货企业开户银行接受委托后，将托收结算凭证回联退给企业，并将其他结算凭证寄往购货单位开户银行，由购货单位开户银行通知购货单位承认付款。

（3）购货企业收到托收承付结算凭证和所附单据后，应立即审核。承付货款分为验单付款与验货付款两种，在签订合同时约定。验单付款是指购货企业根据经济合同对银行转来的托收承付结算凭证、发票账单、托运单及代垫运杂费等单据进行审查无误后，即可承认付款。验货付款是指购货企业待货物运达企业，经检验与合同完全相符后才承认付款。

（4）销货企业收到银行转来的收款通知单后，根据托收承付结算凭证的回单联及有关单据，编制收款凭证，进行账务处理。

托收承付结算业务程序如图 5-8 所示。

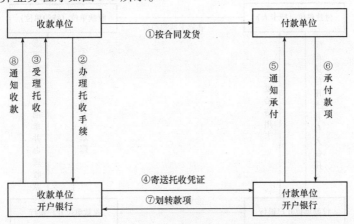

图 5-8 （异地）托收承付结算业务过程

（八）信用证

信用证结算方式是国际结算的一种主要方式，是银行用以保证买方或进口方有支付能力的凭证。在国际贸易活动中，买卖双方可能互不信任，买方担心预付款后，卖方不按合同要求发货；卖方也担心在发货或提交货运单据后买方不付款。因此需要两家银行作为买卖双方的保证人，代为收款交单，以银行信用代替商业信用。银行在这一活动中所使用的工具就是信用证。信用证是银行有条件保证付款的证书，按照这种结算方式的一般规定，买方先将货款交存银行，由银行开立信用证，通知异地卖方开户行转告卖方，卖方按合同和信用证规定的条款发货，银行代买方付款。经中国人民银行批准经营结算业务的商业银行总行以及经商业银行总行批准开办信用证结算业务的分支机构，也可以办理国内企业之间商品交易的信用证结算业务。

（九）信用卡

信用卡是指商业银行向个人和单位发行的，凭以向特约单位购物、消费和向银行存取现金，且具有消费信用的特制载体卡片。

1. 信用卡的特点

信用卡形式多样，允许善意透支。信用卡在规定的期限和限额内允许善意透支，透支额：金卡不得超过 10 000 元，普通卡最高不得超过 5 000 元，透支期限最长为 60 天。透支利息，自签单日或银行记账日起 15 日内按日息万分之五计算，超过 15 日按日息万分之十计算，超过 30 日的或透支金额超过规定限额的，按日息万分之十五计算。

2. 信用卡申领、使用的一般程序

（1）单位或个人申领信用卡时，应按规定填制申请表，连同有关资料一起送交发卡银行，符合条件并按银行要求交存一定金额的备用金后，银行为申领人开立信用卡存款账户，并发给信用卡。

（2）企业在特约单位使用信用卡付款时，由特约单位在签购单上压卡，填写实际结算金额、用途、持卡人身份证号码、特约单位名称和编号。如超过支付限额的，由特约方向发卡银行索权并填写授权号码。签购单由持卡人签名确认。

信用卡结算业务程序如图 5-9 所示。

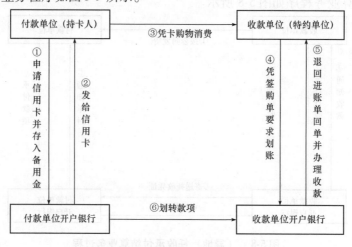

图 5-9　信用卡结算业务过程

三、银行存款的账务处理

为了核算和监督企业银行存款的收入、支出和结存情况，企业应当设置"银行存款"账户。企业应当设置银行存款总账和银行存款日记账，分别进行银行存款的总分类核算和序时、明细分类核算。企业可按开户银行和其他金融机构存款种类等设置"银行存款日记账"根据收付款凭证，按照业务的发生顺序逐笔登记。银行存款日记账由出纳人员登记，并做到日清月结。需注意的是，出纳人员登记银行存款日记账，但不能登记银行存款总账。

四、银行存款的核对

（一）银行存款的核对方法

为了准确反映银行存款的实际金额，防止银行存款账目发生差错，《企业会计制度》规定，银行存款的账面余额应当与银行对账单定期核对，并按月编制银行存款余额调节表。

银行存款日记账的核对主要包括三个环节：一是银行存款日记账与银行存款收、付款凭证要相互核对，做到账证相符；二是银行存款日记账与银行存款总账互相核对，做到账账相符；三是银行存款日记账与银行开出的对账单互相核对，做到账实相符，银行存款日记账与银行出具的"银行对账单"应逐笔核对，核对时如发现双方余额不一致，要及时查找原因，属于企业本身记账差错的，应立即更正。属于银行差错的，应通知银行更正。除记账错误外，还可能是由于未达账项造成的。

所谓未达账项，是指企业与银行之间，由于凭证传递上的时间差，一方已登记入账，而另一方尚未入账的款项。未达账项具体包括以下四种情况：

（1）银行已收款记账而企业尚未接到收款通知，因而尚未记账的款项。如托收货款和银行支付给企业的存款利息。

（2）银行已付款记账而企业尚未收到付款通知，因而尚未记账的款项。如银行代企业支付的公用事业费用和银行向企业收取的借款利息等。

（3）企业已收款记账而银行尚未办妥入账手续的款项。如企业将收到的转账支票送存银行。

（4）企业已付款记账而银行尚未支付入账的款项。如企业开出转账支票，对方尚未到银行办理转账手续的款项。

（二）银行存款余额调节表的编制

在核对银行存款账目的过程中，对于发现的未达账项，应采用余额调节法编制"银行存款余额调节表"进行调节。余额调节法的调节原则是：在双方所记存款期末余额的基础上，调整各自的未达账项。若为银行方未入账，则调整银行对账单的余额；若为企业方未入账，则调整企业银行存款日记账的余额。

【例5-5】永信实业有限责任公司2017年12月31日银行存款日记账的余额为28 256元，银行转来对账单的余额为26 926元。经逐笔核对，发现以下未达账项：

（1）12月30日，公司开出支票3 510元预付货款，持票人尚未到银行办理转账，银行尚未记账；

（2）12月31日，公司送存销货所得支票4 680元，银行尚未记入公司存款账户；

(3) 12月31日，公司委托银行收取押金140元，银行已收妥入账，公司未接到银行的收款通知，尚未记账；

(4) 12月31日，公司委托银行支付水费300元，银行已付妥入账，公司未接到银行的付款通知，尚未记账。

根据上述资料，可编制银行存款余额调节表，见表5-1。

表5-1 银行存款余额调节表 单位：元

项目	金额	项目	金额
企业银行存款日记账余额	28 256	银行对账单余额	26 926
加：银行已收、企业未收款项	140	加：企业已收、银行未收款项	4 680
减：银行已付、企业未付款项	300	减：企业已付、银行未付款项	3 510
调节后的银行存款余额	28 096	调节后的银行存款余额	28 096

经过上述调整后的银行存款余额，表示企业可动用的银行存款数额。需要注意，银行存款余额调节表主要用来核对企业与银行双方的记账有无差错，不能作为记账的依据。对于未达账项，无须做账面调整，待结算凭证到达后再进行账务处理，登记入账。

调节后，如企业与银行双方账面余额相等，一般说明双方记账没有错误；如双方账面余额不相等，则表明记账有差错，需要进一步查对，找出原因，更正错误的记录。

第三节 其他货币资金的核算

其他货币资金是指企业除库存现金、银行存款以外的其他各种货币资金，主要包括外埠存款、存出投资款、银行汇票存款、银行本票存款、信用卡存款、信用证保证金存款等。

一、外埠存款

外埠存款是指企业为了到外地进行临时或零星采购，而汇往采购地银行开立采购专户的款项。

企业将款项汇往外地时，应填写汇款委托书，委托开户银行办理汇款。汇入地银行以汇款单位名义开立临时采购账户，该账户的存款不计利息、只付不收、付完清户，除了采购人员可从中提取少量现金外，一律采用转账结算。

企业将款项汇往外地开立采购专用账户时，根据汇出款项凭证编制付款凭证，进行账务处理：

借：其他货币资金——外埠存款
　　贷：银行存款

收到采购人员转来供应单位发票账单等报销凭证时：

借：材料采购、原材料、在途物资、库存商品等
　　应交税费——应交增值税（进项税额）
　　贷：其他货币资金——外埠存款

采购完毕收回剩余款项时，根据银行的收账通知：

借：银行存款
　　贷：其他货币资金——外埠存款

【例5-6】永信实业有限责任公司2017年12月18日为临时采购的需要，将款项20 000元汇往外地设立的临时账户。7天后收到采购员汇来的发货票、运单，注明货款10 000元，增值税税额为1 600元，共计11 600元，余款退回，收妥入账。永信实业有限责任公司的会计处理如下：

(1) 汇往外地设立的临时采购专户时，根据有关原始凭证，编制如下会计分录：

借：其他货币资金——外埠存款　　　　　　　　　　　　　　　　20 000
　　贷：银行存款　　　　　　　　　　　　　　　　　　　　　　　20 000

(2) 收到发货票和运单时，根据有关原始凭证，编制如下会计分录：

借：在途物资　　　　　　　　　　　　　　　　　　　　　　　　10 000
　　应交税费——应交增值税（进项税额）　　　　　　　　　　　　1 600
　　贷：其他货币资金——外埠存款　　　　　　　　　　　　　　　11 600

(3) 余款收回时，根据有关原始凭证，编制如下会计分录：

借：银行存款　　　　　　　　　　　　　　　　　　　　　　　　 8 400
　　贷：其他货币资金——外埠存款　　　　　　　　　　　　　　　 8 400

二、存出投资款

存出投资款，是指企业已存入证券公司但尚未进行短期投资的资金。企业向证券公司划出资金时，应按实际划出的金额进行账务处理：

借：其他货币资金——存出投资款
　　贷：银行存款

购买股票、债券时，按实际发生的金额进行账务处理：

借：交易性金融资产
　　贷：其他货币资金——存出投资款

【例5-7】永信实业有限责任公司2017年12月16日向乙证券公司划出款项100万元，拟进行短期投资。根据划款支付凭证，编制如下会计分录：

借：其他货币资金——存出投资款　　　　　　　　　　　　　　1 000 000
　　贷：银行存款　　　　　　　　　　　　　　　　　　　　　1 000 000

12月20日，永信实业有限责任公司买进亚通股份股票6万股，投资成本96万元，以存出投资款支付，根据证券公司的账务对账单，编制如下会计分录：

借：交易性金融资产　　　　　　　　　　　　　　　　　　　　 960 000
　　贷：其他货币资金——存出投资款　　　　　　　　　　　　　 960 000

剩余的"其他货币资金——存出投资款"可以继续购买其他证券。

三、银行汇票存款

银行汇票存款是指企业为取得银行汇票，按照规定存入银行的款项。

企业向银行提交"银行汇票委托书"并将款项交存银行，取得汇票后，根据银行盖章退回的委托书存根联，编制会计分录：

借：其他货币资金——银行汇票存款
　　贷：银行存款

企业使用银行汇票付款后，应根据发票账单及开户行转来的银行汇票有关副联等凭证，经核对无误后编制会计分录：

借：材料采购、在途物资、原材料、库存商品等
　　应交税费——应交增值税（进项税额）
　　贷：其他货币资金——银行汇票存款

实际采购支付后收回剩余款项时，编制会计分录：

借：银行存款（余额退回）
　　贷：其他货币资金——银行汇票存款

银行汇票因超过付款期限或其他原因未曾使用而退还款项时应进行相反的会计处理。

【例5-8】 2017年12月5日，永信实业有限责任公司为采购一批材料，申请银行汇票，金额为100 000元，银行受理。根据银行汇票申请书存根联，编制如下会计分录：

借：其他货币资金——银行汇票存款　　　　　　　　　　　　100 000
　　贷：银行存款　　　　　　　　　　　　　　　　　　　　　100 000

12月7日，公司向飞达公司购进材料，货款80 000元，增值税12 800元，运费1 000元（可抵扣10%的增值税），公司以上述银行汇票付讫。材料已入库。根据收料单和收到的发票、运单，编制如下会计分录：

借：原材料　　　　　　　　　　　　　　　　　　　　　　　80 900
　　应交税费——应交增值税（进项税额）　　　　　　　　　　13 500
　　贷：其他货币资金——银行汇票存款　　　　　　　　　　　94 400

12月9日，银行转来银行汇票存款多余款收账通知，金额5 600元。根据收账通知，编制如下会计分录：

借：银行存款　　　　　　　　　　　　　　　　　　　　　　5 600
　　贷：其他货币资金——银行汇票存款　　　　　　　　　　　5 600

四、银行本票存款

银行本票存款是指企业为取得银行本票，按照规定存入银行的款项。

企业向银行提交"银行本票申请书"并将款项交存银行，取得银行本票时，应根据银行盖章退回的申请书存根联，编制会计分录：

借：其他货币资金——银行本票存款
　　贷：银行存款

企业用银行本票支付购货款等款项后，应根据收到有关的发票账单等有关凭证，编制会计分录：

借：材料采购、在途物资、原材料、库存商品等
　　应交税费——应交增值税（进项税额）
　　贷：其他货币资金——银行本票存款

如企业因银行本票超过提示付款期限等原因未曾使用而要求银行退款时，应将银行本票提交到出票银行并出具单位证明。根据银行盖章退回的进账单第一联，编制会计分录：

借：银行存款
　　贷：其他货币资金——银行本票存款

【例5-9】2017年12月25日，永信实业有限责任公司为采购一批材料，申请银行本票，金额为30 000元，银行受理。根据银行本票申请书存根联，编制如下会计分录：

借：其他货币资金——银行本票存款　　　　　　　　　　　　　30 000
　　贷：银行存款　　　　　　　　　　　　　　　　　　　　　30 000

12月26日，公司向飞达公司购进材料，货款20 000元，增值税3 200元，公司以上述银行本票付讫。材料已入库。根据收料单和收到的发票，编制如下会计分录：

借：原材料　　　　　　　　　　　　　　　　　　　　　　　　20 000
　　应交税费——应交增值税（进项税额）　　　　　　　　　　 3 200
　　贷：其他货币资金——银行本票存款　　　　　　　　　　　 23 200

12月28日，银行转来银行本票存款多余款收账通知，金额6 800元。根据收账通知，编制如下会计分录：

借：银行存款　　　　　　　　　　　　　　　　　　　　　　　 6 800
　　贷：其他货币资金——银行本票存款　　　　　　　　　　　 6 800

五、信用卡存款

信用卡存款是指企业为取得信用卡按照规定存入银行信用卡专户的款项。企业向银行申请取得信用卡，应按规定填制"信用卡申请表"，连同支票和有关资料一并送存发卡银行，根据银行盖章退回的进账单第一联，编制会计分录：

借：其他货币资金——信用卡存款
　　贷：银行存款

企业用信用卡购物或支付有关费用，编制会计分录：

借：材料采购、在途物资、原材料、管理费用等
　　应交税费——应交增值税（进项税额）
　　贷：其他货币资金——信用卡存款

企业信用卡在使用过程中，需要向其账户续存资金的，编制会计分录：

借：其他货币资金——信用卡存款
　　贷：银行存款

有信用卡业务的企业应当在"信用卡存款"明细账户中按开出信用卡的银行和信用卡种类设置明细账。

【例5-10】永信实业有限责任公司在中国建设银行申请领用信用卡，按要求于3月8日向银行交存备用金60 000元。3月10日使用信用卡支付2月份的电话费5 000元。永信实业有限责任公司会计处理如下：

（1）存入中国建设银行开立信用卡时，根据有关原始凭证，编制如下会计分录：

借：其他货币资金——信用卡存款　　　　　　　　　　　　　　60 000
　　贷：银行存款　　　　　　　　　　　　　　　　　　　　　60 000

（2）支付电话费时，根据有关原始凭证，编制如下会计分录：

借：管理费用　　　　　　　　　　　　　　　　　　　　　　　 5 000

　　　　贷：其他货币资金——信用卡存款　　　　　　　　　　　　　　　　　　　5 000

六、信用证保证金存款

　　信用证保证金存款，是指企业为取得信用证按规定存入银行的保证金。
　　企业向银行申请开立信用证，应按规定向银行提交开证申请书、信用证申请人承诺书和购销合同。企业向银行缴纳保证金时，应根据银行盖章退回的进账单第一联，编制会计分录：
　　　　借：其他货币资金——信用证保证金存款
　　　　　　贷：银行存款
　　企业接到开证银行的通知，根据供货单位信用证结算凭证及所附发标账单，编制会计分录：
　　　　借：材料采购、原材料、库存商品等
　　　　　　应交税费——应交增值税（进项税额）
　　　　　　贷：其他货币资金——信用证保证金存款

【例5-11】2017年12月12日，永信实业有限责任公司为向美国进口一批材料，填制并向中国银行提交开证申请书、信用证申请人承诺书和购销合同，银行受理后，存入信用证保证金2 000 000元。根据进账单第一联，编制如下会计分录：
　　　　借：其他货币资金——信用证保证金存款　　　　　　　　　　　　　　2 000 000
　　　　　　贷：银行存款　　　　　　　　　　　　　　　　　　　　　　　　2 000 000
　　12月25日，永信实业有限责任公司向美国乙公司购进材料，货款折合人民币2 000 000元，以信用证保证金付讫。另以银行存款支付进口增值税320 000元，关税100 000元。材料已入库。根据收料单和收到的发票、运单等，编制如下会计分录：
　　　　借：原材料　　　　　　　　　　　　　　　　　　　　　　　　　　　2 100 000
　　　　　　应交税费——应交增值税（进项税额）　　　　　　　　　　　　　　320 000
　　　　　　贷：其他货币资金——信用证保证金存款　　　　　　　　　　　　2 000 000
　　　　　　　　银行存款　　　　　　　　　　　　　　　　　　　　　　　　　420 000

第四节　应收及预付款项的核算

　　应收及预付款项是指企业在日常生产经营过程中发生的各项债权，包括应收款项和预付款项。应收款项包括应收票据、应收账款和其他应收款等；预付款项是指企业因购买商品或劳务等而预先支付给有关单位的款项，如预付账款等。

一、应收票据

（一）应收票据概述

　　应收票据是指企业在采用商业汇票结算方式时，因销售商品、提供劳务而收到的商业汇票。商业汇票是指收款人或付款人（或承兑申请人）签发，由承兑人承兑，并于到期日向收款人或被背书人支付款项的票据，它是交易双方以商业购销业务为基础而使用的一种信用凭证。商业汇票按是否计息可分为不带息商业汇票和带息商业汇票。

（二）应收票据利息的计算

我国商业汇票的付款期限最长不得超过 6 个月。一般按其面值计价，即企业收到应收票据时，应按照票据的面值入账。但对于带息的应收票据，按照现行制度的规定，应于期末（指中期期末和年度终了）按应收票据的票面价值和确定的利率计提利息，计提的利息应增加应收票据的账面价值。

带息票据的利息，对于收款人来说是一种收入，对付款人来说是一种费用。应收票据的利息计算公式如下：

$$应收票据利息 = 应收票据票面金额 \times 利率 \times 期限$$

上式中，利率一般以年利率表示；"期限"是指签发日至到期日的时间间隔（有效期）。票据的期限有按月表示和按日表示两种，在实际业务中，为了计算方便，常把一年定为 360 天。

（三）应收票据的票据到期日

应收票据的付款期限若是按月表示，应以到期月份中与出票日相同的那一天作为到期日。月末签发的票据，无论月份大小，以到期月份的月末一天为到期日。如出票日为 3 月 6 日，期限为 4 个月的票据，其到期日应为 7 月 6 日。出票日为 4 月 30 日，期限为 3 个月的票据，其到期日应为 7 月 31 日。与此同时，计算利息使用的利率要换算成月利率（即年利率 ÷12）。

应收票据的付款期限若是按日表示，到期日应从出票日起按实际经历天数计算。但出票日和到期日只能算其中的一天，即"算头不算尾"或"算尾不算头"。如出票日为 8 月 1 日，期限为 80 天的票据，其到期日应为 10 月 20 日，即 8 月份 31 天，9 月份 30 天，10 月份 19 天（10 月 20 日不算）。与此同时，计算利息使用的利率，要换算成日利率（即年利率 ÷360）。

（四）应收票据的账务处理

为了反映和监督应收票据的取得和票款收回情况，企业应设置"应收票据"账户进行核算。"应收票据"账户是资产类账户，借方登记应收票据的票面金额及按期确认的应计利息，贷方登记背书转让或到期收回，或因未能收回票款而转作应收账款的应收票据账面金额，期末借方余额反映未到期应收票据的票面金额及已计提利息。

1. 不带息应收票据

（1）不带息应收票据的到期价值等于应收票据的面值。企业应当设立"应收票据"账户核算应收票据的票面金额，当企业收到应收票据时：

借：应收票据（票据票面金额）
　　贷：应收账款
　　　　主营业务收入
　　　　应交税费——应交增值税（销项税额）

（2）应收票据到期收回款项时，按其票面金额：

借：银行存款
　　贷：应收票据

商业承兑汇票到期时，承兑人违约拒付或无力偿还票款，收款企业应将到期票据的票面金额转入"应收账款"账户。

【例5-12】 永信实业有限责任公司向乙公司销售产品一批，货款为100 000元，尚未收到，已办妥托收手续，适用的增值税税率为16%，根据有关原始凭证，永信实业有限责任公司编制如下会计分录：

借：应收账款　　　　　　　　　　　　　　　　　　　　　　　116 000
　　贷：主营业务收入　　　　　　　　　　　　　　　　　　　100 000
　　　　应交税费——应交增值税（销项税额）　　　　　　　　 16 000

10日后，永信实业有限责任公司收到乙公司寄来的一份3个月的不带息商业承兑汇票，面值为116 000元，抵付产品货款。永信实业有限责任公司编制如下会计分录：

借：应收票据　　　　　　　　　　　　　　　　　　　　　　　116 000
　　贷：应收账款　　　　　　　　　　　　　　　　　　　　　 116 000

3个月后，应收票据到期收回票面金额116 000元存入银行，根据有关原始凭证，编制如下会计分录：

借：银行存款　　　　　　　　　　　　　　　　　　　　　　　116 000
　　贷：应收票据　　　　　　　　　　　　　　　　　　　　　 116 000

如果该票据到期，乙公司无力偿还票款，永信实业有限责任公司应将到期票据的票面金额转入"应收账款"账户，根据有关原始凭证，编制如下会计分录：

借：应收账款　　　　　　　　　　　　　　　　　　　　　　　116 000
　　贷：应收票据　　　　　　　　　　　　　　　　　　　　　 116 000

2．带息应收票据

（1）企业收到带息应收票据时，同样：

借：应收票据（票据票面金额）
　　贷：应收账款
　　　　主营业务收入
　　　　应交税费——应交增值税（销项税额）

（2）带息的应收票据到期收回款项时，应按收到的本息：

借：银行存款
　　贷：应收票据（按账面价值）
　　　　财务费用（按借贷方差额）

商业承兑汇票到期时，承兑人违约拒付或无力偿还票款，收款企业仍将到期票据的相关金额转入"应收账款"账户。

【例5-13】 永信实业有限责任公司于2017年11月1日收到丙公司当日开出的商业承兑汇票一张以抵前欠货款，面值为100 000元，年利率为6%，期限为3个月。要求做出永信实业有限责任公司的相关分录。

（1）11月1日，收到票据时，根据有关原始凭证，编制如下会计分录：

借：应收票据　　　　　　　　　　　　　　　　　　　　　　　100 000
　　贷：应收账款　　　　　　　　　　　　　　　　　　　　　 100 000

（2）12月31日计息时，编制如下会计分录：

| 借：应收票据 | 1 000 | |
| 贷：财务费用 | | 1 000 |

（3）2018年2月1日，票据到期收款时，根据有关原始凭证，编制如下会计分录：

到期值 = 100 000 + 100 000 × 6%/12 × 3 = 101 500（元）

借：银行存款	101 500	
贷：应收票据		101 000
财务费用		500

（4）假设2月1日，丙公司无力支付款项，根据有关原始凭证，编制如下会计分录：

借：应收账款	101 500	
贷：应收票据		101 000
财务费用		500

（五）应收票据的贴现

1. 应收票据的贴现及计算

"贴现"是指应收票据持有人将未到期的应收票据在背书后送交银行，银行受理后从应收票据到期值中扣除按银行贴现率计算确定的贴现利息，然后将余额付给持票人，作为银行对企业的短期贷款。可见，应收票据贴现实质上是企业融通资金的一种形式。

应收票据贴现过程中有关到期值、贴现息和贴现所得净额的计算公式如下：

应收票据到期值 = 应收票据票面金额 × （1 + 年利率 × 应收票据到期天数 ÷ 360）

= 应收票据票面金额 × （1 + 年利率 × 应收票据到期月数 ÷ 12）

对于不带息应收票据来说，应收票据的到期值就是其面值。

贴现息 = 应收票据到期值 × 贴现率 × 贴现期

贴现期 = 贴现日至应收票据到期日实际天数 − 1

贴现所得净额 = 应收票据到期值 − 贴现息

按照中国人民银行《支付结算办法》的规定，实付贴现金额按到期价值扣除贴现日至汇票到期前一日的利息计算。承兑人在异地的贴现利息的计算应另加3天的划款期限。

2. 应收票据贴现的账务处理

应收票据的贴现根据票据的风险是否转移分为两种情况：一种带追索权，贴现企业在法律上负连带责任；另一种不带追索权，企业将应收票据上的风险和未来经济利益全部转让给银行。下面对两种不同形式的贴现分别介绍。

（1）带追索权的票据贴现。企业在销售商品、提供劳务以后，以取得的应收账款等应收债权向银行等金融机构申请贴现，如企业与银行等金融机构签订的协议中规定，在贴现的应收债权到期，债务人未按期偿还时，申请贴现的企业负有向银行等金融机构还款的责任。根据实质重于形式的原则，该类协议从实质上看，与所贴现应收债权有关的风险和报酬并未转移，应收债权可能产生的风险仍由申请贴现的企业承担，属于以应收债权为质押取得的借款，申请贴现的企业应按照以应收债权为质押取得借款的规定进行会计处理。

贴现时的基本会计处理应为：

借：银行存款（根据贴现所得金额）
　　财务费用（根据贴现息的金额）
　　贷：短期借款（根据应收票据的到期值）

【例5-14】 永信实业有限责任公司收到购货单位交来2017年12月31日签发的不带息商业票据一张,金额900 000元,承兑期限5个月。2018年1月31日企业持汇票向银行申请贴现,带追索权,年贴现率5%。

票据到期值 = 900 000(元)
贴现息 = 900 000 × 5% × 4/12 = 15 000(元)
贴现净额 = 900 000 − 15 000 = 885 000(元)

借:银行存款　　　　　　　　　　　　　　　　　　　885 000
　　财务费用　　　　　　　　　　　　　　　　　　　 15 000
　　贷:短期借款　　　　　　　　　　　　　　　　　　　　　900 000

上例若为带息票据,票面利率为4%。其余条件相同。

带息应收票据应于期末(即中期期末和年度终了)按应收票据的面值和票面利率计提利息,增加应收票据的账面余额。

其基本会计处理应为
2018年1月31日期末计提利息时:

借:应收票据　　　　　　　　　　　　　　　　　　　　3 000
　　贷:财务费用　　　　　　　　　　　　　　　　　　　　　3 000

票据到期值 = 900 000 × (1 + 4% × 5/12) = 915 000(元)
贴现息 = 915 000 × 5% × 4/12 = 15 250(元)
贴现净额 = 915 000 − 15 250 = 899 750(元)

借:银行存款　　　　　　　　　　　　　　　　　　　899 750
　　财务费用　　　　　　　　　　　　　　　　　　　 15 250
　　贷:短期借款　　　　　　　　　　　　　　　　　　　　　915 000

(2)不带追索权的票据贴现。如果企业与银行等金融机构签订的协议中规定,在贴现的应收债权到期,债务人未按期偿还,申请贴现的企业不负有任何偿还责任时,应视同应收债权的出售。

企业将应收票据上的风险和未来经济利益全部转让给银行,冲减应收票据的账面价值,应收票据贴现值(即贴现所得金额)与账面价值之差额计入财务费用(可能在借方,也可能在贷方)。对已贴现的无追索权的商业汇票到期,因贴现企业不承担连带偿付责任,不做任何会计处理。

贴现时的基本会计处理应为
借:银行存款(根据贴现所得金额)
　　贷:应收票据(根据应收票据的账面价值)
　　　　财务费用(借或贷,根据贴现所得金额与账面价值的差额)

【例5-15】 承【例5-14】,永信实业有限责任公司收到购货单位交来2017年12月31日签发的带息商业票据一张,票面利率为4%,金额900 000元,承兑期限5个月。不带追索权,2018年1月31日企业持汇票向银行申请贴现,年贴现率5%。

票据到期值 = 900 000 × (1 + 4% × 5/12) = 915 000(元)
贴现息 = 915 000 × 5% × 4/12 = 15 250(元)
贴现净额 = 915 000 − 15 250 = 899 750(元)

2018年1月31日期末计提利息时：
借：应收票据　　　　　　　　　　　　　　　　　3 000
　　贷：财务费用　　　　　　　　　　　　　　　　　　3 000
贴现时：
借：银行存款　　　　　　　　　　　　　　　　　899 750
　　财务费用　　　　　　　　　　　　　　　　　　15 250
　　贷：应收票据　　　　　　　　　　　　　　　　　915 000

二、应收账款

（一）应收账款的内容

应收账款是指企业因销售商品、产品或提供劳务而形成的债权。具体说来，应收账款是指企业因销售商品、产品或提供劳务等经营活动，应向购货企业或接受劳务的企业收取的款项，包括企业销售商品或提供劳务等应向有关债务人收取的价款及代购货单位垫付的包装费、运杂费等。

应收账款通常是由企业赊销活动所引起的。因此，应收账款的确认时间与收入的确认标准密切相关，应收账款应于收入实现时确认。通常情况下，应收账款应按买卖双方成交时的实际金额计价入账。但是在商业活动中由于存在商业折扣、现金折扣、销货退回与折让等，使交易价格发生变动，从而影响应收账款价值的确定。

1. 商业折扣

商业折扣是指企业根据市场供需情况，或针对不同的顾客，在商品标价上给予的扣除。

商业折扣是企业最常用的促销手段。企业为了扩大销售、占领市场，对于批发商往往给予商业折扣，采用销量越多、价格越低的促销策略，即通常所说的"薄利多销"。对于季节性的商品，在销售的淡季，为了扩大销售，企业通常采用商业折扣的方式。但也并非完全如此，在市场竞争日益激烈的情况下，企业也往往利用人们的消费心理，即使在销售的旺季也把商业折扣作为一种常用的促销竞争手段。

商业折扣一般在交易发生时即已确定，它仅仅是确定实际销售价格的一种手段，不需在买卖双方任何一方的账上反映，所以商业折扣对应收账款的入账价值没有什么实质性的影响。因此，在存在商业折扣的情况下，企业应收账款入账金额应按扣除商业折扣以后的实际售价确认。

2. 现金折扣

现金折扣又称销货折扣，是指企业为了鼓励客户在一定时期内早日付款而给予的价格优惠。折扣的多少由客户付款的早晚决定。它通常表示为"2/10，1/20，N/30"，意思为：如果在10天内付款，可享受2%的折扣，20天内付款可享受1%的折扣，超过20天付款，则无折扣，30天为最长信用期。

现金折扣通常有两种会计处理方法：一是总价法；二是净价法。我国会计实务规定采用总价法，即在销售业务发生时，应收账款和销售收入以未扣减现金折扣前的实际售价作为入账价值，实际发生的现金折扣作为对客户提前付款的鼓励性支出，计入当期损失。

(二)应收账款的账务处理

1. 账户设置

为了反映和监督应收账款的增减变动及结存情况,企业应设置"应收账款"账户进行核算。"应收账款"账户属于资产类账户,核算企业因销售商品、对外提供劳务等业务应向购货单位或接受劳务的单位收取的款项。借方登记赊销时发生的应收账款金额,贷方登记客户归还的,或已结转坏账损失,或转作商业汇票结算方式的应收账款金额。该账户应按对方单位名称设置明细账户,进行明细核算。预收货款不多的企业,为简化起见,也可不设"预收账款"账户,而将预收货款业务直接记入"应收账款"账户。

2. 账务处理

企业发生应收账款时:

借:应收账款(按应收金额)
　　贷:主营业务收入(按实现的营业收入)
　　　　应交税费——应交增值税(销项税额)(按专用发票上注明的税额)
　　　　银行存款(按代购货单位垫付包装费、运杂费)

收回应收账款时:

借:银行存款(实际收到金额)
　　贷:应收账款

【例5-16】永信实业有限责任公司销售一批产品,按价目表标明的价格计算,金额为20 000元,由于是成批销售,销货方给购货方10%的商业折扣,适用的增值税税率为16%,销货方代垫运杂费2 000元(不考虑相关税费),已办妥委托银行收款手续。

销售商品时,按商业折扣后的金额,编制如下会计分录:

借:应收账款　　　　　　　　　　　　　　　　　　　　　　22 880
　　贷:主营业务收入　　　　　　　　　　　　　　　　　　　18 000
　　　　应交税费——应交增值税(销项税额)　　　　　　　　2 880
　　　　银行存款　　　　　　　　　　　　　　　　　　　　　2 000

收到货款时,根据有关原始凭证,编制如下会计分录:

借:银行存款　　　　　　　　　　　　　　　　　　　　　　22 880
　　贷:应收账款　　　　　　　　　　　　　　　　　　　　　22 880

【例5-17】永信实业有限责任公司赊销一批商品,货款为100 000元,适用的增值税税率为16%,代垫运杂费3 000元(假设不作为计税基数),规定的付款条件:2/10,N/30。(假设现金折扣不考虑相关税费)

(1)销售业务发生时,根据有关销货发票,编制如下会计分录:

借:应收账款　　　　　　　　　　　　　　　　　　　　　119 000
　　贷:主营业务收入　　　　　　　　　　　　　　　　　　100 000
　　　　应交税费——应交增值税(销项税额)　　　　　　　16 000
　　　　银行存款　　　　　　　　　　　　　　　　　　　　3 000

(2)假若客户于10天内付款时,根据有关原始凭证,编制如下会计分录:

借:银行存款　　　　　　　　　　　　　　　　　　　　　116 620
　　财务费用　　　　　　　　　　　　　　　　　　　　　　2 380

　　　　贷：应收账款　　　　　　　　　　　　　　　　　　　　　　　119 000
　　（3）假若客户超过10天付款，则无现金折扣，根据有关原始凭证，编制如下会计分录：
　　　　借：银行存款　　　　　　　　　　　　　　　　　　　　　　　119 000
　　　　　　贷：应收账款　　　　　　　　　　　　　　　　　　　　　119 000

（三）应收账款的减值

企业的各种应收款项，可能会因购货人拒付、破产、死亡等原因而无法收回。这类无法收回的应收款项就是坏账。企业因坏账而遭受的损失为坏账损失或减值损失。企业应当在资产负债表日对应收款项的账面价值进行评估，应收款项发生减值的，应当将减记的金额确认为减值损失，同时计提坏账准备。应收账款减值在会计上有两种处理方法，即直接转销法和备抵法。我国企业会计准则规定，应收款项的减值的核算只能采用备抵法，不得采用直接转销法。

1. 直接转销法

采用直接转销法时，日常核算中应收款项可能发生的坏账损失不予考虑，只有在实际发生坏账时，才作为坏账损失直接计入当期损益，同时直接冲减应收款项，即
　　借：资产减值损失——坏账损失
　　　　贷：应收账款

【例5-18】 永信实业有限责任公司2015年发生的一笔20 000元的应收账款，长期无法收回，于2017年年末确认为坏账，该企业2017年年末企业编制如下会计分录：
　　借：资产减值损失——坏账损失　　　　　　　　　　　　　　　　20 000
　　　　贷：应收账款　　　　　　　　　　　　　　　　　　　　　　20 000

这种方法的优点是账务处理简单，其缺点是不符合权责发生制原则，也与资产定义相冲突。在这种方法下，只有坏账实际发生时，才将其确认为当期费用，导致资产不实、各期损益不实；另外，在资产负债表上，应收账款是按账面余额而不是按账面价值反映，这在一定程度上歪曲了期末的财务状况。所以，企业会计准则不允许采用直接转销法。

2. 备抵法

备抵法是期末在检查应收款项收回可能性的前提下，预计可能发生的坏账损失，并计提坏账准备，当某一应收款项全部或部分被确认为坏账时，将其金额冲销坏账准备和相应的应收款项的方法。采用这种方法，在账务报表上列示应收款项的净额，使财务报表使用者更能了解企业真实的财务情况。

采用备抵法核算坏账时，企业应设置"坏账准备"账户和"资产减值损失——计提的坏账准备"账户。"坏账准备"账户是"应收账款""其他应收款"等账户的备抵账户，贷方登记坏账准备的提取数和以前会计期间已确认并转销而本期又收回的坏账，借方登记企业实际发生的坏账和坏账准备的转销数，期末贷方余额，表示已计提但尚未转销的坏账准备数。"资产减值损失"账户属于损益类账户，企业期末计提的坏账准备计入该账户的借方，期末转出的坏账损失数计入该账户的贷方，结转后该账户无余额。

坏账准备可按以下公式计算：

当期应计提的坏账准备 = 当期按应收款项计算应提坏账准备的金额 − （或 +）"坏账准备"科目的贷方（或借方）余额

(1) 资产负债表日，企业计提坏账准备时，按应减记的金额：

借：资产减值损失——计提的坏账准备
　　贷：坏账准备

本期应计提的坏账准备大于其账面余额的，应按其差额计提；应计提的金额小于其账面余额的差额做相反的会计分录。

【例5-19】2016年12月31日，永信实业有限责任公司对应收丙公司的账款进行减值测试。应收账款余额合计为1 000 000元，甲公司根据企业会计准则确定应计提坏账准备的金额为100 000元。永信实业有限责任公司应编制如下会计分录：

2016年12月31日计提坏账准备时：

借：资产减值损失——计提的坏账准备　　　　　　　　　　　　100 000
　　贷：坏账准备　　　　　　　　　　　　　　　　　　　　　　100 000

(2) 对于确实无法收回的应收账款，按管理权限报经批准后作为坏账损失，转销应收账款：

借：坏账准备（实际发生的坏账）
　　贷：应收账款（实际发生的坏账）

【例5-20】永信实业有限责任公司2017年6月对丙公司的应收账款实际发生坏账损失30 000元。永信实业有限责任公司应编制如下会计分录：

2017年6月30日确认坏账损失时：

借：坏账准备　　　　　　　　　　　　　　　　　　　　　　　　30 000
　　贷：应收账款　　　　　　　　　　　　　　　　　　　　　　30 000

【例5-21】承【例5-19】和【例5-20】，假定永信实业有限责任公司2017年12月31日应收丙公司的账款金额为1 200 000元，经减值测试，永信实业有限责任公司对该应收账款应计提120 000元坏账准备。永信实业有限责任公司"坏账准备"科目应保持的贷方余额为120 000元。计提坏账准备前，"坏账准备"科目的实际余额为贷方70 000元（100 000 - 30 000），因此，本年度应计提的坏账准备金额为50 000（120 000 - 70 000）。永信实业有限责任公司应编制如下会计分录：

借：资产减值损失——计提的坏账准备　　　　　　　　　　　　　50 000
　　贷：坏账准备　　　　　　　　　　　　　　　　　　　　　　50 000

(3) 已确认并转销的应收账款以后又收回的，应按实际收回的金额增加坏账准备的账面余额。已确认并转销的应收款项以后又收回时：

借：应收账款
　　贷：坏账准备

同时：

借：银行存款
　　贷：应收账款

【例5-22】永信实业有限责任公司2018年1月20日，收回2017年已做坏账转销的应收账款20 000元，已存入银行。永信实业有限责任公司应编制如下会计分录：

借：应收账款　　　　　　　　　　　　　　　　　　　　　　　　20 000
　　贷：坏账准备　　　　　　　　　　　　　　　　　　　　　　20 000

借：银行存款　　　　　　　　　　　　　　　　　　　　　　20 000
　　贷：应收账款　　　　　　　　　　　　　　　　　　　　　20 000

应收票据、预付账款、其他应收款、长期应收款等应收款项的减值处理可以比照应收账款的减值处理方法进行核算。

三、预付账款

（一）预付账款的概念

预付账款是指企业按照合同规定预付给供应单位的款项。

按照权责发生制原则，预付账款虽然款项已经付出，但是对方的义务尚未尽到，要求对方履行义务仍是企业的权利。因此，预付账款和应收账款一样，都是企业的短期债权。但是，两者又有所区别：应收账款是企业销货引起的，是应向购货方收取的款项；而预付账款是企业购货引起的，是预先付给供货方的款项。故两者应分别进行核算。

（二）预付账款的账务处理

1. 账户设置

为了反映和监督预付账款的增减变动及其结存情况，企业应单独设置"预付账款"账户进行核算。"预付账款"账户属于资产类账户，借方登记企业向供货方预付的货款，贷方登记企业收到所购货物时结转的预付款项，期末余额一般在借方，反映企业已经预付但尚未结算的款项；如果出现贷方余额，反映企业所购货物或劳务大于预付款项的差额，属于负债性质，是企业应补付的款项。该账户应按供货单位或个人名称设置明细账。

预付账款情况不多的企业，也可以将预付的货款记入"应付账款"账户的借方。但在编制账务会计报表时，仍然要将"预付账款"和"应付账款"的金额分开列示。

2. 账务处理

（1）企业按购货合同的规定向供货单位预付货款时：

借：预付账款（按预付金额）
　　贷：银行存款

（2）企业收到预定的物资时，应计入所购买物资成本的金额：

借：原材料、材料采购、库存现金等
　　应交税费——应交增值税（进项税额）（按专用发票上注明的增值税）
　　贷：预付账款（按应付的金额）

补付货款时：

借：预付账款
　　贷：银行存款

退回多付的货款，做相反的会计分录。

【例 5-23】永信实业有限责任公司 2017 年 3 月 5 日根据合同规定向乙公司预付购买原材料的货款 20 000 元；6 月 5 日永信实业有限责任公司收到乙公司发来的原材料，货款 30 000 元，增值税税款 4 800 元。永信实业有限责任公司在收到货物后向乙公司开出支票补付剩余款项。则永信实业有限责任公司的账务处理如下：

（1）3 月 5 日，永信实业有限责任公司预付货款时，根据有关原始凭证，编制如下会计分录：

  借：预付账款——乙公司   20 000
    贷：银行存款   20 000
（2）6月5日，收到所购货物时，根据有关原始凭证，编制如下会计分录：
  借：原材料   30 000
    应交税费——应交增值税（进项税额）   4 800
    贷：预付账款——乙公司   34 800
（3）6月5日，向乙公司补付剩余款项时，根据有关原始凭证，编制如下会计分录：
  借：预付账款——乙公司   14 800
    贷：银行存款   14 800

四、其他应收款

（一）其他应收款的概念

其他应收款是指企业除应收票据、应收账款和预付账款等经营活动以外的其他各种应收及暂付款项。

（二）其他应收款包括的内容

其他应收款的内容包括：
（1）应收的各种赔款、罚款；
（2）应收的出租包装物租金；
（3）应向职工收取的各种垫付款项；
（4）备用金（向企业各职能科室、车间等拨付的备用金）；
（5）存出的保证金，如租入包装物支付的押金；
（6）其他各种应收、暂付款项。不包括企业拨出用于投资、购买物资的各种款项。

（三）其他应收款的账务处理

1. 账户设置

企业发生的各种其他应收款项目，应单独归类，以便会计信息的使用者把这些项目与由于经营活动而发生的应收账款识别清楚。为此，企业应设置"其他应收款"账户对其他应收款进行核算。该账户属于资产类账户，借方登记发生的各种其他应收款，贷方登记企业收到的款项和结转情况，期末余额一般在借方，反映企业尚未收回的其他应收款项；期末如为贷方余额，反映企业尚未支付的其他应付款。

企业应在"其他应收款"账户下，按债务人设置明细账户，进行明细核算。

2. 账务处理

企业发生应收未收的赔款、罚款、租金和其他款项，支付包装物押金以及其他各种暂付款项时：
  借：其他应收款
    贷：银行存款、库存现金等
收回应收暂付款项或内部单位、个人对预支款项报销时：
  借：银行存款、库存现金、管理费用等
    贷：其他应收款

【例5-24】 5月6日，永信实业有限责任公司职工小王借差旅费900元，以库存现金支付。根据有关原始凭证，编制如下会计分录：

借：其他应收款——小王　　　　　　　　　　　　　　　　900
　　贷：库存现金　　　　　　　　　　　　　　　　　　　　　　900

6月10日，小王出差归来，报销差旅费820元，余款交回，根据有关原始凭证，编制如下会计分录：

借：管理费用　　　　　　　　　　　　　　　　　　　　820
　　库存现金　　　　　　　　　　　　　　　　　　　　　80
　　贷：其他应收款——小王　　　　　　　　　　　　　　　　900

第六章

存 货

第一节 存货概述

一、存货的概念及确认条件

（一）存货的概念

存货是指企业在日常活动中持有以备出售的产成品或商品、处在生产过程中的在产品、在生产过程或提供劳务过程中耗用的材料、物料等，包括各类材料、在产品、半成品、产成品、商品以及包装物、低值易耗品、委托代销商品等。这个定义强调了企业持有存货的最终目的是生产耗用或出售，而不是自用，这一点明显区别于固定资产等非流动资产。

（二）存货的确认条件

存货必须在符合定义的前提下，同时满足下列两个条件，才能予以确认。

（1）与该存货有关的经济利益很可能流入企业。资产最重要的特征是预期会给企业带来经济利益。存货是企业的一项重要的流动资产，因此，对存货的确认，关键是判断其是否很可能给企业带来经济利益或其所包含的经济利益是否很可能流入企业。通常，拥有存货的所有权是与该存货有关的经济利益很可能流入本企业的一个重要标志。一般情况下，根据销售合同已经售出（取得现金或收取现金的权利），所有权已经转移的存货，因其所含经济利益已不能流入本企业，因而不能再作为企业的存货进行核算，即使该存货尚未运离企业。企业在判断与该存货有关的经济利益能否流入企业时，通常应结合考虑该存货所有权的归属，而不应当仅仅看其存放的地点等。

（2）该存货的成本能够可靠地计量。成本或者价值能够可靠地计量是资产确认的一项基本条件。存货作为企业资产的组成部分，要予以确认也必须能够对其成本进行可靠地计量。存货的成本能够可靠地计量必须以取得的确凿证据为依据，并且具有可验证性。如果存货成本不能可靠地计量，则不能确认为一项存货。

二、存货的分类

存货的种类繁多,它们在生产经营过程中的用途不同,所起的作用也不尽一致。为了正确组织存货的核算,加强存货的管理,应根据不同的目的和标准对存货进行科学的分类。

(一) 按经济内容分类

(1) 原材料。原材料是指企业在生产过程中经加工改变其形态或性质并构成产品主要实体的各种原料及主要材料、辅助材料、外购半成品(外购件)、修理用备件(备品备件)、包装材料、燃料等。

(2) 在产品。在产品是指企业正在制造尚未完工的生产物,包括正在各个生产工序加工的产品和已加工完毕但尚未检验或已检验但尚未办理入库手续的产品。

(3) 半成品。半成品是指经过一定生产过程并已检验合格交付半成品仓库保管,但尚未制造完工成为产成品,仍需进一步加工的中间产品。

(4) 产成品。产成品是指企业已经完成全部生产过程并验收入库,可以按照合同规定的条件送交订货单位,或者可以作为商品对外销售的产品。企业接受外来原材料加工制造的代制品和为外单位加工修理的代修品,制造和修理完成验收入库后,应视同企业的产成品。

(5) 商品。商品是指商品流通企业外购或委托加工完成验收入库用于销售的各种商品。

(6) 周转材料。周转材料是指企业能够多次使用,但不符合固定资产定义的材料,如为了包装本企业商品而储备的各种包装物、各种工具、管理用具、玻璃器皿、劳动保护用品以及在经营过程中周转使用的容器等低值易耗品和建造承包商的钢模板、木模板、脚手架等其他周转材料。

(7) 委托代销商品。委托代销商品是指企业委托其他单位代销的商品。

(二) 按存货的存放地点分类

(1) 库存存货。库存存货是指已经运到企业或加工完成并已经验收入库的各种存货。

(2) 在途存货。在途存货是指企业购入的正在运输途中的或已经运到但尚未验收入库的各种存货。

(3) 加工中存货。加工中存货是指企业自行生产加工以及委托其他单位加工改制中的各种存货。

(4) 委托代销存货。委托代销存货是指存放在委托单位,并委托其代为销售的存货。

(三) 按存货的来源分类

(1) 外购存货。外购存货是指企业从外单位购入并已验收入库的材料、商品等存货。

(2) 自制存货。自制存货是指企业自备材料加工完成并验收入库的材料、半成品、产成品等存货。

(3) 投资者投入存货。投资者投入存货是指投资者投入的材料、商品等存货。

三、存货成本的分类

(一) 按初始计量方法分类

存货成本包括采购成本、加工成本和其他成本。

1. 存货的采购成本

存货的采购成本,包括购买价款、相关税费、运输费、装卸费、保险费以及其他可归属于存货采购成本的费用。

(1) 购买价款。存货的购买价款是指企业购入的材料或商品的发票账单上列明的价款,但不包括按照规定可以抵扣的增值税进项税额。

(2) 相关税费。存货的相关税费是指企业购买存货发生的进口税费、消费税、资源税和不能抵扣的增值税进项税额以及相应的教育费附加等应计入存货采购成本的税费。

(3) 其他可归属于存货采购成本的费用。其他可归属于存货采购成本的费用是指采购成本中除上述各项以外的可归属于存货采购的费用,如在存货采购过程中发生的仓储费、包装费、运输途中的合理损耗、入库前的挑选整理费用等。

商品流通企业在采购商品过程中发生的运输费、装卸费、保险费以及其他可归属于存货采购成本的费用等进货费用,应当计入存货采购成本,也可以先进行归集,期末根据所购商品的销售情况进行分摊。对于已售商品的进货费用,计入当期损益;对于未售商品的进货费用,计入期末存货成本。企业采购商品的进货费用金额较小的,可以在发生时直接计入当期损益。

2. 存货的加工成本

存货的加工成本是指在存货的加工过程中发生的追加费用,包括直接人工以及按照一定方法分配的制造费用。直接人工是指企业在生产产品和提供劳务过程中发生的直接从事产品生产和劳务提供人员的职工薪酬。制造费用是指企业为生产产品和提供劳务而发生的各项间接费用。

3. 存货的其他成本

存货的其他成本是指除采购成本、加工成本以外的,使存货达到目前场所和状态所发生的其他支出。企业设计产品发生的设计费用通常应计入当期损益,但是为特定客户设计产品所发生的、可直接确定的设计费用应计入存货的成本。

(二) 按构成内容分类

原材料、商品、低值易耗品等通过购买而取得的存货的成本由采购成本构成;产成品、在产品、半成品等自制或需委托外单位加工完成的存货的成本由采购成本、加工成本以及使存货达到目前场所和状态所发生的其他支出构成。实务中,存货成本具体包括以下一些:

1. 购入存货的成本

购入存货的成本包括买价、运杂费(包括运输费、装卸费、保险费、包装费、仓储费等)、运输途中的合理损耗、入库前的挑选整理费用(包括挑选整理中发生的工费支出和挑选整理过程中所发生的数量损耗,并扣除回收的下脚废料价值)以及按规定应计入成本的税费和其他费用。

2. 自制存货的成本

自制存货包括自制原材料、自制包装物、自制低值易耗品、自制半成品及库存商品等,其成本包括直接材料、直接人工和制造费用等各项实际支出。

3. 委托外单位加工完成存货的成本

委托外单位加工完成存货包括加工后的原材料、包装物、低值易耗品、半成品、产成品等,其成本包括实际耗用的原材料或者半成品、加工费、装卸费、保险费、委托加工的往返运输费等费用以及按规定应计入存货成本的税费。

4. 投资者投入存货的成本

投资者投入存货的成本，应当按照投资合同或协议约定的价值确定，但合同或协议约定价值不公允的除外。在投资合同或协议约定价值不公允的情况下，按照该项存货的公允价值作为其入账价值。

5. 盘盈存货的成本

盘盈存货的成本应按其重置成本作为入账价值，并通过"待处理财产损溢"账户进行会计处理，按管理权限报经批准后，冲减当期管理费用。

6. 通过非货币性资产交换、债务重组等方式取得的存货的成本

企业通过非货币性资产交换、债务重组等方式取得的存货，其成本应当分别按照《企业会计准则第 7 号——非货币性资产交换》和《企业会计准则第 12 号——债务重组》等的规定确定。但是，其后续计量和披露应当执行《企业会计准则第 1 号——存货》（以下简称《存货准则》）的规定。

7. 通过提供劳务取得的存货的成本

通过提供劳务取得的存货，其成本按从事劳务提供人员的直接人工和其他直接费用以及可归属于该存货的间接费用确定。

下列费用不应计入存货成本，而应在其发生时计入当期损益。

（1）非正常消耗的直接材料、直接人工和制造费用，应在发生时计入当期损益，不应计入存货成本。如由于自然灾害而发生的直接材料、直接人工和制造费用，由于这些费用的发生无助于使该存货达到目前场所和状态，不应计入存货成本，而应确认为当期损益。

（2）仓储费用，是指企业在存货采购入库后发生的储存费用，应在发生时计入当期损益。但是，在生产过程中为达到下一个生产阶段所必需的仓储费用应计入存货成本。如某种酒类产品生产企业为使生产的酒达到规定的产品质量标准，而必须发生的仓储费用，应计入酒的成本，而不应计入当期损益。

（3）不能归属于使存货达到目前场所和状态的其他支出，应在发生时计入当期损益，不得计入存货成本。

三、发出存货成本的计价方法

企业应当根据各类存货的实物流转方式、企业管理的要求、存货的性质等实际情况，合理地确定发出存货成本的计算方法，以及当期发出存货的实际成本。对于性质和用途相同的存货，应当采用相同的成本计算方法确定发出存货的成本。企业在确定发出存货的成本时，可以采用个别计价法、先进先出法、月末一次加权平均法和移动加权平均法等。

（一）个别计价法

个别计价法，也称个别认定法、具体辨认法、分批实际法，其特征是注重所发出存货具体项目的实物流转与成本流转之间的联系，逐一辨认各批发出存货和期末存货所属的购进批别或生产批别，分别按其购入或生产时所确定的单位成本计算各批发出存货和期末存货成本的方法。即把每一种存货的实际成本作为计算发出存货成本和期末存货成本的基础。因此，这种方法通常适用于不能替代使用的存货、为特定项目专门购入或制造的存货以及提供的劳务，如珠宝、名画等贵重物品。在实际工作中，越来越多的企业采用计算机信息系统进行会计处理，个别计价法可以广泛应用于发出存货的计价，并且该方法确定的存货成本最为准确。

（二）先进先出法

先进先出法是指以先购入的存货应先发出（销售或耗用）的存货实物流转假设为前提，对发出存货进行计价的一种方法。采用这种方法，先购入的存货成本在后购入存货成本之前转出，据此确定发出存货和期末存货的成本。

【例 6-1】假定永信实业有限责任公司存货的收、发、存数据资料见表 6-1。

表 6-1 存货的收、发、存数据

日期	收入		发出		结存数量/件
	数量/件	单位成本/元	数量/件	单位成本/元	
12 月 1 日结存	300	2.00			300
12 月 8 日购入	200	2.20			500
12 月 14 日发出			400		100
12 月 20 日购入	300	2.30			400
12 月 28 日发出			200		200
12 月 31 日购入	200	2.50			400

使用先进先出法时，逐笔计算收、发、存的成本见表 6-2。

表 6-2 存货明细账（先进先出法）

日期	收入			发出			结存		
	数量/件	单位成本/元	总成本/元	数量/件	单位成本/元	总成本/元	数量/件	单位成本/元	总成本/元
12 月 1 日结存							300	2.00	600
12 月 8 日购入	200	2.20	440				300 200	2.00 2.20	660 440
12 月 14 日发出				300 100	2.00 2.20	600 220	100	2.20	220
12 月 20 日购入	300	2.30	690				100 300	2.20 2.30	220 690
12 月 28 日发出				100 100	2.20 2.30	220 230	200	2.30	460
12 月 31 日购入	200	2.50	500				200 200	2.30 2.50	460 500

该公司期末存货 400 件的价值，根据先进先出法流转顺序，可计算如下：
本期发出存货成本 = （300×2.00 + 100×2.20）+（100×2.20 + 100×2.30）= 1 270（元）
期末结存存货总成本 = 200×2.30 + 200×2.50 = 960（元）

（三）月末一次加权平均法

月末一次加权平均法，是指以本月全部进货数量加上月初存货数量作为权数，去除本月全部进货成本加上月初存货成本，计算出存货的加权平均单位成本，以此为基础计算本月发出存货的成本和期末结存存货的成本的一种方法。计算公式如下：

存货单位成本 = [月初结存存货成本 + ∑(本月各批进货的实际单位成本 × 本月各批进货的数量)] ÷ (月初结存存货的数量 + 本月各批进货数量之和)

本月发出存货的成本 = 本月发出存货的数量 × 存货单位成本

本月月末结存存货成本 = 月末结存存货的数量 × 存货单位成本

【例6-2】 以【例6-1】的数据为例，采用月末一次加权平均法计算其存货成本如下：

$$平均单位成本 = \frac{2.00 \times 300 + (2.20 \times 200 + 2.30 \times 300 + 2.50 \times 200)}{300 + (200 + 300 + 200)} = 2.23$$

本月发出存货的成本 = 600 × 2.23 = 1 338（元）

本月月末结存存货的成本 = 400 × 2.23 = 892（元）

（四）移动加权平均法

移动加权平均法，是指以每次进货的成本加上原有结存存货的成本的合计额，除以每次进货数量与原有结存存货的数量之和，据以计算加权平均单位成本，作为在下次进货前计算各次发出存货成本依据的一种方法。其计算公式如下：

存货的单位成本 =（原有结存存货成本 + 本次进货的成本）÷（原有结存存货数量 + 本次进货数量）

本次发出存货的成本 = 本次发出存货数量 × 本次发货前存货的单位成本

本月月末结存存货成本 = 月末结存存货的数量 × 月末存货单位成本

【例6-3】 以【例6-1】的数据为例，采用移动加权平均法计算月末存货成本及每次收货后的新的平均单位成本，见表6-3。

表6-3 存货明细账（移动加权平均法）

日期	收入			发出			结存		
	数量/件	单位成本/元	总成本/元	数量/件	单位成本/元	总成本/元	数量/件	单位成本/元	总成本/元
12月1日结存							300	2.00	600
12月8日购入	200	2.20	440				500	2.08	1 040
12月14日发出				400	2.08	832	100	2.08	208
12月20日购入	300	2.30	690				400	2.245	898
12月28日发出				200	2.245	449	200	2.245	449
12月31日购入	200	2.50	500				400	2.372 5	949

新的平均单位成本计算如下：

第一批购货后的平均单位成本 =（600 + 440）÷（300 + 200）= 2.08（元）

第二批购货后的平均单位成本 =（208 + 690）÷（100 + 300）= 2.245（元）

第三批购货后的平均单位成本 =（449 + 500）÷（200 + 200）= 2.372 5（元）

第二节 原材料的核算

原材料是指企业在生产过程中经过加工改变其形态或性质并构成产品主要实体的各种原

料、主要材料和外购半成品，以及不构成产品实体但有助于产品形成的辅助材料。原材料具体包括原料及主要材料、辅助材料、外购半成品（外购件）、修理用备件（备品备件）、包装材料、燃料等。

一、原材料的核算方法

原材料的日常收入、发出及结存有两种核算方法，分别是实际成本法和计划成本法。

（一）实际成本法

实际成本法是指材料的收入、发出及结存，无论总分类核算还是明细分类核算，均按照实际成本计价。采用实际成本核算，日常反映不出材料成本是节约还是超支，从而不能反映和考核物资采购业务的经营成果。因此，这种方法通常适用于材料收发业务较少的企业。

（二）计划成本法

计划成本法是指材料的收入、发出及结存，无论总分类核算还是明细分类核算，都按照计划成本计价。同时将材料实际成本与计划成本之间的差额，单独设置"材料成本差异"账户核算，期末将发出材料和期末材料，由计划成本调整为实际成本的方法。企业采用计划成本法核算材料时，应当制定科学合理的计划单位成本。企业材料计划成本所包括的内容应与材料实际成本的内容相一致。企业应根据正常的供需条件，结合各种材料近期的市场价格水平和技术状况、供应单位所在地的远近等因素确定可直接归属于材料采购的运杂费（包括运输费、装卸费、保险费、包装费、仓储费等），以及合理的途中损耗率，制定计划成本。所制定的材料的计划成本应当尽可能地接近实际。

在实务工作中，对于材料收发业务较多并且计划成本资料较为健全、准确的企业，一般可以采用计划成本进行材料收发的核算。

对材料日常核算采用何种方法，由企业根据实际情况自行确定，但要遵守前后一致的原则。在采用实际成本进行核算时，对于发出材料的实际成本的计算方法，以及在采用计划成本进行核算时对于成本差异的分摊方法，一经确定之后一般不应变更。

二、原材料按实际成本计价的核算

（一）账户设置

企业按实际成本计价核算存货时应设置"原材料""在途物资"等账户，而不设置"材料采购"账户。

（1）"原材料"账户。该账户属于资产类账户，用于核算企业库存的各种原材料的实际成本。该账户借方登记收入原材料的实际成本，贷方登记发出原材料的实际成本，期末余额在借方，反映企业库存原材料的实际成本。该账户应按照原材料的保管地点（仓库）、材料类别、品种和规格设置原材料明细账（或原材料卡片），进行明细分类核算。

（2）"在途物资"账户。该账户属于资产类账户，用于核算企业已经付款或已开出承兑商业汇票，但尚未到达或尚未验收入库的各种物资的实际成本。借方登记已支付或已开出承兑商业汇票的各种物资的实际成本，贷方登记已验收入库的在途物资的实际成本，期末余额在借方，反映企业已经付款或已开出承兑商业汇票但尚未到达或尚未验收入库的在途物资的实际成本。该账户应按照供应单位设置明细账，进行明细分类核算。

(3)"应付账款"账户。该账户属于负债类账户,用于核算企业因购买材料、商品和接受劳务等经营活动应支付的款项。该账户的贷方登记企业因购入材料、商品和接受劳务等尚未支付的款项,借方登记支付的应付账款,期末余额一般在贷方,反映企业尚未支付的应付账款。

(4)"预付账款"账户。该账户属于资产类账户,用于核算企业按照合同规定预付的款项。该账户的借方登记企业因购货等业务预付的款项,贷方登记企业收到货物后应支付的款项等。期末余额在借方,反映企业实际预付的款项;期末余额在贷方,则反映企业尚未预付的款项。预付款项情况不多的企业,可以不设置"预付账款"账户,而将此业务在"应付账款"账户中核算。

(二)收入原材料的账务处理

1. 外购原材料

由于支付方式不同,原材料入库的时间与付款的时间可能一致,也可能不一致,在会计处理上也有所不同。

(1)发票账单与材料同时到达。此种情况下,企业可根据银行结算凭证、发票账单和收料单等凭证做如下账务处理:

借:原材料(按应计入材料采购成本的金额)
　　应交税费——应交增值税(进项税额)(根据可抵扣的进项税额)
　贷:银行存款、库存现金、其他货币资金、应付账款、应付票据、预付账款(按实际支付或应支付的金额)

【例6-4】永信实业有限责任公司购入C材料一批,增值税专用发票上记载的货款为500 000元,增值税税额为80 000元,令对方代垫包装费1 000元,全部款项已用转账支票付讫,材料已验收入库。根据有关原始凭证,编制如下会计分录:

借:原材料——C材料　　　　　　　　　　　　　　　　501 000
　　应交税费——应交增值税(进项税额)　　　　　　　 80 000
　贷:银行存款　　　　　　　　　　　　　　　　　　　581 000

【例6-5】永信实业有限责任公司持银行汇票1 162 000元购入D材料一批,增值税专用发票上记载的货款为1 000 000元,增值税税额为160 000元,对方代垫包装费2 000元,材料已验收入库。根据有关原始凭证,编制如下会计分录:

借:原材料——D材料　　　　　　　　　　　　　　　1 002 000
　　应交税费——应交增值税(进项税额)　　　　　　　160 000
　贷:其他货币资金——银行汇票存款　　　　　　　　1 162 000

【例6-6】永信实业有限责任公司采用托收承付结算方式购入E材料一批,增值税专用发票上记载的货款为40 000元,增值税6 400元,对方代垫包装费5 000元,款项在承付期内以银行存款支付,材料已验收入库。根据有关原始凭证,编制如下会计分录:

借:原材料——E材料　　　　　　　　　　　　　　　　45 000
　　应交税费——应交增值税(进项税额)　　　　　　　 6 400
　贷:银行存款　　　　　　　　　　　　　　　　　　　51 400

(2)发票账单已到,材料尚未到达或尚未验收入库。此种情况下,在先付款时,因为企业材料尚未验收入库,因此企业应根据银行结算凭证、发票账单和收料单等凭证做如下账务处理:

借：在途物资
　　应交税费——应交增值税（进项税额）（根据可抵扣的进项税额）
　贷：银行存款、其他货币资金

【例6-7】永信实业有限责任公司采用汇兑结算方式购入F材料一批，发票及账单已收到，增值税专用发票上记载的货款为20 000元，增值税税额为3 200元，材料尚未到达。支付保险费1 000元。根据有关原始凭证，编制如下会计分录：

借：在途物资　　　　　　　　　　　　　　　　　　　　　　　21 000
　　应交税费——应交增值税（进项税额）　　　　　　　　　　 3 200
　贷：银行存款　　　　　　　　　　　　　　　　　　　　　　24 200

【例6-8】承【例6-7】，上述购入的F材料已收到，并验收入库。根据有关原始凭证，编制如下会计分录：

借：原材料——F材料　　　　　　　　　　　　　　　　　　　21 000
　贷：在途物资　　　　　　　　　　　　　　　　　　　　　　21 000

（3）发票账单未到，材料已经验收入库。此种情况下，若发票账单在月末之前到达，则在收到发票账单当日以实际金额按正常程序入账。若发票账单在月末仍未到，因为无法确定实际成本，月末应按照暂估价值先入账，但在下月月初，用红字冲销原暂估入账金额，待收到发票账单后再以实际金额按正常程序入账。对于材料已到达并已验收入库，但发票账单等结算凭证未到，货款尚未支付的采购业务，应于期末按材料的暂估价值，做如下账务处理：

借：原材料
　贷：应付账款——暂估应付账款（按材料的暂估价值）

下月月初，用红字冲销原暂估入账金额，以便下月付款或开出承兑商业汇票后，按正常程序进行账务处理。

【例6-9】永信实业有限责任公司采用委托收款结算方式购入H材料一批，材料已验收入库，月末发票账单尚未收到，也无法确定其实际成本，暂估价值为30 000元。根据有关原始凭证，编制如下会计分录：

借：原材料——H材料　　　　　　　　　　　　　　　　　　　30 000
　贷：应付账款——暂估应付账款　　　　　　　　　　　　　　30 000

下月月初做相反分录冲回时，根据有关原始凭证，编制如下会计分录：

借：应付账款——暂估应付账款　　　　　　　　　　　　　　　30 000
　贷：原材料——H材料　　　　　　　　　　　　　　　　　　30 000

【例6-10】承【例6-9】，上述购入的H材料于次月收到发票账单，增值税专用发票上记载的货款为31 000元，增值税税额为4 960元，对方代垫保险费2 000元，已用银行存款付讫。根据有关原始凭证，编制如下会计分录：

借：原材料——H材料　　　　　　　　　　　　　　　　　　　33 000
　　应交税费——应交增值税（进项税额）　　　　　　　　　　 4 960
　贷：银行存款　　　　　　　　　　　　　　　　　　　　　　37 960

（4）货款已经预付，材料尚未验收入库。

①货款预付时：

借：预付账款（实际预付的金额）
　　贷：银行存款
②购入货物验收入库时，应按发票账单等结算凭证确定存货成本：
借：原材料（确定的采购成本）
　　应交税费——应交增值税（进项税额）
　　　贷：预付账款（采购成本与增值税进项税额之和）
③预付货款不足补付货款时：
借：预付账款（补付的金额）
　　贷：银行存款
④供货方退回多余的预付款时：
借：银行存款（退回多余款项）
　　贷：预付账款

【例6-11】永信实业有限责任公司为增值税一般纳税人，2017年10月9日根据与某钢厂（为增值税一般纳税人）的购销合同规定，为购买J材料向该钢厂预付100 000元价款的80%，计80 000元，已通过汇兑方式汇出。10月25日收到该钢厂发运来的J材料，已验收入库。取得的增值税专用发票上注明的价款为100 000元，增值税税额为16 000元，所欠款项以银行存款付讫。永信实业有限责任公司采用实际成本进行日常材料核算，应编制如下会计分录：

(1) 10月9日，永信实业有限责任公司预付货款时：
借：预付账款——××钢厂　　　　　　　　　　　　　　80 000
　　贷：银行存款　　　　　　　　　　　　　　　　　　　　　80 000

(2) 10月25日，材料入库时：
借：原材料——J材料　　　　　　　　　　　　　　　100 000
　　应交税费——应交增值税（进项税额）　　　　　　　16 000
　　　贷：预付账款　　　　　　　　　　　　　　　　　　　　116 000

(3) 补付货款时：
借：预付账款　　　　　　　　　　　　　　　　　　　36 000
　　贷：银行存款　　　　　　　　　　　　　　　　　　　　　36 000

2. 自制原材料

企业基本生产车间或辅助生产车间自制完工并验收入库的材料，应根据"材料交库单"做如下账务处理：
借：原材料
　　贷：生产成本（按实际成本计价）

3. 其他单位投入的原材料

其他单位投入的原材料，应做如下账务处理：
借：原材料（按投资合同或协议约定的价值）
　　应交税费——应交增值税（进项税额）（按专用发票上注明的增值税）
　　　贷：实收资本（按价税合计）（股份制企业按其在股本中所拥有的份额，贷记"股本"账户，按其差额贷记"资本公积"账户）

(三) 发出原材料的账务处理

由于企业材料的日常领发业务频繁，为了简化日常核算工作，平时一般只登记材料明细分类账，反映各种材料的收发和结存金额，月末根据实际成本计价的发料凭证，按领用部门和用途，汇总编制"发料凭证汇总表"，据以登记总分类账。

(1) 生产经营领用材料，应做如下账务处理：

借：生产成本、制造费用、管理费用、销售费用
  贷：原材料

(2) 出售材料结转成本应做如下账务处理：

借：其他业务成本
  贷：原材料

(3) 发出委托外单位加工的材料应做如下账务处理：

借：委托加工物资
  贷：原材料

【例 6-12】 永信实业有限责任公司根据"发料凭证汇总表"的记录，1月份基本生产车间领用 K 材料 500 000 元，辅助生产车间领用 K 材料 40 000 元，车间管理部门领用 K 材料 5 000 元，企业行政管理部门领用 K 材料 4 000 元，计 549 000 元。根据有关原始凭证，编制如下会计分录：

借：生产成本——基本生产成本 500 000
    ——辅助生产成本 40 000
  制造费用 5 000
  管理费用 4 000
  贷：原材料——K 材料 549 000

三、原材料按计划成本计价的核算

(一) 账户设置

材料采用计划成本核算时，应设置"原材料""材料采购""材料成本差异"等账户，而不设置"在途物资"账户。材料实际成本与计划成本的差异，通过"材料成本差异"账户核算。月末，计算本月发出材料应负担的成本差异并进行分摊，根据领用材料的用途计入相关资产的成本或者当期损益，从而将发出材料的计划成本调整为实际成本。

(1) "原材料"账户。该账户用于核算库存各种材料的收入、发出与结存情况。在材料采用计划成本核算时，该账户的借方登记入库材料的计划成本，贷方登记发出材料的计划成本，期末余额在借方，反映企业库存材料的计划成本。

(2) "材料采购"账户。该账户借方登记采购材料的实际成本，贷方登记入库材料的计划成本。借方大于贷方表示超支，从该账户贷方转入"材料成本差异"账户的借方；贷方大于借方表示节约，从该账户借方转入"材料成本差异"账户的贷方；期末为借方余额，反映企业在途材料的采购成本。

(3) "材料成本差异"账户。该账户反映企业已入库各种材料的实际成本与计划成本的差异，借方登记超支差异及发出材料应负担的节约差异，贷方登记节约差异及发出材料应负担的

超支差异。期末如为借方余额，反映企业库存材料的实际成本大于计划成本的差异（超支差异）；如为贷方余额，反映企业库存材料的实际成本小于计划成本的差异（节约差异）。

（二）收入原材料的账务处理

如同原材料按实际成本计价的账务处理一样，企业收入的原材料，要根据来源、采用的结算方式等不同的情况进行相应的账务处理。

1. 外购原材料

（1）发票账单与材料同时到达。此种情况下，企业可根据银行结算凭证、发票账单和收料单等凭证做如下账务处理：

借：材料采购（按计入材料采购成本的金额）
　　应交税费——应交增值税（进项税额）（根据可抵扣的进项税额）
　　贷：银行存款、库存现金、其他货币资金、应付账款、应付票据（按实际支付或
　　　　应支付的金额）

企业验收已入库的材料时，做如下账务处理：

借：原材料（按计划成本）
　　贷：材料采购（按实际成本）

结转已验收入库原材料的成本差异，其中：

实际成本大于计划成本的超支差异，应做如下会计分录：

借：材料成本差异
　　贷：材料采购

实际成本小于计划成本的节约差异，应做如下会计分录：

借：材料采购
　　贷：材料成本差异

【例6-13】2017年3月5日，永信实业有限责任公司购入原材料一批，增值税专用发票上注明的价款为30 000元，增值税税额为4 800元，发票账单已收到，计划成本为32 000元，已验收入库，全部款项以银行存款支付。则该公司应做如下账务处理：

（1）采购材料时，根据有关原始凭证，编制如下会计分录：

借：材料采购　　　　　　　　　　　　　　　　　　　　　　　　30 000
　　应交税费——应交增值税（进项税额）　　　　　　　　　　　4 800
　　贷：银行存款　　　　　　　　　　　　　　　　　　　　　　　　34 800

（2）材料入库时，根据有关原始凭证，编制如下会计分录：

借：原材料　　　　　　　　　　　　　　　　　　　　　　　　　32 000
　　贷：材料采购　　　　　　　　　　　　　　　　　　　　　　　　30 000
　　　　材料成本差异　　　　　　　　　　　　　　　　　　　　　　2 000

（2）发票账单已到，材料尚未到达或尚未验收入库。此种情况下，企业可根据银行结算凭证、发票账单和收料单等凭证做如下账务处理：

借：材料采购（按计入材料采购成本的金额）
　　应交税费——应交增值税（进项税额）（根据可抵扣的进项税额）
　　贷：银行存款、库存现金、其他货币资金、应付账款、应付票据（按实际支付或
　　　　应支付的金额）

材料到达验收入库时,再根据收料单所列计划成本,由"材料采购"账户的贷方,转入"原材料"账户的借方,同时结转入库材料的成本差异额。

【例6-14】永信实业有限责任公司采用汇兑结算方式购入M材料一批,增值税专用发票上注明的货款为200 000元,增值税税额为32 000元,发票账单已收到,计划成本为180 000元,材料尚未入库,款项已用银行存款支付。根据有关原始凭证,编制如下会计分录:

  借:材料采购——M材料   200 000
    应交税费——应交增值税(进项税额)   32 000
   贷:银行存款   232 000

(3)发票账单未到,材料已经验收入库。此种情况下,若发票账单在月末之前到达,则在收到发票账单当日以实际金额按正常程序入账。若发票账单在月末仍未到,因为无法确定实际成本,月末应按计划成本暂估入账。但是,下月月初用红字予以冲回,收到发票账单后再以实际金额按正常程序入账。即,对于材料已到达并已验收入库,但发票账单等结算凭证未到,货款尚未支付的采购业务,应于月末做如下账务处理:

  借:原材料(按材料的计划成本)
   贷:应付账款——暂估应付账款

下月月初用红字予以冲回,待下月付款或开出、承兑商业汇票后,按正常程序进行账务处理。

【例6-15】永信实业有限责任公司采用委托收款结算方式购入H材料一批,材料已验收入库,月末发票账单尚未收到,其计划成本为30 000元。根据有关原始凭证,编制如下会计分录:

  借:原材料   30 000
   贷:应付账款——暂估应付账款   30 000

下月月初,做相反分录冲回时,根据有关原始凭证,编制如下会计分录:

  借:应付账款——暂估应付账款   30 000
   贷:原材料   30 000

(4)原材料采购过程中的短缺或损耗的处理。购进原材料短缺或损耗的账务处理,与前述材料按实际成本核算基本相同,只是在材料验收入库时,做如下账务处理:

  借:原材料(按其计划成本)
   贷:材料采购

平时或月终结转材料成本差异时,借记或贷记"材料成本差异"账户,贷记或借记"材料采购"账户。

2. 自制原材料

企业基本生产车间或辅助生产车间自制完工并验收入库的材料,应做如下账务处理:

  借:原材料(按计划成本)
   贷:生产成本(根据实际成本)

根据计划成本与实际成本的差额借记或贷记"材料成本差异"账户。

3. 其他单位投入的原材料

其他单位投入的原材料,应做如下账务处理:

  借:原材料(按计划成本)

应交税费——应交增值税（进项税额）（按专用发票上注明的增值税）
　　　贷：实收资本（按投资合同或协议约定的价值和增值税）
　　计划成本与投资合同或协议约定的价值的差额借记或贷记"材料成本差异"账户。

（三）发出原材料的账务处理

　　按照计划成本进行材料发出的核算与按照实际成本计价的方法基本一致，通常是月终根据各种发料凭证，按照发出材料的类别或用途汇总，编制发料凭证汇总表，据以进行发出材料总分类核算。由于发料凭证只填列计划成本，为了正确计算产品成本，必须将发料凭证根据这个汇总表中的计划成本调整为实际成本，即通过"材料成本差异"账户进行结转，同时根据材料成本差异率计算填列发出材料应负担的材料成本差异额。结转发出领用材料应负担的成本差异，应做如下的账务处理：

　　　借：生产成本、管理费用、销售费用、委托加工物资、其他业务成本（按实际成本大
　　　　　于计划成本的超支额）
　　　　贷：材料成本差异

　　按实际成本小于计划成本的节约额做相反的会计分录。发出材料应负担的成本差异应当按期（月）分摊，不得在季末或年末一次计算。

　　材料成本差异率是材料成本差异额与材料计划成本之间的比率。其计算公式如下：

　　本期材料成本差异率 =（期初结存材料的成本差异 + 本期验收入库材料的成本差异）÷（期初结存材料的计划成本 + 本期验收入库材料的计划成本）×100%

　　期初材料成本差异率 = 期初结存材料的成本差异 ÷ 期初结存材料的计划成本 ×100%

　　发出材料应负担的成本差异 = 发出材料的计划成本 × 期初材料成本差异率

　　发出材料应负担的成本差异，除委托外单位加工发出材料可按期初材料成本差异率计算外，应使用当期的实际差异率；期初材料成本差异率与本期材料成本差异率相差不大的，也可按期初材料成本差异率计算。计算方法一经确定，不得随意变更。

　　【例6-16】 永信实业有限责任公司根据"发料凭证汇总表"的记录，某月L材料的消耗（计划成本）为：基本生产车间领用2 000 000元，辅助生产车间领用600 000元，车间管理部门领用250 000元，企业行政管理部门领用50 000元。根据有关原始凭证，编制如下会计分录：

　　　借：生产成本——基本生产成本　　　　　　　　　　　　2 000 000
　　　　　　　　　——辅助生产成本　　　　　　　　　　　　　600 000
　　　　　制造费用　　　　　　　　　　　　　　　　　　　　　250 000
　　　　　管理费用　　　　　　　　　　　　　　　　　　　　　　50 000
　　　　贷：原材料——L材料　　　　　　　　　　　　　　　2 900 000

　　【例6-17】 承【例6-16】，永信实业有限责任公司某月月初结存L材料的计划成本为1 000 000元，成本差异为超支30 740元；当月入库L材料的计划成本为3 200 000元，成本差异为节约200 000元。则

　　材料成本差异率 =（30 740 - 200 000）÷（1 000 000 + 3 200 000）×100% = -4.03%

　　结转发出材料的成本差异时，根据有关原始凭证，编制如下会计分录：

　　　借：材料成本差异——L材料　　　　　　　　　　　　　　116 870

贷：生产成本——基本生产成本　　　　　　　　80 600（2 000×4.03%）
　　　　　　——辅助生产成本　　　　　　　24 180（600 000×4.03%）
　　制造费用　　　　　　　　　　　　　　　10 075（250 000×4.03%）
　　管理费用　　　　　　　　　　　　　　　2 015（50 000×4.03%）

第三节　周转材料的核算

一、周转材料的概念

周转材料是指企业能够多次使用，逐渐转移其价值但仍保持原有形态，不确认为固定资产的材料。周转材料包括包装物和低值易耗品，以及建筑承包企业的钢模板、木模板、脚手架和其他周转使用的材料等。

二、周转材料的账户设置

为了核算周转材料的计划成本或实际成本，企业应设置"周转材料"账户，该账户应按照周转材料的种类，分为"在库""在用""摊销"进行明细核算。该账户的期末借方余额反映企业在库周转材料的计划成本或实际成本以及在用周转材料的摊余价值。

对于企业的包装物和低值易耗品，也可以单独设置"包装物"和"低值易耗品"账户进行核算。

三、低值易耗品

（一）低值易耗品的特点及种类

低值易耗品是指单位价值较低、使用年限较短，不能作为固定资产的各种用具、设备。如工具、管理用具、玻璃器皿以及在经营过程中周转使用的包装容器等。

低值易耗品从其在生产经营过程中所起的作用看，与固定资产一样，属于劳动资料。它可以多次参加生产经营周转而不改变原有实物形态，其价值随着实物的不断磨损逐渐转移到产品成本以及管理费用中去。但是，由于低值易耗品的品种繁多，数量较大，单位价值较低，使用期限短，需要经常补充和更换，如果对低值易耗品也同固定资产一样核算与管理，既有困难也无必要。因此，将低值易耗品划归为存货一类，作为流动资产进行管理与核算。低值易耗品按用途一般可将其分为以下六大类：

（1）一般工具；
（2）专用工具；
（3）替换设备；
（4）管理用具；
（5）劳动保护用品；
（6）其他不属于上述各类的低值易耗品。

（二）低值易耗品的账务处理

低值易耗品和其他材料一样，可以采用实际成本计价核算，也可以采用计划成本计价核算。采用计划成本计价核算的企业，对低值易耗品实际成本与计划成本之间差异的形成及分摊，应设置"材料成本差异——低值易耗品"账户，进行核算。

1. 低值易耗品收入的账务处理

低值易耗品包括外购、自制、委托外单位加工完成并已验收入库的低值易耗品，其核算方法与原材料收入的核算基本相同，不再重复。

2. 低值易耗品领用摊销的账务处理

按照现行的会计制度的规定，对在用低值易耗品可采用一次摊销法；对在用低值易耗品按使用车间、部门进行数量和金额明细核算的企业，也可采用五五摊销法进行摊销。

（1）一次摊销法。企业采用一次摊销法领用低值易耗品时，按其用途将全部价值摊入"制造费用""管理费用""其他业务成本"等成本费用账户；报废时，将报废低值易耗品的残料价值作为当期低值易耗品摊销额的减少，冲减对应的成本费用账户。

一次摊销法核算简便，但不利于实物管理，而且价值一次结转也影响费用成本的均衡性。所以，这种方法适用于单位价值较低或容易损耗，而且一次领用数量不多的管理用具、工卡量具和玻璃器皿等低值易耗品。

（2）五五摊销法。企业采用五五摊销法领用低值易耗品时，应将低值易耗品的计划成本或实际成本从"在库低值易耗品"账户转入"在用低值易耗品"账户，同时按领用低值易耗品的计划成本或实际成本的50%作为摊销额记入有关成本费用账户；低值易耗品报废时，再摊销剩余50%，同时将其残料价值冲减摊销的成本费用，并将其全部价值（计划成本或实际成本）与摊销额相互结转，即"在用低值易耗品"与"低值易耗品摊销"相互转销。按计划成本计价核算的还应在低值易耗品报废月份终了，计算结转应分摊的材料成本差异。

采用五五摊销法，低值易耗品报废前，账面上一直保持其价值的一半，因而有利于实行会计监督，防止出现大量的账外物资。该方法一般适用于使用期限较长，单位价值较高，每月领用数、报废数比较均衡的低值易耗品，并且低值易耗品按车间、部门进行数量和金额明细核算的企业。

【例6-18】永信实业有限责任公司领用专用工具一批，计划成本为8 000元；本月报废管理用具一批，计划成本为1 000元，报废管理用具的残值为100元，作为辅助材料已验收入库，本月材料成本差异率为2%。

（1）根据领用凭证，编制如下会计分录：

借：周转材料——低值易耗品（在用低值易耗品） 8 000
　　贷：周转材料——低值易耗品（在库低值易耗品） 8 000

同时，摊销低值易耗品成本50%：

借：制造费用 4 000
　　贷：周转材料——低值易耗品（低值易耗品摊销） 4 000

（2）报废管理用具，收回残料交库，根据有关原始凭证，编制如下会计分录：

借：制造费用 500
　　贷：周转材料——低值易耗品（低值易耗品摊销） 500

```
借：原材料——辅助材料                                          100
    贷：制造费用                                                100
借：周转材料——低值易耗品（低值易耗品摊销）                   1 000
    贷：周转材料——低值易耗品（在用低值易耗品）              1 000
```

同时，结转报废管理用具应负担的材料成本差异，编制如下会计分录：

```
借：制造费用                                                    20
    贷：材料成本差异——低值易耗品                                20
```

四、包装物

（一）包装物的核算范围

包装物，是指为了包装本企业产成品和商品而储备的各种包装容器，如桶、箱、瓶、坛、袋等。其核算范围包括：

(1) 生产过程中用于包装产品作为产品组成部分的包装物；
(2) 随同产品出售不单独计价的包装物；
(3) 随同产品出售单独计价的包装物；
(4) 出租或出借给购买单位使用的包装物。

下列各项不属于包装物核算的范围：

(1) 各种包装材料；
(2) 用于储存和保管产品、材料而不对外出售的包装物；
(3) 计划上单独列作企业商品、产品的自制包装物。

（二）包装物的账务处理

1. 包装物取得的账务处理

企业收入包装物的核算与原材料收入的核算基本一致，不再重复。

2. 包装物领用的账务处理

(1) 生产领用包装物。生产领用包装物，应做如下账务处理：

```
借：生产成本（按照领用包装物的实际成本）
    贷：周转材料——包装物（按照领用包装物的计划成本）
```

按照其差额，借记或贷记"材料成本差异"账户。

【例6-19】永信实业有限责任公司对包装物采用计划成本核算，某月生产产品领用包装物的计划成本为100 000元，材料成本差异率为-3%。根据有关原始凭证，编制如下会计分录：

```
借：生产成本                                               97 000
    材料成本差异                                            3 000
    贷：周转材料——包装物                                  100 000
```

(2) 随同商品出售不单独计价的包装物。随同商品出售而不单独计价的包装物，应做如下账务处理：

```
借：销售费用（应按其实际成本计入销售费用）
    贷：周转材料——包装物（按其计划成本）
```

按其差额，借记或贷记"材料成本差异"账户。

【例6-20】永信实业有限责任公司某月销售商品领用不单独计价包装物的计划成本为50 000元，材料成本差异率为-3%。根据有关原始凭证，编制如下会计分录：

借：销售费用　　　　　　　　　　　　　　　　　　　　48 500
　　材料成本差异　　　　　　　　　　　　　　　　　　　1 500
　　　贷：周转材料——包装物　　　　　　　　　　　　　　50 000

（3）随同商品出售且单独计价的包装物。随同商品出售且单独计价的包装物，一方面应反映其销售收入，计入其他业务收入；另一方面应反映其实际销售成本，计入其他业务成本。

【例6-21】永信实业有限责任公司某月销售商品领用单独计价包装物的计划成本为80 000元，销售收入为100 000元，增值税额为16 000元，款项已存入银行。该包装物的材料成本差异率为3%。

（1）出售单独计价包装物时，根据有关原始凭证，编制如下会计分录：

借：银行存款　　　　　　　　　　　　　　　　　　　　116 000
　　　贷：其他业务收入　　　　　　　　　　　　　　　　100 000
　　　　　应交税费——应交增值税（销项税额）　　　　　16 000

（2）结转所售单独计价包装物的成本时，根据有关原始凭证，编制如下会计分录：

借：其他业务成本　　　　　　　　　　　　　　　　　　　82 400
　　　贷：周转材料——包装物　　　　　　　　　　　　　　80 000
　　　　　材料成本差异　　　　　　　　　　　　　　　　　2 400

（4）出租或出借包装物。
①出租的包装物，应做如下账务处理：

借：其他业务成本（按其实际成本计入成本）
　　　贷：周转材料——包装物（按其计划成本）

按其差额，借记或贷记"材料成本差异"账户。

【例6-22】仓库发出新包装物一批，出租给购货单位，计划成本为5 000元，收到租金580元，存入银行。

（1）发出包装物时，根据有关原始凭证，编制如下会计分录：

借：其他业务成本　　　　　　　　　　　　　　　　　　　5 000
　　　贷：周转材料——包装物　　　　　　　　　　　　　　5 000

（2）收到租金时，根据有关原始凭证，编制如下会计分录：

借：银行存款　　　　　　　　　　　　　　　　　　　　　580
　　　贷：其他业务收入　　　　　　　　　　　　　　　　　500
　　　　　应交税费——应交增值税（销项税额）　　　　　　80

②出借的包装物，应做如下账务处理：

借：销售费用（按其实际成本计入销售费用）
　　　贷：周转材料——包装物（按其计划成本）

按其差额，借记或贷记"材料成本差异"账户。

【例6-23】出借新包装物一批，计划成本为3 000元，收到押金1 000元，存入银行。

根据有关原始凭证，编制如下会计分录：
　　借：销售费用　　　　　　　　　　　　　　　　　　　3 000
　　　　贷：周转材料——包装物　　　　　　　　　　　　　　　3 000
收到押金时，根据有关原始凭证，编制如下会计分录：
　　借：银行存款　　　　　　　　　　　　　　　　　　　1 000
　　　　贷：其他应付款　　　　　　　　　　　　　　　　　　1 000

第四节　委托加工物资的核算

一、委托加工物资的概念

委托加工物资是指企业委托外单位加工的各种材料、商品等物资。

委托加工物资与材料的销售不同，企业发出委托外单位加工的物资，只是改变了物资的存放地点，仍属于企业存货的范畴。

二、委托加工物资的账务处理

（一）账户设置

为了反映和监督委托加工物资增减变动及其结存情况，企业应当设置"委托加工物资"账户，借方登记委托加工物资的实际成本，贷方登记加工完成验收入库的物资的实际成本和剩余物资的实际成本，期末余额在借方，反映企业尚未完工的委托加工物资的实际成本和发出加工物资的运杂费等。委托加工物资也可以采用计划成本或售价进行核算，其方法与库存商品相似。

（二）账务处理

企业委托外单位加工物资的成本包括加工中实际耗用物资的成本、支付的加工费用及应负担的运杂费、支付的税费等。支付的税费包括委托加工物资所应负担的消费税（指属于消费税应税范围的加工物资）等。

（1）发给外单位加工的物资，应做如下会计处理：
　　借：委托加工物资（按实际成本）
　　　　贷：原材料

需要说明的是，企业向外单位发出加工物资时，如果采用计划成本核算的，还应同时结转材料成本差异，贷记或借记"材料成本差异"账户。

（2）支付加工费用、应承担的运杂费、增值税时做如下账务处理：
　　借：委托加工物资（按加工费）
　　　　应交税费——应交增值税（进项税额）（按增值税专用发票上的金额）
　　　　贷：应付账款、银行存款

支付由受托方代收代缴的消费税，分别有以下情况：①收回后直接用于销售的，应将受托方代收代缴的消费税计入委托加工物资成本；②收回后用于连续生产、按规定准予抵扣的，按受托方代收代缴的消费税，借记"应交税费——应交消费税"账户。

(3) 加工完成验收入库的物资和剩余的物资,应做如下账务处理。

借:原材料、库存商品(按加工收回物资的实际成本和剩余物资的实际成本)
　　贷:委托加工物资

按入库物资应负担的材料成本差异借记或贷记"材料成本差异"账户。

【例6-24】永信实业有限责任公司将一批原材料委托外单位代加工H产品(属于应税消费品),发出原材料的计划成本为100 000元,本月材料成本差异率为1%,用银行存款支付加工费用为10 000元,支付应缴纳的消费税为5 842元和取得的增值税发票上注明的增值税税额为1 600元。加工完毕,验收入库成本为115 000元。(注:H产品收回后用于连续生产)

(1) 领用加工物资时,根据有关原始凭证,编制如下会计分录:

借:委托加工物资　　　　　　　　　　　　　　　　　　　101 000
　　贷:原材料　　　　　　　　　　　　　　　　　　　　100 000
　　　　材料成本差异　　　　　　　　　　　　　　　　　　1 000

(2) 支付加工费时(委托加工应税消费品加工收回后用于连续生产),根据有关原始凭证,编制如下会计分录:

借:委托加工物资　　　　　　　　　　　　　　　　　　　 10 000
　　应交税费——应交增值税(进项税额)　　　　　　　　　 1 600
　　　　　　——应交消费税　　　　　　　　　　　　　　　5 842
　　贷:银行存款　　　　　　　　　　　　　　　　　　　 17 442

(3) 加工完成后验收入库时,根据有关原始凭证,编制如下会计分录:

借:库存商品　　　　　　　　　　　　　　　　　　　　　115 000
　　贷:委托加工物资　　　　　　　　　　　　　　　　　111 000
　　　　材料成本差异　　　　　　　　　　　　　　　　　　4 000

【例6-25】承【例6-24】,若H产品收回后直接用于销售,账务处理如下:

(1) 领用加工物资时,根据有关原始凭证,编制如下会计分录:

借:委托加工物资　　　　　　　　　　　　　　　　　　　101 000
　　贷:原材料　　　　　　　　　　　　　　　　　　　　100 000
　　　　材料成本差异　　　　　　　　　　　　　　　　　　1 000

(2) 支付加工费时(委托加工应税消费品加工收回后直接用于销售),根据有关原始凭证,编制如下会计分录:

借:委托加工物资　　　　　　　　　　　　　　　　　　　 15 842
　　应交税费——应交增值税(进项税额)　　　　　　　　　 1 600
　　贷:银行存款　　　　　　　　　　　　　　　　　　　 17 442

(3) 加工完成后验收入库时,根据有关原始凭证,编制如下会计分录:

借:库存商品　　　　　　　　　　　　　　　　　　　　　115 000
　　材料成本差异　　　　　　　　　　　　　　　　　　　　1 842
　　贷:委托加工物资　　　　　　　　　　　　　　　　　116 842

第五节 存货清查的核算

一、存货清查的意义及方法

存货清查是指通过对存货的实地盘点,确定存货的实有数量,并与账面结存数核对,从而确定存货实存数与账面结存数是否相符的一种专门方法。存货清查采用实地盘点法。

由于存货种类繁多、收发频繁,在日常收发过程中可能发生计量错误、计算错误、自然损耗,还可能发生损坏变质以及贪污、盗窃等情况,造成账实不符,形成存货的盘盈、盘亏。对于存货的盘盈、盘亏,应填写存货盘点报告表,及时查明原因,按照规定程序报批处理。

二、存货清查的账务处理

为了反映企业在财产清查中查明的各种存货的盘盈、盘亏和毁损情况,企业应当设置"待处理财产损溢"账户,借方登记存货的盘亏、毁损金额及盘盈的转销金额,贷方登记存货的盘盈金额及盘亏的转销金额。企业清查的各种存货损益,应在期末结账前处理完毕,期末处理后,该账户应无余额。

(一)存货盘盈的账务处理

企业发生存货盘盈时,应做如下账务处理:
借:原材料、库存商品等(按盘盈存货的重置成本价值)
　　贷:待处理财产损溢——待处理流动资产损溢
再按管理权限报经批准后,做如下账务处理:
借:待处理财产损溢——待处理流动资产损溢
　　贷:管理费用

【例 6-26】 永信实业有限责任公司在财产清查中盘盈 J 材料 1 000 千克,实际单位成本 60 元,经查属于材料收发计量方面的错误。永信实业有限责任公司应进行如下账务处理:

(1)批准处理前,根据有关原始凭证,编制如下会计分录:
借:原材料　　　　　　　　　　　　　　　　　　　　　　　60 000
　　贷:待处理财产损溢——待处理流动资产损溢　　　　　　　　　　60 000
(2)批准处理后,根据有关原始凭证,编制如下会计分录:
借:待处理财产损溢——待处理流动资产损溢　　　　　　　　60 000
　　贷:管理费用　　　　　　　　　　　　　　　　　　　　　　　60 000

(二)存货盘亏及损毁的账务处理

企业发生存货盘亏及损毁时,在报经批准前,应根据"存货盘点报告表"所列的盘亏数,结转到"待处理财产损溢——待处理流动资产损溢"账户。同时,对购进的货物、在产品、产成品等因人为事故(管理不善)发生非正常损失引起盘亏存货应负担的增值税,应一并转入"待处理财产损溢——待处理流动资产损溢"账户,账务处理如下:

借:待处理财产损溢——待处理流动资产损溢
　　贷:原材料、库存商品
　　　　应交税费——应交增值税(进项税额转出)

按规定程序批准转销时,根据亏损原因,做以下账务处理:

(1) 属于自然损耗产生的定额内合理的亏损,经批准后即可转作管理费用,账务处理如下:

借:管理费用
　　贷:待处理财产损溢——待处理流动资产损溢

(2) 属于管理不善、超定额短缺和存货毁损的,属于一般经营损失的,能确定过失人的应由过失人负责赔偿;属于保险责任范围的,应向保险公司索赔;扣除过失人或保险公司赔款和残料价值后,计入管理费用,账务处理如下:

借:其他应收款(过失人、保险公司赔偿部分)
　　管理费用
　　贷:待处理财产损溢——待处理流动资产损溢

(3) 属于自然灾害等非正常损失所造成的存货毁损,扣除保险公司赔款和残料价值后,计入营业外支出,账务处理如下:

借:营业外支出——非常损失
　　贷:待处理财产损溢——待处理流动资产损溢

【例6-27】永信实业有限责任公司在财产清查中发现盘亏K材料500千克,实际单位成本为200元。经查属于一般经营损失。永信实业有限责任公司应进行如下会计处理:

(1) 批准处理前,根据有关原始凭证,编制如下会计分录:

借:待处理财产损溢——待处理流动资产损溢　　　　　　　　　100 000
　　贷:原材料　　　　　　　　　　　　　　　　　　　　　　100 000

(2) 批准处理后,根据有关原始凭证,编制如下会计分录:

借:管理费用　　　　　　　　　　　　　　　　　　　　　　　100 000
　　贷:待处理财产损溢——待处理流动资产损溢　　　　　　　100 000

【例6-28】永信实业有限责任公司在财产清查中发现毁损L材料300千克,实际单位成本为100元。经查属于材料保管员的过失造成的,按规定由其个人赔偿20 000元,残料已办理入库手续,价值2 000元。假如不考虑增值税,永信实业有限责任公司应进行如下会计处理:

(1) 批准处理前,根据有关原始凭证,编制如下会计分录:

借:待处理财产损溢——待处理流动资产损溢　　　　　　　　　30 000
　　贷:原材料　　　　　　　　　　　　　　　　　　　　　　30 000

(2) 批准处理后,根据有关原始凭证,编制如下会计分录:

①由过失人赔款部分:

借:其他应收款　　　　　　　　　　　　　　　　　　　　　　20 000
　　贷:待处理财产损溢——待处理流动资产损溢　　　　　　　20 000

②残料入库:

借:原材料　　　　　　　　　　　　　　　　　　　　　　　　2 000
　　贷:待处理财产损溢——待处理流动资产损溢　　　　　　　2 000

③材料毁损净损失:

借:管理费用　　　　　　　　　　　　　　　　　　　　　　　8 000
　　贷:待处理财产损溢——待处理流动资产损溢　　　　　　　8 000

【例6-29】永信实业有限责任公司因台风造成一批库存材料毁损,实际成本为10 000元,相关增值税专用发票上注明的增值税税额为1 600元。根据保险责任范围及保险合同规定,应由保险公司赔偿5 000元。永信实业有限责任公司应进行如下会计处理:

(1) 批准处理前,根据有关原始凭证,编制如下会计分录:

借:待处理财产损溢——待处理流动资产损溢　　　　　　　　　　10 000
　　贷:原材料　　　　　　　　　　　　　　　　　　　　　　　　10 000

(2) 批准处理后,根据有关原始凭证,编制如下会计分录:

借:其他应收款　　　　　　　　　　　　　　　　　　　　　　　　5 000
　　营业外支出——非常损失　　　　　　　　　　　　　　　　　　5 000
　　贷:待处理财产损溢——待处理流动资产损溢　　　　　　　　　10 000

第六节　存货减值的核算

一、成本与可变现净值

在资产负债表日,存货应当按照成本与可变现净值孰低计量。其中,成本是指期末存货的实际成本。可变现净值是指在日常活动中,存货的估计售价减去至完工时估计将要发生的成本、估计的销售费用以及相关税费后的金额。存货的可变现净值由存货的估计售价、至完工时将要发生的成本、估计的销售费用和估计的相关税费等内容构成。

当存货成本低于可变现净值时,存货按成本计量;当存货成本高于可变现净值时,存货按可变现净值计量。当存货成本高于其可变现净值时,表明存货可能发生损失,应在存货销售之前确认这一损失,计入当期损益。

可变现净值的特征表现为存货的预计未来净现金流量,而不是简单地等于存货的售价或合同价。

二、成本与可变现净值孰低法下存货的账务处理

(一) 账户设置

存货减值的核算在会计上采用备抵法。备抵法的优点是不需对有关存货的明细账进行调整,保持账簿记录的原貌,工作量也较小。在备抵法下,企业应设置"存货跌价准备"账户和"资产减值损失"账户。

(1) "存货跌价准备"账户用于核算企业提取的存货跌价准备。该账户属于资产类账户,贷方登记存货可变现净值低于成本的差额,借方登记已计提跌价准备的存货价值以后又得以恢复的金额和其他原因冲减已计提跌价准备的金额,该账户贷方余额反映企业已提取的存货跌价准备。

(2) "资产减值损失"账户用来核算企业计提各项减值准备所形成的损失,属于损益类账户。借方登记提取各项准备金而增加的损失,贷方登记冲减或冲销准备金而减少的损失,期末应将该账户余额转入"本年利润"账户,结转后该账户无余额。该账户应按资产减值损失的项目进行明细核算。

（二）账务处理

（1）当存货成本高于其可变现净值时，企业应当按照存货可变现净值低于账面价值的差额，做如下账务处理：

借：资产减值损失——计提的存货跌价准备
　　贷：存货跌价准备

（2）转回已计提的存货跌价准备金额时，按恢复增加的金额，应做如下账务处理：

借：存货跌价准备
　　贷：资产减值损失——计提的存货跌价准备

（3）企业结转存货销售成本时，对于已计提存货跌价准备的，应当一并结转，同时调整销售成本，应做如下账务处理：

借：存货跌价准备
　　贷：主营业务成本、其他业务成本

企业应当合理地计提存货跌价准备，但不得计提秘密准备。如有确凿证据表明企业不恰当地运用了谨慎性原则计提秘密准备的，应当作为重大会计差错予以更正，并在会计报表附注中说明事项的性质、调整金额，以及对企业财务状况、经营成果的影响。

【例6-30】永信实业有限责任公司自2015年起采用"成本与可变现净值孰低法"对期末某类存货进行计价，并运用分类比较法计提存货跌价准备。假设公司2015年至2018年年末该类存货的账面成本均为200 000元。

（1）假设2015年年末该类存货的预计可变现净值为180 000元，则应计提的存货跌价准备为200 000元。根据有关原始凭证，编制如下会计分录：

借：资产减值损失——计提的存货跌价准备　　　　　　　20 000
　　贷：存货跌价准备　　　　　　　　　　　　　　　　　　20 000

（2）假设2016年年末该类存货的预计可变现净值为170 000元，则应补提的存货跌价准备为10 000元。根据有关原始凭证，编制如下会计分录：

借：资产减值损失——计提的存货跌价准备　　　　　　　10 000
　　贷：存货跌价准备　　　　　　　　　　　　　　　　　　10 000

（3）假设2017年年末该类存货的可变现净值有所恢复，预计可变现净值为194 000元，则应冲减已计提的存货跌价准备24 000元（30 000－6 000）。根据有关原始凭证，编制如下会计分录：

借：存货跌价准备　　　　　　　　　　　　　　　　　　　24 000
　　贷：资产减值损失——计提的存货跌价准备　　　　　　　24 000

（4）假设2018年年末该类存货的可变现净值进一步恢复，预计可变现净值为205 000元，则应冲减已计提的存货跌价准备6 000元（以已经计提的跌价准备为限）。根据有关原始凭证，编制如下会计分录：

借：存货跌价准备　　　　　　　　　　　　　　　　　　　6 000
　　贷：资产减值损失——计提的存货跌价准备　　　　　　　6 000

第七章

金融资产

第一节 金融资产概述[①]

一、金融资产的定义

金融资产是指企业持有的现金、其他方的权益工具以及符合下列条件之一的资产：一是从其他方收取现金或其他金融资产的合同权利；二是在潜在有利条件下，与其他方交换金融资产或金融负债的合同权利等。金融资产主要包括库存现金、银行存款、应收账款、应收票据、贷款、其他应收款、应收利息、债权投资、股权投资和衍生工具形成的资产等。

二、金融资产的分类

初始确认时，企业应当根据其管理金融资产的业务模式和金融资产的合同现金流量特征，将金融资产划分为以下三类：

（1）以公允价值计量且其变动计入当期损益的金融资产；
（2）以摊余成本计量的金融资产；
（3）以公允价值计量且其变动计入其他综合收益的金融资产。

会计核算中，以公允价值计量且其变动计入当期损益的金融资产主要表现为交易性金融资产；以摊余成本计量的金融资产主要表现为持有至到期投资以及贷款和应收款项；以公允价值计量且其变动计入其他综合收益的金融资产主要表现为可供出售的金融资产。

金融资产分类与金融资产计量密切相关。不同类别的金融资产，其初始计量和后续计量采用的基础也不完全相同。因此，上述分类一经确定，不得随意变更。但是，企业改变其管理金融资产的业务模式时，应当对所受影响的相关金融资产进行重新分类。

[①] 《企业会计准则第22号——金融工具确认和计量》已于2017年3月由财政部修订发布，我国大多数企业于2020年以后执行新金融工具准则，本章内容主要以现行2006年发布的准则为基础介绍相关内容。

第二节 交易性金融资产的核算

一、交易性金融资产概述

（一）概念

交易性金融资产是指企业为了近期内出售而持有的金融资产。如为了利用闲置资金，以赚取差价为目的从二级市场购入的股票、债券、基金等。交易性金融资产的持有目的是进行交易，其目的与持有至到期投资和长期股权投资不同。

交易性金融资产属于流动资产，在资产负债表上一般以"以公允价值计量且其变动计入当期损益的金融资产"项目列示于流动资产项目内。

（二）账户设置

为了反映和监督交易性金融资产的取得、收取现金股利或利息、出售等情况，企业应当设置"交易性金融资产""公允价值变动损益""投资收益"等账户进行核算。企业应当按照交易性金融资产的类别和品种，对"交易性金融资产"账户分别设置"成本"和"公允价值变动"两个明细账户。

二、取得交易性金融资产的核算

交易性金融资产的取得以购入方式为主，也可以采用非货币性资产交换、债务重组、投资者投入等方式。本章仅以交易性股票、债券的购入为主说明交易性金融资产的会计处理原则和方法。

企业取得交易性金融资产时，应当按照该金融资产取得时的公允价值作为其初始入账金额。企业取得交易性金融资产所支付价款中包含了已宣告但尚未发放的现金股利或已到付息期但尚未领取的债券利息的，不应当单独确认为应收项目，而应当构成交易性金融资产的初始入账金额。

企业购买交易性金融资产时，还需要支付交易费用（如印花税、手续费、佣金等），我国会计准则规定将其作为投资费用处理，记入"投资收益"账户。相关账务处理如下：

借：交易性金融资产——成本（公允价值）（初始确认金额）
　　投资收益（取得时所发生的相关交易费用）
　　应交税费——应交增值税（进项税额）
　　贷：银行存款等（实际支付的金额）

【例7-1】永信实业有限责任公司2月10日从股票市场购入S公司股票3 000股，以进行交易为目的，每股购买价格10元，另支付交易手续费及印花税等计230元，款项以银行存款支付。

借：交易性金融资产——成本　　　　　　　　　　　　　　　30 000
　　投资收益　　　　　　　　　　　　　　　　　　　　　　　　230
　　贷：银行存款　　　　　　　　　　　　　　　　　　　　30 230

【例7-2】永信实业有限责任公司3月25日购入G公司债券850 000元，以进行交易为目的。购买价款中包含已到付息期但尚未领取的债券利息2 000元，购买该债券支付的交易费用为850元。款项以银行存款全额支付。

借：交易性金融资产——成本　　　　　　　　　　　　　　850 000
　　投资收益　　　　　　　　　　　　　　　　　　　　　　850
　贷：银行存款　　　　　　　　　　　　　　　　　　　　850 850

三、持有交易性金融资产期间收到的股利（利息）的核算

企业持有交易性金融资产期间对于被投资单位宣告发放的现金股利或债券利息，应当作为交易性金融资产持有期间实际实现的投资收益，做如下账务处理：

借：应收股利、应收利息（应享有的现金股利或债券利息）
　贷：投资收益

实际收到股利或债券利息时，应做如下账务处理：

借：银行存款
　贷：应收股利、应收利息

【例7-3】承【例7-1】，S公司于3月1日宣告发放股利，每股1元，永信实业有限责任公司持有S公司股票3 000股，应收股利3 000元，该股利于3月15日实际收到。

3月1日S公司宣告发放股利时：

借：应收股利　　　　　　　　　　　　　　　　　　　　3 000
　贷：投资收益　　　　　　　　　　　　　　　　　　　3 000

3月15日实际收到股利时：

借：银行存款　　　　　　　　　　　　　　　　　　　　3 000
　贷：应收股利　　　　　　　　　　　　　　　　　　　3 000

【例7-4】承【例7-2】，永信实业有限责任公司于4月2日收到G公司债券利息2 000元，已存入银行。

借：银行存款　　　　　　　　　　　　　　　　　　　　2 000
　贷：投资收益　　　　　　　　　　　　　　　　　　　2 000

四、交易性金融资产的期末计价

交易性金融资产以获取价差为目的，在资产负债表日，应按当日各项交易性金融资产的公允价值对交易性金融资产账面价值进行调整。以此反映交易性金融资产预计给企业带来的经济利益以及该交易性金融资产预计获得价差的能力。

1. 公允价值高于其账面价值

借：交易性金融资产——公允价值变动
　贷：公允价值变动损益

2. 公允价值低于其账面价值

借：公允价值变动损益
　贷：交易性金融资产——公允价值变动

【例7-5】承【例7-3】,永信实业有限责任公司12月31日记录的持有S公司3 000股股票账面价值为30 000元,当日其公允价值为24 000元,编制如下分录:

借:公允价值变动损益 6 000
　　贷:交易性金融资产——公允价值变动 6 000

【例7-6】承【例7-4】,永信实业有限责任公司12月31日记录的持有G公司债券的账面价值为850 000元,当日其公允价值为851 000元,应调增债券账面价值1 000元。

借:交易性金融资产——公允价值变动 1 000
　　贷:公允价值变动损益 1 000

五、出售交易性金融资产的核算

企业出售交易性金融资产时,应当将该金融资产出售时的公允价值与其账面价值余额之间的差额作为投资损益进行会计处理,同时,将原计入公允价值变动损的该金融类产的公允价值变动转出,由公允价值变动损益变为投资收益,具体账务处理如下:

借:银行存款(实际收到的金额)
　　贷:交易性金融资产——成本
　　　　　　　　　　——公允价值变动(可能在借方)
　　　　投资收益(差额,可能在借方)
借或贷:公允价值变动损益
　　贷或借:投资收益

【例7-7】承【例7-1】、【例7-3】和【例7-5】,永信实业有限责任公司将其持有的S公司3 000股股票出售了1 000股,售价6 000元。

借:银行存款 6 000
　　交易性金融资产——公允价值变动 2 000
　　投资收益 2 000
　　贷:交易性金融资产——成本 10 000

同时:

借:投资收益 2 000
　　贷:公允价值变动损益 2 000

【例7-8】承【例7-2】、【例7-4】和【例7-6】,永信实业有限责任公司将其持有的G公司债券出售了50%,售价426 000元。

借:银行存款 426 000
　　贷:交易性金融资产——成本 425 000
　　　　　　　　　　——公允价值变动 500
　　　　投资收益 500

同时:

借:公允价值变动损益 500
　　贷:投资收益 500

第三节 持有至到期投资的核算

一、持有至到期投资概述

（一）概念和特征

持有至到期投资，是指到期日固定、回收金额固定或可确定，且企业有明确意图和能力持有至到期的非衍生金融资产。通常情况下，能够划分为持有至到期投资的金融资产，主要是债权性投资，比如从二级市场上购入的固定利率国债、浮动利率金融债券等。股权投资因其没有固定的到期日，因而不能划分为持有至到期投资。持有至到期投资通常具有长期性质，但期限较短（1年以内）的债券投资，符合持有至到期投资条件的，也可将其划分为持有至到期投资。

企业不能将下列非衍生金融资产划分为持有至到期投资：

（1）在初始确认时即被指定为以公允价值计量且其变动计入当期损益的非衍生金融资产；

（2）在初始确认时被指定为可供出售的非衍生金融资产；

（3）符合贷款和应收款项的定义的非衍生金融资产。

企业在将金融资产划分为持有至到期投资时，应当注意把握其特征。

1. 该金融资产到期日固定、回收金额固定或可确定

"到期日固定、回收金额固定或可确定"是指相关合同明确了投资者在确定的期间内获得或应收取现金流量（如投资利息和本金等）的金额和时间。因此，从投资者角度看，首先，如果不考虑其他条件，在将某项投资划分为持有至到期投资时可以不考虑可能存在的发行方重大支付风险。其次，由于要求到期日固定，从而权益工具投资不能划分为持有至到期投资。最后，如果符合其他条件，不能由于某债务工具投资是浮动利率投资而不将其划分为持有至到期投资。

2. 企业有明确意图将该金融资产持有至到期

"有明确意图持有至到期"是指企业在取得投资时意图就是明确的，除非遇到一些企业所不能控制、预期不会重复发生且难以合理预计的独立事项，否则将投资持有至到期。

3. 企业有能力将该金融资产持有至到期

"有能力持有至到期"是指企业有足够的财力资源，并不受外部因素影响将投资持有至到期。

（二）账户设置

为了反映和监督持有至到期投资的取得、收取利息和出售等情况，企业应设置"持有至到期投资""投资收益"等账户进行核算。企业按照持有至到期投资的类别和品种，对"持有至到期投资"账户分别设置"成本""利息调整""应计利息"等明细账户。

二、持有至到期投资取得的核算

企业对持有至到期投资取得的核算，应着重于该金融资产的持有者打算"持有至到期"，未到期前通常不会出售或重分类。持有至到期投资的核算主要应解决该金融资产实际利率的计算、摊余成本的确定、持有期间的收益确认以及将其处置时损益的处理。

企业对持有至到期投资初始确认时，应当按照公允价值计量和相关交易费用之和作为初始入账金额。实际支付的价款中包括的已到付息期但尚未领取的债券利息，应单独确认为应收项目。

企业对持有至到期投资初始确认时，应当计算确定其实际利率，并在该持有至到期投资预期存续期间或适用的更短期间内保持不变。

借：持有至到期投资——成本（取得债券的面值）
　　应收利息（实际支付的价款中包括的已到付息期但尚未领取的利息）
　　持有至到期投资——利息调整（差额，借或贷）
　贷：银行存款（实际支付的金额）

（一）按面值购入债券

【例7-9】永信实业有限责任公司购入乙公司当天发行的2年期债券作为持有至到期投资，票面价值100 000元，票面利率10%，到期一次还本付息，用银行存款实际支付价款100 000元，未发生交易费用。

借：持有至到期投资——成本　　　　　　　　　　　　　　　　100 000
　贷：银行存款　　　　　　　　　　　　　　　　　　　　　　　　100 000

（二）溢价购入债券

【例7-10】永信实业有限责任公司购入乙公司当天发行的2年期债券作为持有至到期投资，票面价值200 000元，票面利率10%，到期一次还本付息，用银行存款实际支付价款206 000元，未发生交易费用。

借：持有至到期投资——成本　　　　　　　　　　　　　　　　200 000
　　　　　　　　——利息调整　　　　　　　　　　　　　　　　　6 000
　贷：银行存款　　　　　　　　　　　　　　　　　　　　　　　　206 000

（三）折价购入债券

【例7-11】永信实业有限责任公司2017年1月1日购入乙公司2016年1月1日发行的2年期债券作为持有至到期投资，票面价值200 000元，票面利率10%，到期一次还本，每年1月5日支付上年度利息，用银行存款实际支付价款204 000元，未发生交易费用。

借：持有至到期投资——成本　　　　　　　　　　　　　　　　200 000
　　应收利息　　　　　　　　　　　　　　　　　　　　　　　　20 000
　贷：银行存款　　　　　　　　　　　　　　　　　　　　　　　　204 000
　　　持有至到期投资——利息调整　　　　　　　　　　　　　　　16 000

三、持有至到期投资的收益及摊余成本

企业应在持有至到期投资持有期间，采用实际利率法，按照摊余成本和实际利率计算确认利息收入，计入投资收益。实际利率应当在取得持有至到期投资时确定，实际利率与票面利率差别较小的，也可按票面利率计算利息收入，计入投资收益。

金融资产的摊余成本，是指经过下面调整后的结果：

(1) 扣除已偿还的本金；

(2) 扣除已发生的减值损失；

(3) 加上或减去采用实际利率法将该初始确认金额与到期日金额之间的差额进行摊销形成的累计摊销额。

不同种类债券投资取得持有至到期投资处理略有不同，具体账务处理如下：

借：应收利息（票值×票面利率）（债券种类：分期付息到期还本债券）
　　持有至到期投资——应计利息（票值×票面利率）（债券种类到期一次还本付息债券）
　贷：投资收益（期初摊余成本×实际利率）
　　　持有至到期投资——利息调整（差额，借或贷）

【例7-12】2016年1月1日，永信实业有限责任公司支付价款1 000元从活跃市场上购入某公司5年期债券，面值1 250元，票面利率4.72%，按年支付利息，本金最后一次支付。永信实业有限责任公司将购入的该公司债券划分为持有至到期投资，且不考虑所得税、减值损失等因素。永信实业有限责任公司确认的实际利率为10%。

根据上述数据，永信实业有限责任公司的有关账务处理如下：

(1) 2016年1月1日，购入债券：

借：持有至到期投资——成本　　　　　　　　　　　　　　　1 250
　贷：银行存款　　　　　　　　　　　　　　　　　　　　　　1 000
　　　持有至到期投资——利息调整　　　　　　　　　　　　　　250

(2) 2016年12月31日，确认实际利息收入、收到票面利息等：

借：应收利息　　　　　　　　　　　　　　　　　　　　　　　59
　　持有至到期投资——利息调整　　　　　　　　　　　　　　　41
　贷：投资收益　　　　　　　　　　　　　　　　　　　　　　100

借：银行存款　　　　　　　　　　　　　　　　　　　　　　　59
　贷：应收利息　　　　　　　　　　　　　　　　　　　　　　　59

(3) 2017年12月31日，确认实际利息收入、收到票面利息等：

借：应收利息　　　　　　　　　　　　　　　　　　　　　　　59
　　持有至到期投资——利息调整　　　　　　　　　　　　　　45.10
　贷：投资收益　　　　　　　　　　　　　　　　　　　　　104.10

借：银行存款　　　　　　　　　　　　　　　　　　　　　　　59
　贷：应收利息　　　　　　　　　　　　　　　　　　　　　　　59

(4) 2018年12月31日，确认实际利息收入、收到票面利息等：

借：应收利息　　　　　　　　　　　　　　　　　　　　　　　59
　　持有至到期投资——利息调整　　　　　　　　　　　　　　49.61
　贷：投资收益　　　　　　　　　　　　　　　　　　　　　108.61

借：银行存款　　　　　　　　　　　　　　　　　　　　　　　59
　贷：应收利息　　　　　　　　　　　　　　　　　　　　　　　59

(5) 2019年12月31日，确认实际利息收入、收到票面利息等：

借：应收利息　　　　　　　　　　　　　　　　　　　　　　　59
　　持有至到期投资——利息调整　　　　　　　　　　　　　　54.57
　贷：投资收益　　　　　　　　　　　　　　　　　　　　　113.57

借：银行存款 59
　　贷：应收利息 59
(6) 2020 年 12 月 31 日，确认实际利息收入、收到票面利息等：
借：应收利息 59
　　持有至到期投资——利息调整 59.72
　　贷：投资收益 118.72
借：银行存款 59
　　贷：应收利息 59
(7) 2021 年 1 月 1 日，收到本金：
借：银行存款 1 250
　　贷：持有至到期投资——成本 1 250

四、持有至到期投资的处置

企业对持有至到期投资出售时，将该投资的账面价值冲减为零。企业出售持有至到期投资时，应当将取得的价款与账面价值之间的差额作为投资损益进行会计处理。如果对持有至到期投资计提了减值准备，还应当同时结转减值准备，具体账务处理如下：

借：银行存款等（实际取得价款）
　　持有至到期投资减值准备（已计提的减值准备）
　　持有至到期投资——利息调整（利息调整尚未摊销的金额，借或贷）
　　贷：持有至到期投资——成本（面值）
　　　　持有至到期投资——应计利息（累计利息）
　　　　投资收益（差额，借或贷）

【例 7-13】 2017 年 3 月，永信实业有限责任公司持有的、原划分为持有至到期投资的某公司债券价格持续下跌。为此，永信实业有限责任公司于 4 月 1 日对外出售该持有至到期投资的 10%，该部分资产的公允价值为 2 400 000 元。剩余部分转为可供出售金融资产。

假定 4 月 1 日该债券出售前的账面余额（成本）为 20 000 000 元，不考虑债券出售等其他相关因素的影响，则永信实业有限责任公司相关的账务处理如下：

借：银行存款 2 400 000
　　贷：持有至到期投资——成本 2 000 000
　　　　投资收益 400 000
借：可供出售金融资产——成本 18 000 000
　　　　　　　　　　——公允价值变动 3 600 000
　　贷：持有至到期投资——成本 18 000 000
　　　　其他综合收益 3 600 000

假定 4 月 23 日，永信实业有限责任公司将该债券全部出售，收取价款 23 600 000 元，则永信实业有限责任公司相关账务处理如下：

借：银行存款 23 600 000
　　贷：可供出售金融资产——成本 18 000 000
　　　　　　　　　　　　——公允价值变动 3 600 000

投资收益	2 000 000
借：其他综合收益	3 600 000
贷：投资收益	3 600 000

五、持有至到期投资的减值

企业应当在资产负债表日对持有至到期投资的账面价值进行检查，有客观证据表明该金融资产发生减值的，应当计提减值准备。

持有至到期投资发生减值时，应当将该持有至到期投资的账面价值减记至预计未来现金流量现值，减记的金额确认为资产减值损失，计入当期损益。

借：资产减值损失
　　贷：持有至到期投资减值准备

持有至到期投资确认减值损失后，如有客观证据表明该金融资产价值得以恢复，且客观上与确认该损失后发生的事项有关，应当在原已计提的减值准备金额内予以转回，转回的金额计入当期损益。

第四节　可供出售金融资产的核算

一、可供出售金融资产概述

（一）概念

可供出售金融资产，是指初始确认时即被指定为可供出售的非衍生金融资产，以及除下列各类资产以外的金融资产：

（1）贷款和应收款项；
（2）持有至到期投资；
（3）以公允价值计量且其变动计入当期损益的金融资产。例如，企业购入的在活跃市场上有报价的股票、债券和基金等，没有划分为以公允价值计量且其变动计入当期损益的金融资产或持有至到期投资等金融资产的，可以划分为此类。

（二）账户设置

为了反映和监督可供出售金融资产的取得、收取现金股利或利息、出售等情况，企业应当设置"可供出售金融资产""其他综合收益""投资收益"等账户进行核算。企业应当按照可供出售金融资产的类别和品种，对"可供出售金融资产"分别设置"成本""利息调整""应计利息""公允价值变动"等明细账户进行核算。

二、可供出售金融资产取得时的核算

企业取得可供出售金融资产时，应按其公允价值计量，相关交易费用应当计入其初始入账金额。支付的价款中包含已宣告但尚未发放的现金股利或已到付息期但尚未领取的债券利息，应当单独确认为应收项目，不构成可供出售金融资产的初始入账金额。

(1) 可供出售金融资产为股票投资，账务处理如下：
借：可供出售金融资产——成本（取得成本与交易费用之和）
　　应收股利（已宣告但尚未发放的现金股利）
　贷：银行存款（实际支付的金额）
(2) 可供出售金融资产为债务性投资，账务处理如下：
借：可供出售金融资产——成本（面值）
　　应收利息（已到付息期但尚未领取的利息）
　贷：其他货币资金（实际支付的金额）
　　　可供出售金融资产——利息调整（差额，借或贷）

三、可供出售金融资产持有期间的核算

可供出售金融资产持有期间的核算主要有以下两方面：一是在资产负债表日确认股利或债券利息收入；二是在资产负债表日反映其公允价值变动。

（一）持有期间现金股利和利息的核算

企业在持有可供出售金融资产的期间取得的现金股利或债券利息，应当作为投资收益进行会计处理。

(1) 如为股票投资，被投资企业宣告派发现金股利，确认投资收益。
借：应收股利
　贷：投资收益
(2) 如为债券投资，根据不同种类的债券处理略有不同。
借：应收利息（票面利息）（分期付息到期还本）
　　可供出售金融资产——应计利息（票面利息）（到期一次还本付息）
　贷：投资收益（期初的摊余成本×实际利率）
　　　可供出售金融资产——利息调整（差额，借或贷）

（二）资产负债表日的核算

在资产负债表日，可供出售金融资产应当按照公允价值计量，可供出售金融资产公允价值变动应当作为其他综合收益，计入所有者权益，不构成当期利润。

(1) 期末公允价值高于此时的账面价值时：
借：可供出售金融资产——公允价值变动
　贷：其他综合收益
(2) 期末公允价值低于此时的账面价值时：
借：其他综合收益
　贷：可供出售金融资产——公允价值变动

四、可供出售金融资产出售时的核算

企业出售可供出售金融资产，应当将取得的价款与账面余额之间的差额作为投资损益进行会计处理。同时，将原计入该金融资产的公允价值变动转出，由其他综合收益转为投资收益。具体账务处理如下：

(1) 如果出售的是债券投资可供出售金融资产：

借：银行存款等（实际收到金额）
　　贷：可供出售金融资产——成本
　　　　　　　　　　　　——利息调整（尚未摊销完毕金额，借或贷）
　　　　　　　　　　　　——公允价值变动（借或贷）
　　　　　　　　　　　　——应计利息（出售前已计提的利息）
　　　　投资收益（差额，借或贷）
同时：借或贷：其他综合收益
　　　　贷或借：投资收益

(2) 如果出售的是股票投资可供出售金融资产：

借：银行存款等（实际收到的金额）
　　贷：可供出售金融资产——成本（债券的面值）
　　　　　　　　　　　　——公允价值变动（借或贷）
　　　　投资收益（差额，借或贷）
同时：借或贷：其他综合收益
　　　　贷或借：投资收益

【例7-14】永信实业有限责任公司于 2016 年 7 月 13 日从二级市场购入股票 2 000 000 股，每股市价 15 元，手续费 60 000 元；初始确认时，该股票划分为可供出售金融资产。永信实业有限责任公司至 2016 年 12 月 31 日仍持有该股票，该股票当时的市价为 16 元。

2017 年 2 月 1 日，永信实业有限责任公司将该股票售出，售价为每股 13 元，另支付交易费用 30 000 元。假定不考虑其他因素，永信实业有限责任公司的账务处理如下：

(1) 2016 年 7 月 13 日，购入股票：

借：可供出售金融资产——成本　　　　　　　　　　　　30 060 000
　　贷：银行存款　　　　　　　　　　　　　　　　　　　　30 060 000

(2) 2016 年 12 月 31 日，确认股票价格变动：

借：可供出售金融资产——公允价值变动　　　　　　　　 1 940 000
　　贷：其他综合收益　　　　　　　　　　　　　　　　　　 1 940 000

(3) 2017 年 2 月 1 日，出售股票：

借：银行存款　　　　　　　　　　　　　　　　　　　　25 970 000
　　其他综合收益　　　　　　　　　　　　　　　　　　　 1 940 000
　　投资收益　　　　　　　　　　　　　　　　　　　　　 4 090 000
　　贷：可供出售金融资产——成本　　　　　　　　　　　　30 060 000
　　　　　　　　　　　　——公允价值变动　　　　　　　　 1 940 000

第八章

长期股权投资

第一节 长期股权投资概述

一、长期股权投资的概念

长期股权投资是指投资方对被投资方能够实施控制或具有重大影响的权益性投资,以及对其合营企业的权益性投资。企业持有长期股权投资是为了长远利益而影响、控制被投资企业。企业进行长期股权投资后,成为被投资企业的股东,有参与或者决定被投资企业经营决策的权利。

二、长期股权投资的核算范围

长期股权投资的核算范围包括:
(1) 投资企业能够对被投资企业实施控制的权益性投资,即对子公司投资;
(2) 投资企业与其他合营方一同对被投资企业实施共同控制的权益性投资,即对合营企业投资;
(3) 投资企业对被投资企业具有重大影响的权益性投资,即对联营企业投资。

(一) 能够实施控制的权益性投资

控制是指有权决定一个企业的财务和经营决策,并能据以从该企业的经营活动中获取利益。控制一般存在于以下情况:投资企业直接拥有被投资企业50%以上的表决权资本;投资企业直接拥有被投资企业50%或以下的表决权资本,但具有实质控制权的情况。投资企业对被投资企业是否具有实质控制权,可以通过以下一种或几种情形进行判定:

(1) 通过与其他投资者的协议,投资企业拥有被投资企业50%以上表决权资本的控制权。
(2) 根据章程或协议,投资企业有权控制被投资企业的财务和经营决策。
(3) 有权任免被投资企业董事会等类似权力机构的多数成员。这种情况是指,虽然投资企业仅拥有被投资企业50%或以下表决权资本,但是根据章程或协议有权任免被投资企业董事会中的多数董事,从而达到实质上控制的目的。

（4）在被投资企业董事会或类似权力机构会议上有半数以上投票权。这种情况是指，虽然投资企业仅拥有被投资企业 50% 或以下表决权资本，但是能够控制被投资企业董事会等类似权力机构的会议，从而能够控制其财务和经营决策。

投资企业能够对被投资企业实施控制的，被投资企业为其子公司，投资企业应当将子公司纳入合并财务报表的合并范围。投资企业在其个别财务报表中对子公司的长期股权投资，应当采用成本法核算，编制合并财务报表时按照权益法进行调整。

（二）能够实施重大影响的权益性投资

企业能够对被投资方施加重大影响的，被投资方为本企业的联营企业。重大影响，是指投资对企业被投资单位的财务和经营政策有参与决策的权力，但并不能够控制或者与其他方一起共同控制这些政策的制定。投资企业直接或通过子公司间接拥有被投资企业 20% 以上但低于 50% 的表决权股份时，一般认为对被投资单位具有重大影响，除非有明确的证据表明该种情况下不能参与被投资企业的生产经营决策，不形成重大影响。投资企业拥有被投资企业表决权股份的比例低于 20% 的，一般认为对被投资企业不具有重大影响，但符合下列情况之一的，应认为对被投资企业具有重大影响：

（1）在被投资企业的董事会或类似权力机构中派有代表。这种情况下，由于在被投资企业的董事会或类似权力机构中派有代表，并享有相应的实质性参与决策权，投资企业可以通过该代表参与被投资企业经营政策的制定，从而对被投资企业施加重大影响。

（2）参与被投资企业的政策制定过程，包括股利分配政策等的制定。这种情况下，因可以参与被投资企业的政策制定过程，在制定政策过程中可以为其自身利益提出建议和意见，从而对被投资企业施加重大影响。

（3）与被投资企业之间发生重要交易。有关的交易因对被投资企业的日常经营具有重要性，进而在一定程度上可以影响被投资企业的生产经营决策。

（4）向被投资企业派出管理人员。这种情况下，通过投资企业对被投资企业派出管理人员，管理人员有权力并负责被投资企业的财务和经营活动，从而能够对被投资企业施加重大影响。

（5）向被投资企业提供关键技术资料。因被投资企业的生产经营需要依赖投资企业的技术或技术资料，表明投资企业对被投资企业具有重大影响。

需要注意的是，存在上述一种或多种情形并不意味着投资方一定对被投资方具有重大影响。投资企业需要综合考虑所有事实和情况来做出恰当的判断。

（三）对合营企业的权益性投资

合营安排，是指一项由两个或两个以上的参与方共同控制的安排。共同控制，是指投资企业各方按照相关约定对某项经济活动所共有的控制，并且该安排的经济活动必须经过分享控制权的参与方一致同意后才能决策。合营安排可以分为共同经营和合营企业。共同经营是指合营方享有该安排相关资产且承担该安排相关负债的合营安排；合营企业，是指合营方仅对该安排的净资产享有权利的合营安排。

长期股权投资仅指对合营安排享有共同控制的参与方（即合营方）对其合营企业的权益性投资，不包括对合营安排不享有共同控制的参与方的权益性投资，也不包括共同经营。

除能够实施控制的权益性投资、具有重大影响的权益性投资和对合营企业的权益性投资外，企业持有的其他权益性投资，应当按照金融工具确认和计量准则的规定，在初始确认时划分为以公允价值计量且其变动计入当期损益的金融资产或可供出售金融资产。

第二节　长期股权投资的初始计量

长期股权投资在取得时，应按初始投资成本入账。长期股权投资的初始投资成本应分为企业合并和非企业合并两种情况确定。

一、企业合并形成的长期股权投资

企业合并形成的长期股权投资，初始投资成本的确定应区分企业合并的类型，企业合并分为同一控制下控股合并与非同一控制下控股合并。

（一）同一控制下控股合并形成的长期股权投资

对于同一控制下的控股合并，从能够对参与合并各方在合并前及合并后均实施最终控制的一方来看，最终控制方在企业合并前及合并后能够控制的资产并没有发生变化。合并方通过企业合并形成的对被合并方的长期股权投资，其成本代表的是在被合并方所有者权益账面价值中按持股比例享有的份额。

（1）合并方以支付现金、转让非现金资产或承担债务方式作为合并对价的，应当在合并日按照所取得的被合并方在最终控制方合并财务报表中的净资产的账面价值的份额作为长期股权投资的初始投资成本。长期股权投资的初始投资成本与支付的现金、转让的非现金资产及所承担债务账面价值之间的差额，应当调整资本公积（资本溢价或股本溢价）；资本公积（资本溢价或股本溢价）的余额不足冲减的，应依次冲减盈余公积和未分配利润。具体会计处理如下：

借：长期股权投资（合并日按取得被合并方所有者权益账面价值的份额）
　　贷：银行存款（实际支付的价款）
　　　　固定资产清理（转让非现金资产的账面价值）
　　　　资本公积（差额，借或贷）

（2）合并方以发行权益性工具作为合并对价的，应按发行股份的面值总额作为股本，长期股权投资初始投资成本与所发行股份面值总额之间的差额，应当调整资本公积（资本或股本溢价）；资本公积（资本溢价或股本溢价）不足冲减的，应依次冲减盈余公积和未分配利润。具体会计处理如下：

借：长期股权投资（合并日应按取得被合并方所有者权益账面价值的份额）
　　资本公积——资本溢价或股本溢价（差额）
　　贷：股本（按发行权益性证券的面值总额）
　　　　资本公积——资本溢价或股本溢价（差额，借或贷）

（3）合并方发生的审计、法律服务、评估咨询等中介费用以及其他相关管理费用，于发生时计入当期损益。与发行权益性工具作为合并对价直接相关的交易费用，应当冲减资本公积（资本溢价或股本溢价）。资本公积（资本溢价或股本溢价）不足冲减的，应依次冲减盈余公积和未分配利润。与发行债务性工具作为合并对价直接相关的交易费用，应当计入债务性工具的初始确认金额。

合并日应享有被合并方在最终控制方合并财务报表的净资产账面价值的份额确定长期股权投资的初始投资成本时，前提是合并前合并方与被合并方采用的会计政策应当一致。企业合并前合并方与被合并方采用的会计政策不同的，应按照合并方的会计政策对被合并方在最终控制方合并财务报表中的净资产账面价值进行调整，并计算确定长期股权投资的初始投资成本。

【例8-1】2017年6月30日，甲股份有限公司向同一集团内S公司的原股东定向增发1 500万股普通股（每股面值为1元，市价为13.02元），取得S公司100%的股权，并于当日起对S公司实施控制。合并后S公司仍维持其独立法人资格继续经营。两公司在企业合并前采用的会计政策相同。合并后，S公司的账面所有者权益总额为6 606万元。合并日甲股份有限公司在其账簿及个别财务报表中应确认对S公司的长期股权投资，账务处理为

借：长期股权投资　　　　　　　　　　　　　　　　66 060 000
　　贷：股本　　　　　　　　　　　　　　　　　　15 000 000
　　　　资本公积——股本溢价　　　　　　　　　　51 060 000

（二）非同一控制下控股合并形成的长期股权投资

非同一控制下的控股合并中，购买方应当按照确定的企业合并成本作为长期股权投资的初始投资成本。企业合并成本包括购买方付出的资产、发生或承担的负债、发行的权益性工具或债务性工具的公允价值之和。购买方为企业合并发生的审计、法律服务、评估咨询等中介费用以及其他相关管理费用，应于发生时计入当期损益；购买方作为合并对价发行的权益性工具或债务性工具的交易费用，应当计入权益性工具或债务性工具的初始确认金额。例如，以固定资产等非现金资产作为合并对价取得长期投资，则其账务处理如下：

借：长期股权投资（固定资产等支付对价的公允价值）
　　管理费用（支付相关直接费用）
　　贷：固定资产清理（转让的固定资产等资产账面价值）
　　　　银行存款（支付的相关直接费用）
　　　　营业外收入（固定资产账面价值与公允价值差额，或借方营业外支出）

【例8-2】永信实业有限责任公司于2016年3月31日以公允价值43 000 000元的无形资产和27 000 000元的银行存款取得B公司70%的股权。该无形资产的账面原值为52 000 000元，至企业合并发生时已计提累计摊销12 000 000元。合并中，永信实业有限责任公司为核实B公司的资产价值，聘请专业资产评估机构对B公司的资产进行评估，用银行存款支付评估费用1 000 000元。假定合并前永信实业有限责任公司与B公司不存在任何关联方关系。

本例中因永信实业有限责任公司与B公司在合并前不存在任何关联方关系，应作为非同一控制下的企业合并处理。永信实业有限责任公司对于合并形成的对B公司的长期股权投资，应按确定的企业合并成本作为其初始投资成本。永信实业有限责任公司应进行如下账务处理：

借：长期股权投资　　　　　　　　　　　　　　　　70 000 000
　　累计摊销　　　　　　　　　　　　　　　　　　12 000 000
　　贷：无形资产　　　　　　　　　　　　　　　　52 000 000
　　　　银行存款　　　　　　　　　　　　　　　　27 000 000
　　　　营业外收入　　　　　　　　　　　　　　　 3 000 000

二、企业合并以外的其他方式取得的长期股权投资

除企业合并形成的长期股权投资应遵循特定的会计处理原则外,企业合并以外的其他方式取得的长期股权投资,取得时初始投资成本的确定应遵循以下规定。

(1) 以支付现金取得的长期股权投资,应当按照实际支付的购买价款作为长期股权投资的初始投资成本,包括购买过程中支付的手续费、税金等必要支出。但所支付价款中包含的被投资企业已宣告但尚未发放的现金股利或利润应作为应收项目核算,不构成取得长期股权投资的成本。

【例8-3】永信实业有限责任公司于2017年2月10日自公开市场中买入乙公司20%的股份,实际支付价款为817 000元。另外,在购买过程中支付手续费等相关费用2 000元。永信实业有限责任公司取得该部分股权后能够对乙公司的生产经营决策施加重大影响。假定永信实业有限责任公司取得该项投资时,乙公司已宣告但尚未发放现金股利,永信实业有限责任公司按其持股比例计算确定可分得1 500元。

永信实业有限责任公司应当按照实际支付的购买价款作为取得长期股权投资的成本,其账务处理为

借:长期股权投资　　　　　　　　　　　　　　　　817 500
　　应收股利　　　　　　　　　　　　　　　　　　　1 500
　　贷:银行存款　　　　　　　　　　　　　　　　　　　819 000

(2) 以发行权益性证券取得的长期股权投资,其成本为所发行权益性证券的公允价值,但不包括应自被投资企业收取的已宣告但尚未发放的现金股利或利润。

为发行权益性证券支付给有关证券承销机构等的手续费、佣金等与权益性证券发行直接相关的费用,不构成取得长期股权投资的成本。该部分费用按照《企业会计准则第37号——金融工具列报》的规定,应自权益性证券的溢价发行收入中扣除,权益性证券的溢价收入不足冲减的,应依次冲减盈余公积和未分配利润。

【例8-4】2017年3月,甲股份有限公司通过增发9 000万股普通股(每股面值1元)取得B公司20%的股权,按照增发前后的平均股价计算,该9 000万股股份的公允价值为15 600万元。为增发该部分股份,甲股份有限公司向证券承销机构等支付了600万元的佣金和手续费。假定甲股份有限公司取得该部分股权后,能够对B公司的生产经营决策施加重大影响。

甲股份有限公司应当以所发行股份的公允价值作为取得长期股权投资的成本,账务处理为

借:长期股权投资　　　　　　　　　　　　　　　156 000 000
　　贷:股本　　　　　　　　　　　　　　　　　　　90 000 000
　　　　资本公积——股本溢价　　　　　　　　　　　66 000 000

发行权益性证券过程中支付的佣金和手续费,应冲减权益性证券的溢价发行收入,账务处理为:

借:资本公积——股本溢价　　　　　　　　　　　　6 000 000
　　贷:银行存款　　　　　　　　　　　　　　　　　　6 000 000

(3) 以债务重组、非货币性资产交换等方式取得的长期股权投资,其初始投资成本应按照《企业会计准则第12号——债务重组》和《企业会计准则第7号——非货币性资产交换》的规定确定。

第三节　长期股权投资的后续计量

长期股权投资在持有期间，根据投资企业对被投资企业的影响程度及是否存在活跃市场、公允价值能否可靠取得等进行划分，应当分别采用成本法及权益法进行核算。对子公司的长期股权投资应当按成本法核算，对合营企业、联营企业的长期股权投资应当按权益法核算。

一、成本法

成本法，是指长期股权投资的账面价值按初始投资成本计量，除追加或收回投资外，一般不对长期股权投资的账面价值进行调整的一种会计处理方法。

（一）成本法的适用范围

投资方对被投资方能够实施控制的长期股权投资应当采用成本法核算。采用成本法核算的长期股权投资，应按照初始投资成本计价，一般不予变更，只有在追加或收回投资时才调整长期股权投资的成本。初始投资或追加投资时，按照初始投资或追加投资时的成本增加长期股权投资的账面价值。

（二）成本法下股利的处理

除取得投资时实际支付的价款中包含的已宣告但尚未发放的现金股利或利润外，投资企业应当按照享有被投资企业宣告发放的现金股利或利润确认投资收益，做如下账务处理：

借：应收股利
　　贷：投资收益（投资企业应当按照享有被投资企业宣告发放的现金股利或利润确认投资收益）

收到上述现金股利或利润时：

借：银行存款
　　贷：应收股利

被投资方宣告分派股票股利，投资方应于除权日做备忘记录。

投资企业在确认被投资企业应分得的现金股利或利润后，应当考虑长期股权投资是否发生减值。在判断该类长期股权投资是否存在减值迹象时，应当关注长期股权投资的账面价值是否大于享有被投资单位净资产（包括相关商誉）账面价值的份额等情况。出现类似情况时，企业应当按照《企业会计准则第8号——资产减值》的规定对长期股权投资进行减值测试，可收回金额低于长期股权投资账面价值的，应当计提减值准备。

【例8-5】永信实业有限责任公司于2016年4月20日自非关联方处取得乙公司60%股权，成本为25 000 000元，相关手续于当日完成，并能够对乙公司实施控制。2017年2月6日，乙公司宣告分派现金股利，永信实业有限责任公司按照持股比例可取得600 000元。乙公司于2017年2月10日实际分派现金股利。不考虑相关税费等其他因素的影响。

永信实业有限责任公司应进行的账务处理为

借：长期股权投资——乙公司　　　　　　　　　　　　　25 000 000
　　贷：银行存款　　　　　　　　　　　　　　　　　　　　　　　25 000 000

借：应收股利	600 000	
贷：投资收益		600 000
借：银行存款	600 000	
贷：应收股利		600 000

进行上述处理后，如相关长期股权投资存在减值迹象的，应当进行减值测试。

二、权益法

权益法，是指投资以初始投资成本计量后，在投资持有期间根据投资企业享有被投资企业所有者权益份额的变动对投资的账面价值进行调整的方法。

（一）权益法的适用范围

投资企业对被投资企业具有共同控制或重大影响的长期股权投资，即对合营企业及联营企业投资应当采用权益法核算。

（二）初始投资成本的调整

投资企业对联营企业或合营企业进行投资以后，对于投资时投资成本与应享有被投资单位可辨认净资产公允价值份额之间的差额，应区别情况分别处理。

（1）初始投资成本大于投资时应享有被投资企业可辨认净资产公允价值份额的，该部分差额是投资方在投资过程中通过作价体现出的与所取得股权份额相对应的商誉价值，这种情况下不要求对长期股权投资的成本进行调整。

（2）初始投资成本小于投资时应享有被投资企业可辨认净资产公允价值份额的，两者之间的差额体现为双方在交易作价过程中转让方的让步，该部分经济利益流入，计入取得投资当期的营业外收入，同时调整增加长期股权投资的账面价值。

【例8-6】永信实业有限责任公司于2017年1月取得乙公司30%的股权，支付价款80 000 000元。投资时被投资单位乙公司的净资产账面价值为225 000 000元（假定被投资单位各项可辨认资产、负债的公允价值与其账面价值相同）。

在乙公司的生产经营决策过程中，所有股东均按持股比例行使表决权。永信实业有限责任公司在取得乙公司的股权后，派人参与了乙公司的生产经营决策。

因能够对乙公司的生产经营决策施加重大影响，永信实业有限责任公司对该投资应当采用权益法核算。投资时，永信实业有限责任公司应进行以下账务处理：

借：长期股权投资——乙公司（成本）	80 000 000	
贷：银行存款		80 000 000

长期股权投资的初始投资成本8 000万元大于取得投资时应享乙公司可辨认净资产公允价值的份额6 750万元（225 000 000×30%），两者之间的差额不调整长期股权投资的账面价值。

如果本例中取得投资时乙公司可辨认净资产的公允价值为36 000万元，永信实业有限责任公司按持股比例30%计算确定应享有10 800万元，则初始投资成本与应享有乙公司可辨认净资产公允价值份额之间的差额2 800万元应计入取得投资当期的营业外收入，账务处理如下：

借：长期股权投资——乙公司（成本）	108 000 000	
贷：银行存款		80 000 000
营业外收入		28 000 000

(三) 投资损益的确认

投资企业取得长期股权投资后,应当按照应享有或应分担的被投资企业实现净利润(或净亏损)的份额,确认投资损益,并调整长期股权投资的账面价值。

【例8-7】 永信实业有限责任公司于 2017 年 1 月取得乙公司 20% 有表决权股份,能够对乙公司施加重大影响。假定永信实业有限责任公司进行该项投资时,乙公司各项可辨认资产、负债的公允价值与其账面价值相同。2017 年年底,乙公司实现净利润 3 200 万元。假定不考虑所得税因素。

永信实业有限责任公司在按照权益法确认应享有乙公司 2016 年净损益时,应进行以下账务处理:

借: 长期股权投资——乙公司 (损益调整)   6 400 000
    贷: 投资收益   6 400 000

(四) 超额亏损的确认

按照权益法核算的长期股权投资,投资企业确认应分担被投资企业发生的损失,原则上应以长期股权投资及其他实质上构成对被投资企业净投资的长期权益减记至零为限,投资企业负有承担额外损失义务的除外。"其他实质上构成对被投资企业净投资的长期权益"通常是指长期应收项目,比如,企业对被投资企业的长期债权,该债权没有明确的清收计划,且在可预见的未来期间不准备收回的,实质上构成对被投资企业的净投资,但不包括投资企业与被投资企业之间因销售商品、提供劳务等日常活动所产生的长期债权。

投资企业在确认应分担被投资企业发生的亏损时,应按照以下顺序处理:

首先,减记长期股权投资的账面价值。

其次,在长期股权投资的账面价值减记至零的情况下,对于未确认的投资损失,考虑除长期股权投资以外,账面上是否有其他实质上构成对被投资单位净投资的长期权益的项目,如果有,则应以其他实质上对被投资企业长期权益的账面价值为限,继续确认投资损失,冲减长期应收项目等的账面价值。

最后,经过上述处理,如果按照投资合同或协议约定,投资企业仍需要承担额外的损失赔偿等义务,则需按预计将承担的义务金额确认预计负债,计入当期投资损失。

企业在实务操作过程中,在发生投资损失时,做如下账务处理:

借: 投资收益
    贷: 长期股权投资——损益调整

在长期股权投资的账面价值减记至零以后,考虑其他实质上构成对被投资企业净投资的长期权益,继续确认的投资损失,做如下账务处理:

借: 投资收益
    贷: 长期应收款

因投资合同或协议约定导致投资企业需要承担额外义务的,按照或有事项准则的规定,对于符合确认条件的义务,应确认为当期损失,同时确认预计负债,做如下账务处理:

借: 投资收益
    贷: 预计负债

除上述情况仍未确认的应分担被投资企业的损失,应在账外备查登记。

在确认了有关的投资损失以后,被投资企业在以后期间实现盈利的,应按以上相反顺序分别减记账外备查登记的金额、已确认的预计负债、恢复其他长期权益及长期股权投资的账面价值,同时确认投资收益。即应当按顺序分别做如下账务处理:

借:预计负债、长期应收款、长期股权投资
　　贷:投资收益

【例8-8】永信实业有限责任公司持有乙公司40%的股权,能够对乙公司施加重大影响。2016年12月31日,该项长期股权投资的账面价值为6 000万元。乙公司2017年亏损18 000万元,永信实业有限责任公司按其持股比例确认应分担的损失为7 200万元,永信实业有限责任公司账上有应收乙公司的长期应收款2 400万元,该款项从目前情况看,没有明确的清偿计划(并非产生于商品购销等日常活动)。

永信实业有限责任公司应进行的账务处理为

借:投资收益　　　　　　　　　　　　　　　　　　　　　　60 000 000
　　贷:长期股权投资——乙公司(损益调整)　　　　　　　　60 000 000
借:投资收益　　　　　　　　　　　　　　　　　　　　　　12 000 000
　　贷:长期应收款　　　　　　　　　　　　　　　　　　　12 000 000

(五)取得现金股利或利润的处理

按照权益法核算的长期股权投资,投资企业自被投资企业取得的现金股利或利润,应抵减长期股权投资的账面价值。做如下账务处理:

借:应收股利(被投资企业宣告分派现金股利或利润)
　　贷:长期股权投资——损益调整(抵减长期股权投资的账面价值)

自被投资企业取得的现金股利或利润超过已确认损益调整的部分应视同投资成本的收回,冲减长期股权投资的账面价值。

(六)其他综合收益的处理

被投资企业其他综合收益发生变动的,投资方应当按照归属于本企业的部分,相应调整长期股权投资的账面价值,同时增加或减少其他综合收益。

【例8-9】永信实业有限责任公司持有B企业30%的股份,能够对B企业施加重大影响。当期B企业因持有的可供出售金融资产公允价值的变动计入其他综合收益的金额为1 800万元,除该事项外,B企业当期实现的净利润为9 600万元。假定永信实业有限责任公司与B企业适用的会计政策、会计期间相同,投资时B企业有关资产、负债的公允价值与其账面价值相同,双方当期及以前期间未发生任何内部交易。

永信实业有限责任公司在确认应享有被投资单位所有者权益的变动时,应进行的账务处理为

借:长期股权投资——B企业(损益调整)　　　　　　　　　28 800 000
　　贷:投资收益　　　　　　　　　　　　　　　　　　　28 800 000
借:长期股权投资——B企业(其他综合收益)　　　　　　　5 400 000
　　贷:其他综合收益　　　　　　　　　　　　　　　　　5 400 000

（七）除净损益、其他综合收益以及利润分配以外的所有者权益的其他变动

被投资企业除净损益、其他综合收益以及利润分配以外的所有者权益的其他变动的因素，主要包括被投资企业接受其他股东的资本性投入、被投资企业发行可分离交易的可转换公司债券中包含的权益成分、以权益结算的股份支付、其他股东对被投资企业增资导致投资方持股比例变动等。

投资方应当按照所持股权比例计算应享有的份额，调整长期股权投资的账面价值，同时计入资本公积（其他资本公积），并在备查簿中予以登记。投资方在后续处置股权投资，但对剩余股权仍采用权益法核算时，应按处置比例将这部分资本公积转入当期投资收益；对剩余股权终止采用权益核算时，将这部分资本公积全部转入当期投资收益。

（八）股票股利的处理

被投资企业分派的股票股利，投资企业不做账务处理，但应于除权日注明所增加的股数，以反映股份的变化情况。

第四节 长期股权投资的减值和处置

一、长期股权投资的减值

长期股权投资在按照规定进行核算确定其账面价值的基础上，如果存在减值迹象的，应当按照《企业会计准则第8号——资产减值》的规定确定其可收回金额及应予计提的减值准备。

投资企业计提长期股权投资减值准备，应当通过设置"长期股权投资减值准备"账户进行核算。具体账务处理如下：

借：资产减值损失——计提的长期股权投资减值准备（投资企业应减记的金额）
　　贷：长期股权投资减值准备

长期股权投资减值损失一经确认，在以后会计期间不得转回。

二、长期股权投资的处置

投资企业处置长期股权投资时，按照实际取得的价款与长期股权投资账面价值的差额确认为投资损益。采用与被投资企业直接处置相关资产或负债相同的基础，按相应比例对原记入"其他综合收益"账户的部分和"资本公积——其他资本公积"账户的部分进行会计处理。如果对长期股权投资计提了减值准备，还应当同时结转已计提的长期股权投资减值准备。

投资企业处置长期股权投资时相关账务处理如下：

借：银行存款（处置时实际收到的金额）
　　长期股权投资减值准备（以已计提的减值准备）
　　贷：长期股权投资（按照该长期股权投资的账面余额）
　　　　应收股利（按照尚未领取的现金股利或利润）
　　　　投资收益（差额，借或贷）

同时，应当采用与被投资企业直接处置相关资产或负债相同的基础，对相关的其他收益进行会计处理。即按照上述原则可以转入当期损益的其他综合收益，应按结转的长期股权投资的投资成本比例结转原记入"其他综合收益"账户的金额，做如下账务处理：

借或贷：其他综合收益
　　贷或借：投资收益

同时，还应将因被投资方除净损益、其他综合收益和利润分配以外的其他所有者权益变动而确认的"资本公积——其他资本公积"账户按相应比例结转，做如下账务处理：

借或贷：资本公积——其他资本公积
　　贷或借：投资收益

【例 8-10】 永信实业有限责任公司原持有 B 企业 40% 的股权，2017 年 12 月 20 日，永信实业有限责任公司决定将其全部出售，出售时永信实业有限责任公司账面上对 B 企业长期股权投资的构成为：投资成本 360 万元，损益调整 96 万元，其他综合收益 60 万元，其他权益变动 20 万元。出售取得价款 1 500 万元。不考虑相关税费等其他因素影响。

(1) 永信实业有限责任公司确认处置损益的账务处理为

借：银行存款　　　　　　　　　　　　　　　　　　　15 000 000
　　贷：长期股权投资——B 企业（成本）　　　　　　　 3 600 000
　　　　　　　　　　——B 企业（损益调整）　　　　　　 960 000
　　　　　　　　　　——B 企业（其他综合收益）　　　　 600 000
　　　　　　　　　　——B 企业（其他权益变动）　　　　 200 000
　　　　投资收益　　　　　　　　　　　　　　　　　　 9 640 000

(2) 除应将实际取得价款与出售长期股权投资的账面价值进行结转，确认出售损益以外，还应将原计入其他综合收益和资本公积的部分按比例转入当期损益。其账务处理为

借：其他综合收益　　　　　　　　　　　　　　　　　　 600 000
　　贷：投资收益　　　　　　　　　　　　　　　　　　 600 000
借：资本公积　　　　　　　　　　　　　　　　　　　　 200 000
　　贷：投资收益　　　　　　　　　　　　　　　　　　 200 000

第九章

固定资产

第一节 固定资产概述

一、固定资产的概念及特征

固定资产是指为生产商品、提供劳务、出租或经营管理而持有、使用寿命超过一个会计年度的有形资产。

从固定资产的定义看，固定资产具有以下三个特征：

（1）持有目的：为生产商品、提供劳务、出租或经营管理而持有。企业持有固定资产的目的是生产商品，提供劳务、出租或经营管理。其中出租的固定资产是指企业以经营租赁方式出租的机器设备类的固定资产。以融资租赁方式出租的固定资产由租入方按照自有固定资产核算，经营租出的建筑物，属于企业的投资性房地产，不属于固定资产。

（2）使用寿命：超过一个会计年度。固定资产的使用寿命是指企业使用固定资产的预计期间，或者该固定资产所能生产产品或提供劳务的数量。比如自用房屋建筑物的使用寿命为企业对该建筑物的预计使用年限。车间使用的机器设备所能生产产品的数量为该设备的使用寿命。

固定资产是企业生产经营过程中的重要劳动资料。它能够在若干个生产经营周期中发挥作用，并保持其原有的实物形态，但其价值则由于损耗而逐渐减少。这部分减少的价值以折旧的形式，分期转移到产品成本或费用中去，并在销售收入中得到补偿。

（3）存在形态：固定资产是有形资产。固定资产的这一特征是区别于无形资产的，因为有些无形资产具有固定资产的其他特征。

二、固定资产的分类

企业的固定资产种类繁多，为了正确地进行固定资产核算，应按不同标准对固定资产进行分类。

(一) 按经济用途分类

固定资产按经济用途分类，可分为生产经营用固定资产和非生产经营用固定资产。

(1) 生产经营用固定资产是指直接服务于生产、经营过程的各种固定资产，如房屋及建筑物、机器设备、运输设备、动力传导设备、工具器具和管理用具等。

(2) 非生产经营用固定资产是指不直接服务于生产、经营过程的各种固定资产，如职工宿舍等使用的房屋、设备和其他固定资产等。

(二) 按使用情况分类

固定资产按使用情况分类，可分为使用中固定资产、暂时闲置固定资产和持有待售固定资产。

(1) 使用中固定资产是指正在使用的各种固定资产。

(2) 暂时闲置固定资产是指尚未投入使用或暂停使用的各种固定资产。

(3) 持有待售固定资产是指不适合本企业需要，准备出售处理的各种固定资产。

固定资产按照使用情况进行分类，可以提供固定资产使用状况的信息。企业管理者可以根据这些信息了解固定资产的使用效率，加强暂时闲置固定资产的管理，及时处置待售固定资产，提高固定资产的使用效率。

(三) 按所有权分类

固定资产按所有权进行分类，可分为自有固定资产和融资租入固定资产。

自有固定资产是指企业拥有所有权的各种固定资产。

融资租入固定资产是指企业在租赁期间不拥有所有权但拥有实质控制权的各种固定资产。融资租入固定资产反映在承租方的账户和会计报表中，比照承租方的自有固定资产进行会计核算，应该由承租方计提折旧。而经营性租入固定资产仍然反映在出租方的账户和会计报表中，由出租方计提折旧。

(四) 综合分类

在实际工作中，企业的固定资产是按照各种情况综合分类的，共分为七类。

(1) 生产经营用固定资产。

(2) 非生产经营用固定资产。

(3) 租出固定资产，指的是经营出租的固定资产。

(4) 不需用固定资产。

(5) 未使用固定资产。

(6) 土地，是指过去已经估价单独入账的土地。因征地而支付的补偿费，应计入与土地有关的房屋、建筑物的价值内，不单独作为土地价值入账。

(7) 融资租入固定资产，是指企业以融资租赁方式租入的固定资产，在租赁期内，应视同自有固定资产进行管理。

三、固定资产的确认与取得

(一) 固定资产的确认条件

固定资产在符合定义的前提下，还应当同时满足以下两个条件，才能加以确认。

1. 与该固定资产有关的经济利益很可能流入企业

资产最重要的特征就是预期会给企业带来经济利益。企业在确认固定资产时，需要判断与该固定资产有关的经济利益是否很可能流入企业。如果与该固定资产有关的经济利益很可能流入企业，并同时满足固定资产确认的其他条件，那么企业应将其确认为固定资产，否则不应将其确认为固定资产。

在实务中，"很可能"往往是一个会计职业判断问题，主要判断依据是与该固定资产所有权相关的风险和报酬是否转移到了企业。此处的风险指的是由于经营情况的变化造成的相关收益的变动，以及由于资产闲置、技术陈旧等原因造成的损失；报酬指的是固定资产使用寿命内使用固定资产而获得的收入，以及处置该资产所实现的利得等。一般而言，取得固定资产的所有权是判断与固定资产所有权相关的风险和报酬是否转移到企业一个重要标志。

2. 该固定资产的成本能够可靠地计量

通常，企业取得固定资产时成本的记录应该取得确凿的证据，如果证据不确凿，也应该根据最新获取的资料，对固定资产的成本进行合理的估计。比如，企业对于已达到预定可使用状态但尚未办理竣工决算的固定资产，需要根据工程预算、工程造价或者工程实际发生的成本等资料，按估计的价值确定其成本，待办理完竣工决算后，再按照实际成本调整原来的暂估价值。

（二）固定资产的取得

固定资产应当按照获取成本进行初始计量。固定资产的成本是指企业获得某项固定资产并使其达到预定可使用状态前所发生的一切合理的、必要的支出。根据固定资产的取得方式的不同，初始计量方法也各不相同。固定资产取得方式有外购固定资产、自行建造固定资产、投资者投入固定资产[①]、非货币性资产交换取得的固定资产、债务重组方式取得的固定资产、接受捐赠取得的固定资产、盘盈的固定资产等。

第二节　固定资产的初始计量[①]

一、账户设置

为了反映固定资产的增减变动，企业应设置"固定资产""累计折旧""在建工程"和"工程物资"等账户。

（一）"固定资产"账户

"固定资产"账户反映固定资产原值的增减变动和结存情况。该账户借方登记增加固定资产的原值，贷方登记减少固定资产的原值，借方余额表示实有固定资产的原值。

"固定资产"账户一般下设明细账。固定资产明细账应按照每一项独立的固定资产设置，登记固定资产原值、预计净残值、预计使用年限、折旧方法、月折旧率、开始使用时间、使用期间内的停用记录和大修理记录以及其他与该项固定资产相关的记录等，并按照固

---

① 本书重点介绍外购、自行建造、投资者投入取得的固定资产，其他请同学参照中级财务会计学习。

定资产的类别和使用、保管单位的顺序排列。月末，各类固定资产卡片的原值合计数，应与各类固定资产登记簿余额核对相符。

（二）"累计折旧"账户

"累计折旧"账户属于"固定资产"账户的抵减账户。该账户贷方登记计提的固定资产折旧，借方登记处置固定资产转出的累计折旧，期末贷方余额表示全部固定资产的累计折旧额。

（三）"在建工程"账户

"在建工程"账户属于资产类账户，用来核算企业基建、更新改造等在建工程发生的支出。该账户借方登记企业各项在建工程的实际支出，贷方登记完工工程转出的成本，期末借方余额反映企业尚未达到预定可使用状态的在建工程的成本。

（四）"工程物资"账户

"工程物资"账户属于资产类账户，用来核算企业为在建工程而准备的各种物资的成本。该账户借方登记企业购入工程物资的成本，贷方登记领用工程物资的成本，期末借方余额反映企业为在建工程准备的各种物资的成本。

此外，企业固定资产、在建工程、工程物资发生减值的，还应当设置"固定资产减值准备""在建工程减值准备""工程物资减值准备"等账户进行核算。

二、外购固定资产的账务处理

企业作为一般纳税人，外购固定资产的账务处理应该区别下列情况分别核算。

（一）购入不需要安装的固定资产

企业作为一般纳税人，购入不需要安装的机器设备、管理设备等固定资产时，应按实际支付的购买价款、相关税费以及使固定资产达到预定可使用状态前所发生的可归属于该项资产的运输费、装卸费和专业人员服务费等，作为固定资产成本，具体账务处理如下：

借：固定资产（外购取得的成本）
　　应交税费——应交增值税（进项税额）（根据可抵扣的增值税进项税额）
　贷：银行存款等

【例9-1】永信实业有限责任公司购入一台不需要安装的生产设备，增值税专用以票上注明的价款为100 000元，增值税税额为16 000元，另支付运费1 000元，运费增值税额为100元，款项全部以银行存款支付。

购入时，根据有关原始凭证，编制如下会计分录：

借：固定资产　　　　　　　　　　　　　　　　　　　　　101 000
　　应交税费——应交增值税（进项税额）　　　　　　　　　16 100
　贷：银行存款　　　　　　　　　　　　　　　　　　　　　117 100

（二）购入需要安装的固定资产

企业作为一般纳税人，购入需要安装的动产时，应在购入的固定资产取得的固定资产成本的基础上加上安装调试成本作为固定资产的成本。先通过"在建工程"账户核算，待安装完毕达到预定可使用状态时，再将"在建工程"账户的余额转入"固定资产"账户。

【例 9-2】 永信实业有限责任公司购入一台需要安装的生产设备，增值税专用以票上注明的价款为 100 000 元，增值税税额为 16 000 元。设备由供货方安装，安装费 5 000 元，安装费的增值税税额为 800 元，款项由银行存款付清。要求根据有关原始凭据，做出相应的账务处理。

（1）购入该项设备时，根据有关原始凭证，编制如下会计分录：

借：在建工程 100 000
　　应交税费——应交增值税（进项税额） 16 000
　贷：银行存款 116 000

（2）支付安装费时，根据有关原始凭证，编制如下会计分录：

借：在建工程 5 000
　　应交税费——应交增值税（进项税额） 800
　贷：银行存款 5 800

（3）该项设备安装完毕达到预定可使用状态时，确定该固定资产的成本为 105 000 元（100 000 + 5 000），根据有关原始凭证，编制如下会计分录：

借：固定资产 105 000
　贷：在建工程 105 000

需要说明的是，根据《营业税改征增值税试点有关事项的规定》，企业自 2016 年 5 月 1 日后取得并在会计制度上按固定资产核算的不动产或者不动产在建工程，取得增值税专用发票并通过税务机关认证时，其进项税额应自取得之日起分两年从销项税额中抵扣，当期可抵扣比例为进项税额的 60%，自本月起第 13 个月可抵扣进项税额比例为 40%。

企业作为小规模纳税人购入固定资产的增值税进项税额应计入固定资产成本，不得从销项税额中抵扣。

三、自行建造固定资产的账务处理

企业自行建造固定资产，应当按照建造该项资产达到预定可使用状态前所发生的必要的支出，作为固定资产的成本。企业自行建造固定资产包括工程物资成本、人工成本、缴纳的有关税费、应予资本化的借款费用以及应该分摊的间接费用等。

企业自行建造固定资产采用自营工程和出包工程两种方式。

（一）自营工程

企业以自营方式建造固定资产，是指企业自行组织工程物资采购、自行组织施工人员从事工程施工。实务中，企业较少采用自营方式建造固定资产，多数情况下采用出包方式。企业如果采用自营方式建造固定资产，其成本应包括直接材料、直接人工、直接机械施工费等。

企业为建造固定资产准备的各种物资应该按照实际支付的买价、运输费、保险费、装卸费以及相关的税费作为实际成本进行核算。建造固定资产领用工程物资、原材料或库存商品，应按照其实际成本转入在建工程成本。自营方式建造工程所应负担的职工薪酬、辅助生产部门为之提供的水、电、运输等劳务，以及其他必要支出等也要计入在建工程的成本。符合资本化条件的借款费用也要计入在建工程的成本。

企业以自营方式建造固定资产,达到预定可使用状态时,从"在建工程"账户转入"固定资产"账户。所建造的固定资产已达到预定可使用状态,但尚未办理竣工结算的,应当自达到预定可使用状态之日起,根据工程预算、造价或者工程实际成本等,按暂估价值转入固定资产,并按有关计提固定资产折旧的规定,计提固定资产折旧。待办理竣工决算手续后再调整原来的暂估价值,但不需要调整原已计提的折旧额。

【例9-3】2017年1月1日,永信实业有限责任公司准备自行建造一条生产流水线。有关资料如下:

(1) 1月8日购入工程物资一批,增值税专用发票上注明的价款为300 000元,增值税税额为48 000元,款项以银行存款支付。

(2) 2月3日领用生产用原材料一批,其初始取得成本为10 000元。

(3) 1月8日至6月30日,工程先后领用工程物资272 500元。

(4) 工程建设期间应发工程人员工资为65 800元。

(5) 6月30日,该工程达到预定可使用状态。

账务处理如下:

(1) 购入工程物资时,根据有关原始凭证,编制如下会计分录:

借:工程物资　　　　　　　　　　　　　　　　　　　　300 000
　　应交税费——应交增值税(进项税额)　　　　　　　 48 000
　　贷:银行存款　　　　　　　　　　　　　　　　　　　　　348 000

(2) 领用原材料,根据有关原始凭证,编制如下会计分录:

借:在建工程　　　　　　　　　　　　　　　　　　　　 10 000
　　贷:原材料　　　　　　　　　　　　　　　　　　　　　　 10 000

(3) 工程领用物资,根据有关原始凭证,编制如下会计分录:

借:在建工程　　　　　　　　　　　　　　　　　　　　272 500
　　贷:工程物资　　　　　　　　　　　　　　　　　　　　　272 500

(4) 计提工程人员工资,根据有关原始凭证,编制如下会计分录:

借:在建工程　　　　　　　　　　　　　　　　　　　　 65 800
　　贷:应付职工薪酬　　　　　　　　　　　　　　　　　　　 65 800

(5) 工程达到预定可使用状态,固定资产的入账价值为348 300元(10 000+272 500+65 800),根据有关原始凭证,编制如下会计分录:

借:固定资产　　　　　　　　　　　　　　　　　　　　348 300
　　贷:在建工程　　　　　　　　　　　　　　　　　　　　　348 300

(二) 出包工程

在出包方式下,企业通过招标方式将工程项目发包给建造承包商,由建造承包商(施工企业)组织工程项目施工。企业要与建造承包商签订建造合同,企业是建造合同的甲方,负责筹集资金和组织管理工程建设,通常称为建设单位。建造承包商是建造合同的乙方,负责建筑安装工程施工任务。

在出包方式下,"在建工程"账户主要是企业与建造承包商办理工程价款的结算账户,企业支付给建造承包商的工程价款,作为工程成本通过"在建工程"账户核算。企业应按合理估计的工程进度和合同规定结算的进度款,做如下账务处理:

借：在建工程
　　贷：银行存款等

工程完成时，按合同规定补付的工程款做如下账务处理：

借：在建工程
　　贷：银行存款等

【例9-4】永信实业有限责任公司采用出包方式建造厂房。合同规定：全部工程款（不含增值税）为4 000 000元，2017年3月1日合同签订日预付25%工程款；2017年7月1日，工程完成60%时，税率为10%，增值税税额为240 000元结算工程进度款；2017年9月1日工程全部完工并验收合格时，支付剩余工程款。

永信实业有限责任公司根据发生的经济业务，编制会计分录如下：

（1）2017年3月1日，合同签订日，用银行存款预付工程款1 000 000元。

借：在建工程——预付工程款　　　　　　　　　　　　　1 000 000
　　贷：银行存款　　　　　　　　　　　　　　　　　　　　1 000 000

（2）2017年7月1日，工程完成60%，结算工程进度款2 400 000元，税率为10%，增值税税额为240 000元，合计2 664 000元，扣除预付工程款1 000 000元，用银行存款补付工程款及增值税税额1 664 000元。

借：在建工程——工程成本　　　　　　　　　　　　　　2 400 000
　　应交税费——应交增值税（进项税额）　　　　　　　　240 000
　　贷：在建工程——预付工程款　　　　　　　　　　　　1 000 000
　　　　银行存款　　　　　　　　　　　　　　　　　　　1 640 000

（3）2017年9月1日，工程全部完工，验收合格，用银行存款支付剩余工程款1 600 000元，增值税税额为160 000元，合计1 760 000元。

借：在建工程——工程成本　　　　　　　　　　　　　　1 600 000
　　应交税费——应交增值税（进项税额）　　　　　　　　160 000
　　贷：银行存款　　　　　　　　　　　　　　　　　　　1 760 000

（4）房屋交付使用，结转为固定资产。

实际工程成本＝2 400 000＋1 600 000＝4 000 000（元）

借：固定资产　　　　　　　　　　　　　　　　　　　　4 000 000
　　贷：在建工程　　　　　　　　　　　　　　　　　　　4 000 000

四、投资者投入固定资产的账务处理

接受投资者投入固定资产的企业，在办理了固定资产移交手续后，应按投资合同或协议约定的价值做如下账务处理：

借：固定资产
　　应交税费——应交增值税（进项税额）
　　贷：实收资本、资本公积等

【例9-5】2017年4月1日永信实业有限责任公司接受乙公司投入的设备一台，投入单位的账面原价为700 000元，双方确认的价值为500 000元（假设合同约定的价格公允），收到增值税专用发票，注明税款为80 000元。

接受投资时，根据有关原始凭证，编制如下会计分录：
借：固定资产　　　　　　　　　　　　　　　　　　　　　500 000
　　应交税费——应交增值税（进项税额）　　　　　　　　 80 000
　　贷：实收资本　　　　　　　　　　　　　　　　　　　580 000

五、非货币性资产交换取得的固定资产

如果该项交换具有商业实质并且换入与换出资产的公允价值均能可靠计量的，应当以该固定资产的公允价值加相关税费作为该项换入的固定资产的初始价值。如果不符合上述条件，应当按照换出资产的账面价值和应该支付的相关税费作为换入该项固定资产的成本。

六、债务重组方式取得的固定资产

债务重组方式取得的固定资产应当以固定资产的公允价值加相关税费作为固定资产的初始价值。

七、接受捐赠取得的固定资产

《企业会计准则第 4 号——固定资产》规定：接受捐赠的固定资产，按以下规定确定其入账价值：

（1）捐赠方提供了有关凭据的，按凭据上标明的金额加上应当支付的相关税费，作为入账价值。

（2）捐赠方没有提供有关凭据的，按以下顺序确定其入账价值：

①同类或类似固定资产存在活跃市场的，按同类或类似固定资产的市场价格估计的金额，加上应当支付的相关税费，作为入账价值。

②同类或类似固定资产不存在活跃市场的，按接受捐赠的固定资产的预计未来现金流量现值，作为入账价值。

如接受捐赠的是旧的固定资产，按依据上述方法确定的新固定资产价值，减去以按该项资产新旧程度估计的价值损耗后的余额，作为入账价值。

八、盘盈的固定资产

如果同类或者类似固定资产存在活跃市场的，按照同类或类似固定资产的市场价格，减去按该项固定资产的新旧程度估计的价值损耗后的余额，作为入账价值；如果同类或类似固定资产不存在活跃市场的，按该项固定资产的预计未来现金流量的现值，作为入账价值。

第三节　固定资产的后续计量

一、固定资产折旧

（一）固定资产折旧及影响因素

固定资产折旧是指在固定资产的使用寿命内，按照确定的方法对应计折旧额进行系统的

分摊。应计折旧额是指应当计提折旧的固定资产的原价扣除其预计的净残值和对固定资产计提的减值准备后的余额。

在计算固定资产折旧时,必须正确考虑影响固定资产计提折旧的因素。主要因素有:

(1) 固定资产的原价。固定资产的原价是指固定资产的成本。

(2) 固定资产减值准备。固定资产减值准备,是指固定资产已计提的固定资产减值准备累计金额。固定资产计提减值准备后,应当在剩余使用寿命内根据调整后的固定资产账面价值(固定资产账面余额减去累计折旧和累计减值准备后的金额)和预计的净残值重新计算确定折旧率和折旧额。

(3) 固定资产的预计净残值。固定资产的预计净残值,是指企业预期在固定资产使用寿命终了时,从该固定资产的处置中获得的处置收入扣除预计处置费用后的净额。固定资产的净残值是固定资产使用期满时的回收额,在计提折旧时,应从固定资产原价中扣除。

(4) 固定资产的预计使用寿命。固定资产的预计使用寿命是指固定资产预期使用的期限或者该固定资产所能生产的产品或提供服务的数量。确定固定资产预计使用寿命时应考虑因物理性能、自然侵蚀等造成的有形损耗和技术进步、市场需求和法律法规等造成的无形损耗。

(二) 固定资产折旧的范围

《企业会计准则第 4 号——固定资产》规定,企业应对所有的固定资产计提折旧。但是,已提足折旧仍继续使用的固定资产和单独计价入账的土地除外。

融资租入固定资产,应当采用与自有应计提折旧资产相一致的折旧政策。租赁资产的折旧期间应依租赁合同而定。能够合理确定租赁期届满时将会取得租赁资产所有权的,应从租赁期开始日起以租赁资产的使用寿命作为折旧期间。无法合理确定租赁期届满后,承租人是否能够取得租赁资产所有权的,应当以租赁期与租赁资产使用寿命两者中较短者作为折旧期间。

因进行大修理而停用的固定资产,应当照提折旧,计提的折旧额应计入相关的资产成本或当期损益。

固定资产应当按月计提折旧,当月增加的固定资产,当月不计提折旧,从下月起计提折旧;当月减少的固定资产,当月仍计提折旧,从下月起不计提折旧。

(三) 固定资产折旧的方法

常用的固定资产折旧方法一般可以分为四类:年限平均法、工作量法、加速折旧法。由于折旧方法的选用直接影响企业的利润,所以一经选用,不得随意更改。固定资产使用寿命、预计净残值和折旧方法的改变应当作为会计估计变更进行会计处理。

1. 年限平均法

年限平均法是指按照固定资产的预计使用年限平均计提折旧的方法,其累计折旧额为使用时间的线性函数。采用这种方法,假定固定资产的服务潜力随着时间的推移而逐渐递减,其效能与固定资产的新旧程度无关。因此,固定资产的应计提折旧总额可以均匀地摊分于预计使用年限内的各个会计期间。其计算公式为

年折旧额 = [固定资产原值 - (预计残值收入 - 预计清理费用)] ÷ 预计使用年限

= 固定资产应计折旧总额 ÷ 预计使用年限

月折旧额 = 年折旧额 ÷ 12

上述公式为固定资产折旧年限平均法的一般原理。在实际工作中，固定资产折旧额一般用固定资产原值乘以折旧率计算。在年限平均法下，固定资产折旧率是固定资产折旧额与固定资产原值的比率，其计算公式为

年折旧率 = （1 - 预计净残值率）÷ 预计使用年限 × 100%

月折旧率 = 年折旧率 ÷ 12

月折旧额 = 固定资产原值 × 月折旧率

【例9-6】 永信实业有限责任公司有一台机器设备，原值为700 000元，预计净残值率为4%，预计使用年限为10年。

其折旧率和折旧额计算如下：

折旧率 = （1 - 4%）÷ 10 = 9.6%

折旧率 = 9.6% ÷ 12 = 0.8%

折旧额 = 700 000 × 0.8% = 5 600（元）

2. 工作量法

工作量法是指按照固定资产预计完成的工作总量平均计提折旧的方法，其累计折旧额为完成工作量的线性函数。采用这种方法，假定固定资产的服务潜力随着完成工作量的增加而逐渐递减，其效能与固定资产的新旧程度无关。因此，固定资产的应计提折旧总额可以均匀地摊分于预计的每一单位工作量。采用工作量法计提折旧，也应首先确定固定资产应计提折旧总额；然后根据固定资产应计提折旧总额和预计完成的工作总量，确定单位工作量折旧额；最后根据单位工作量折旧额和某月实际完成的工作量，就可以计算出该月折旧额。其计算公式如下：

单位工作量折旧额 = [固定资产原价 × （1 - 预计净残值率）] ÷ 预计总工作量

某项固定资产月折旧额 = 该项固定资产当月工作量 × 单位工作量折旧额

【例9-7】 永信实业有限责任公司拥有一辆运输汽车，原值为300 000元，预计净残值率为4%，预计总行驶里程为800 000千米，某月该汽车行驶6 000千米。

该汽车的单位工作量折旧额和该月折旧额计算如下：

单位工作量折旧额 = 300 000 × （1 - 4%）÷ 800 000 = 0.36（元/千米）

该月折旧额 = 0.36 × 6 000 = 2 160（元）

工作量法一般适用于价值较高的大型精密机床以及运输设备等固定资产的折旧计算。这些固定资产的价值较高，各月的工作量一般很不均衡，采用平均年限法计提折旧，会使各月成本费用的负担不够合理，因此采用工作量法来核算更为准确。

3. 加速折旧法

加速折旧法，是指在固定资产使用初期计提折旧较多而在后期计提折旧较少，从而相对加速折旧的方法。采用加速折旧法，各年的折旧额呈递减趋势。为了简化折旧计算工作，月折旧额一般按年折旧额的1/12计算。如果某项固定资产开始计提折旧的时间不是年初（一月份），则该年度各月的折旧额以及下一年度前几个月的折旧额（即开始计提折旧一年之内各月的折旧额），均按年折旧额的月平均数计算。较常用的加速折旧法有双倍余额递减法和年数总和法两种。

（1）双倍余额递减法。双倍余额递减法是指在不考虑固定资产净残值的前提下，根据每期期初固定资产原价减去累计折旧后的余额并采用双倍直线法折旧率计算固定资产

折旧的一种方法。实行双倍余额递减法计提固定资产折旧,应当在固定资产折旧年限到期的最后两年,将固定资产账面净值扣除预计净残值后的余额平均摊销。其计算公式如下:

$$年折旧率 = 2 \div 预计使用年限 \times 100\%$$
$$年折旧额 = 固定资产账面净值 \times 年折旧率$$
$$月折旧额 = 固定资产年折旧额 \div 12$$

【例9-8】永信实业有限责任公司有一台机器设备原价为600 000元,预计使用寿命为5年,预计净残值为24 000元。请用双倍余额递减法计算出每年应计提的折旧额。

年折旧率 = 2 ÷ 5 × 100% = 40%

第一年应提的折旧额 = 600 000 × 40% = 240 000(元)

第二年应提的折旧额 = (600 000 - 240 000)× 40% = 144 000(元)

第三年应提的折旧额 = (600 000 - 240 000 - 144 000)× 40% = 86 400(元)

第四、五年每年应提的折旧额 = (600 000 - 240 000 - 144 000 - 86 400 - 24 000)÷ 2 = 52 800(元)

(2)年数总和法。年数总和法是指按固定资产应计提折旧总额和该年尚可使用年数占各年尚可使用年数总和的比重(即年折旧率)计提折旧的方法。其年折旧率和年折旧额的计算公式如下:

年折旧率 = (预计使用年限 - 已使用年限)÷ [预计使用年限 ×(预计使用年限 + 1)÷ 2]× 100%

= 尚可使用年限 ÷ 预计使用年限的年数总和 × 100%

年折旧额 = (固定资产原价 - 预计净残值)× 年折旧率

【例9-9】永信实业有限责任公司有一台设备,原值78 000元,预计净残值2 000元,预计可用4年。请用年数总和法计算每年应计提的折旧额。

年数总和 = 1 + 2 + 3 + 4 = 10

第一年应计提的折旧额 = (78 000 - 2 000)×(4/10)= 30 400(元)

第二年应计提的折旧额 = (78 000 - 2 000)×(3/10)= 22 800(元)

第三年应计提的折旧额 = (78 000 - 2 000)×(2/10)= 15 200(元)

第四年应计提的折旧额 = (78 000 - 2 000)×(1/10)= 7 600(元)

(四)固定资产折旧的账务处理

固定资产应当按月计提折旧,计提的折旧应当记入"累计折旧"账户,并根据固定资产的用途计入相关资产的成本或者当期损益。具体账务处理如下:

借:在建工程(在建工程使用的固定资产)
　　制造费用(生产车间使用)
　　管理费用(行政管理部门)
　　销售费用(销售部门)
　　其他业务成本(经营出租)
　贷:累计折旧

【例9-10】永信实业有限责任公司2017年10月份的固定资产折旧计算表见表9-1。

表 9-1　固定资产折旧计算表

2017 年 10 月　　　　　　　　　　　　　　　　　　　　　　　　单位：元

使用部门	固定资产类别	上月折旧额	上月增加固定资产		上月减少固定资产		本月应提折旧额
			原价	应提折旧额	原价	应提折旧额	
车间	厂房	5 000					5 000
	机器设备	25 000	100 000	600			25 600
	合计	30 000					30 600
管理部门	房屋建筑物	1 000					1 000
	运输工具	2 000					2 000
	合计	3 000					3 000

根据表 9-1 中的固定资产折旧计算表，编制如下会计分录：

借：制造费用　　　　　　　　　　　　　　　　　　　　　　30 600
　　管理费用　　　　　　　　　　　　　　　　　　　　　　 3 000
　　贷：累计折旧　　　　　　　　　　　　　　　　　　　　　　33 600

二、固定资产的后续支出

固定资产的后续支出是指固定资产在使用过程中发生的更新改造支出、修理费用等。

《企业会计准则第 4 号——固定资产》规定，与固定资产有关的后续支出，如果很可能流入企业的经济利益超过了原先的估计，如延长了固定资产的使用寿命，或者使产品质量有了实质性提高，或者使产品成本有了实质性降低，则应当计入固定资产账面价值，其增计后的金额不应超过该固定资产的可收回金额。除此以外的后续支出，应当确认为当期费用，不再通过预提或待摊的方式核算。企业在日常核算中应依据上述原则判断固定资产后续支出是应当资本化，还是费用化。

（一）资本化的后续支出

企业在发生应资本化的固定资产后续支出时，应先将该固定资产的账面原价、已计提的累计折旧和减值准备转销，将固定资产的账面价值转入"在建工程"账户；然后，将发生的各项后续支出通过"在建工程"账户核算；当发生后续支出的固定资产完工并达到预定可使用状态时，应在后续支出资本化后的固定资产账面价值不超过其可收回金额的范围内，从"在建工程"账户转入"固定资产"账户。

【例 9-11】2017 年 9 月 1 日，永信实业有限责任公司所拥有的一条生产线，其账面原价为 860 000 元，累计已提折旧为 500 000 元。由于生产的产品适销对路，现有生产线的生产能力已难以满足公司生产发展的需要，经研究，公司决定对现有生产线进行扩建，以提高其生产能力。扩建工程从 2017 年 9 月 1 日起至 11 月 30 日止，历时 3 个月，共支付改建工程款 400 000 元，支付增值税 64 000 元，全部以银行存款支付；该生产线扩建工程达到预定可使用状态后，预计其使用寿命将延长 5 年，该生产线已达到预定可使用状态。

在本例中，由于对生产线的扩建支出，提高了生产线的生产能力并延长了其使用寿命，因此，此项后续支出应予以资本化，即增加固定资产的账面价值。其账务处理如下：

(1) 生产线转入扩建时，根据有关原始凭证，编制如下会计分录：

借：在建工程　　　　　　　　　　　　　　　　　　　　　　　360 000
　　累计折旧　　　　　　　　　　　　　　　　　　　　　　　500 000
　　　贷：固定资产　　　　　　　　　　　　　　　　　　　　　　　860 000

(2) 支付改建工程款时，根据有关原始凭证，编制如下会计分录：

借：在建工程　　　　　　　　　　　　　　　　　　　　　　　400 000
　　应交税费——应交增值税（进项税额）　　　　　　　　　　 64 000
　　　贷：银行存款　　　　　　　　　　　　　　　　　　　　　　　464 000

(3) 生产线扩建工程达到预定可使用状态时，根据有关原始凭证，编制如下会计分录：

借：固定资产　　　　　　　　　　　　　　　　　　　　　　　760 000
　　　贷：在建工程　　　　　　　　　　　　　　　　　　　　　　　760 000

（二）费用化的后续支出

企业发生的固定资产后续支出，如果不满足固定资产确认条件，即不符合资本化的条件，则应予以费用化，即在发生时直接计入当期损益。固定资产的大修理、中小修理等维护性支出，就属于这种情况。

一般情况下，固定资产投入使用之后，由于固定资产各组成部分的耐用程度不同，可能导致固定资产的局部损坏。为了保证固定资产的正常运转和使用，充分发挥其使用效能，企业就需要对固定资产进行必要的维护。企业发生的固定资产维护支出是确保固定资产处于正常工作状态，它并不导致固定资产性能的改变和固定资产未来经济利益的增加。因此，企业应在固定资产维护支出发生时，根据固定资产的使用地点和用途，直接计入当期损益，做如下会计处理：

借：管理费用、销售费用、其他业务成本等
　　　贷：银行存款等

如企业生产车间和行政管理部门等发生的固定资产修理费用等后续支出，编制如下会计分录：

借：管理费用
　　　贷：银行存款等

企业发生的与专设销售机构的固定资产相关的修理费用等后续支出，编制如下会计分录：

借：销售费用
　　　贷：银行存款等

【例 9-12】 永信实业有限责任公司对行政管理部门的小轿车进行维修，以银行存款支付维修费 2 300 元。

支付维修费时，根据有关原始凭证，编制如下会计分录：

借：管理费用　　　　　　　　　　　　　　　　　　　　　　　2 300
　　　贷：银行存款　　　　　　　　　　　　　　　　　　　　　　　2 300

第四节 固定资产的处置

一、固定资产终止确认的条件

《企业会计准则》规定，固定资产满足下列条件之一的，应当予以终止确认：

(1) 该固定资产处于处置状态。固定资产处置包括固定资产的出售、转让、报废或毁损、对外投资、非货币性资产交换、债务重组等。

(2) 该固定资产预期通过使用或处置不能产生经济利益。

二、固定资产处置的账务处理

(一) 账户设置

企业出售、转让、报废固定资产或发生固定资产毁损，应当将处置收入扣除固定资产的账面价值和相关税费后的金额计入当期损益。固定资产处置一般通过"固定资产清理"账户进行核算。

(二) 账务处理（出售、报废、毁损）

企业因出售、报废或毁损、对外投资、非货币性资产交换、债务重组等处置固定资产，其会计处理一般经过以下几个步骤：

(1) 固定资产转入清理。固定资产转入清理时，应做如下会计分录：

借：固定资产清理（按固定资产账面价值）
　　累计折旧（按已计提的累计折旧）
　　固定资产减值准备（按已计提的减值准备）
　贷：固定资产（按固定资产账面余额）

(2) 发生的清理费用。对于固定资产清理过程中发生的有关费用以及应支付的相关税费，应做如下会计分录：

借：固定资产清理
　　应交税费——应交增值税（进项税额）
　贷：银行存款等

(3) 出售收入和残料等的处理。企业收回出售固定资产的价款、残料价值和变价收入等，应冲减清理支出。会计分录如下：

借：银行存款、原材料等（按实际收到的出售价款以及残料变价收入等）
　贷：固定资产清理
　　　应交税费——应交增值税（销项税额）

(4) 保险赔偿的处理。企业收到的赔偿也视为清理过程中的一项收入，在计算清理净损益时也应一并考虑，并做如下会计分录：

借：其他应收款等
　贷：固定资产清理
　　　应交税费——应交增值税（销项税额）

(5) 清理净损益的处理。对于固定资产清理完成后的净损失，应做如下会计分录：
借：营业外支出
　　贷：固定资产清理
对于固定资产清理完成后的净收益，应做如下会计分录：
借：固定资产清理
　　贷：营业外收入

【例9-13】永信实业有限责任公司出售一台机器设备，原值为40 000元，累计折旧为20 000元，未计提固定资产减值准备，清理过程中用现金支付清理费用250元（未取得增值税专用发票）。实际出售价格为25 000元，增值税税率为16%，增值税税额为4 000元，款项已存入银行。

(1) 注销机器设备原值和累计折旧。

借：固定资产清理　　　　　　　　　　　　　　　　　20 000
　　累计折旧　　　　　　　　　　　　　　　　　　　20 000
　　贷：固定资产　　　　　　　　　　　　　　　　　　40 000

(2) 支付清理费用，未取得增值税专用发票。

借：固定资产清理　　　　　　　　　　　　　　　　　　250
　　贷：库存现金　　　　　　　　　　　　　　　　　　　250

(3) 收取价款和增值税税额。

借：银行存款　　　　　　　　　　　　　　　　　　29 000
　　贷：固定资产清理　　　　　　　　　　　　　　　25 000
　　　　应交税费——应交增值税（销项税额）　　　　4 000

(4) 结转机器设备清理净损益。

机器设备清理净收益 = 25 000 - 20 000 - 250 = 4 750（元）

借：固定资产清理　　　　　　　　　　　　　　　　4 750
　　贷：营业外收入　　　　　　　　　　　　　　　　4 750

【例9-14】永信实业有限责任公司，因遭受台风袭击毁损一座仓库，该仓库原价为4 000 000元，已计提折旧800 000元，计提减值准备200 000。其残料估计价值50 000元，残料已办理入库。发生清理费用并取得增值税专用发票，注明的装卸费为20 000元，增值税税额为3 200元，以银行存款支付。经保险公司核定应赔偿损失1 500 000元，增值税税额为0元，款项已存入银行。要求：做出该清理过程的账务处理。

(1) 将毁损的仓库转入清理时：

借：固定资产清理　　　　　　　　　　　　　　　3 000 000
　　累计折旧　　　　　　　　　　　　　　　　　　800 000
　　固定资产减值准备　　　　　　　　　　　　　　200 000
　　贷：固定资产　　　　　　　　　　　　　　　4 000 000

(2) 残料入库时：

借：原材料　　　　　　　　　　　　　　　　　　　50 000
　　贷：固定资产清理　　　　　　　　　　　　　　　50 000

(3) 支付清理费用时：

借：固定资产清理 20 000
　　应交税费——应交增值税（进项税额） 3 200
　　贷：银行存款 23 200
（4）收到保险公司理赔款项时：
借：银行存款 1 500 000
　　贷：固定资产清理 1 500 000
（5）结转毁损固定资产发生的损失时：
借：营业外支出——非常损失 1 470 000
　　贷：固定资产清理 1 470 000

第五节　固定资产清查

一、固定资产清查的意义

加强固定资产清查工作，对于加强企业管理、充分发挥会计的监督作用具有重要的意义。通过对固定资产的清查，企业可以做到账实相符，保证会计信息的真实可靠，保护各项财产的安全完整；可以掌握固定资产的使用情况，促进企业改善经营管理，挖掘固定资产的潜力，提高资金的使用效能，加速资金的周转；可以发现经营管理中存在的漏洞，建立健全各项规章制度，提高企业管理水平。

二、固定资产的盘盈

根据《企业会计准则第4号——固定资产》及其应用指南的有关规定，固定资产盘盈应作为前期差错①记入"以前年度损益调整"账户，盘盈的固定资产，应按重置成本作为入账价值。相关账务处理如下：

借：固定资产（发现盘盈时重置成本）
　　贷：以前年度损益调整
借：以前年度损益调整
　　贷：盈余公积——法定盈余公积
　　　　利润分配——未分配利润

【例9-15】永信实业有限责任公司于2017年6月30日在财产清查过程中发现，2016年12月购入的一台设备尚未入账，重置成本为30 000元。假定永信公司按净利润的10%提取法定盈余公积，不考虑相关税费及其他因素的影响。要求：做出该项业务的有关账务处理。

---

① 新准则将固定资产盘盈作为前期差错进行会计处理，是因为这些资产尤其是固定资产出现由于企业无法控制的因素而造成盘盈的可能性极小，甚至是不可能的。这些资产如果出现盘盈，必定是企业自身"主观"原因所造成的，或者说以前会计期间少计或漏计这些资产等会计差错所形成的。新准则通过以前年度损益调整，调整未分配利润，使企业的报表更加透明，这样也能在一定程度上降低人为调整利润的可能性。

(1) 盘盈固定资产时：
借：固定资产　　　　　　　　　　　　　　　　　　　30 000
　　贷：以前年度损益调整　　　　　　　　　　　　　　　　30 000
(2) 结转为留存收益时：
借：以前年度损益调整　　　　　　　　　　　　　　　30 000
　　贷：盈余公积——法定盈余公积　　　　　　　　　　　3 000
　　　　利润分配——未分配利润　　　　　　　　　　　　27 000

三、固定资产的盘亏

企业在财产清查中盘亏的固定资产，通过"待处理财产损溢——待处理固定资产损溢"账户核算，盘亏造成的损失，扣除各项赔款后，剩余的损失报经批准以后，转入"营业外支出——盘亏损失"账户核算，计入当期损益。

【例 9-16】永信实业有限责任公司在进行财产清查时，发现短缺一台设备，账面原价为 80 000 元，已提折旧 40 000 元。后经批准把该固定资产盘亏转入营业外支出。

(1) 批准前，根据有关原始凭证，编制如下会计分录：
借：待处理财产损溢——待处理固定资产损溢　　　　　40 000
　　累计折旧　　　　　　　　　　　　　　　　　　　40 000
　　贷：固定资产　　　　　　　　　　　　　　　　　　　80 000
(2) 批准后，根据有关原始凭证，编制如下会计分录：
借：营业外支出——盘亏损失　　　　　　　　　　　　40 000
　　贷：待处理财产损溢——待处理固定资产损溢　　　　　40 000

第六节　固定资产减值准备

由于固定资产发生损坏、技术陈旧或其他经济原因，导致固定资产可收回金额低于其账面价值，这种情况称为固定资产减值。账面价值是指账面余额减去累计折旧和固定资产减值准备后的金额。而固定资产账面净值则是固定资产原价扣除累计折旧金额。账面余额是指固定资产账户中的原值。

会计准则规定，企业的固定资产应当在期末时按照账面价值与可收回金额孰低计量，对可收回金额（指资产的销售净价，与预期从该资产的持续使用和使用寿命结束时的处置中形成的预计未来现金流量的现值进行比较，两者之间较高者）低于账面价值的差额，应计提固定资产减值准备。

企业对固定资产期末的减值应设置"固定资产减值准备"账户。其对应账户为资产减值损失。企业计提固定资产减值准备时，应做如下账务处理：
借：资产减值损失——计提的固定资产减值准备
　　贷：固定资产减值准备

企业固定资产减值损失一经确认，在以后会计期间不得转回。

【例9-17】2017年年末,永信实业有限责任公司对其拥有的固定资产进行逐项检查,其中一项生产用设备存在可能发生减值的迹象。经计算,该设备可收回金额为70 000元,账面价值为100 000元,则于年末计提固定资产减值准备30 000元。以前年度未对该设备计提过减值准备。

根据有关原始凭证,编制如下会计分录:

借:资产减值损失——计提的固定资产减值准备　　　　　　　30 000
　　贷:固定资产减值准备　　　　　　　　　　　　　　　　　　　30 000

第十章 无形资产

第一节 无形资产概述

一、无形资产的概念和特征

（一）无形资产的概念

无形资产，是指企业拥有或控制的没有实物形态的可辨认非货币性资产。无形资产包括专利权、非专利技术、商标权、著作权、特许权、土地使用权等。

（二）无形资产的特征

1. 属于由企业拥有或者控制并预期能为其带来未来经济利益的资源

无形资产作为一项资产，具有一般资产的本质特征，即由企业拥有或控制并预期能为其带来未来经济利益。通常情况下，企业应当拥有或者控制无形资产的所有权并且预期其能够为企业带来未来经济利益。

2. 不具有实物形态

无形资产是不具有实物形态的非货币性资产，它不像固定资产、存货等有形资产，具有实物形体。无形资产通常表现为某种权利、某项技术或是某种获取超额利润的综合能力，如，土地使用权、非专利技术等。

3. 具有可辨认性

作为无形资产核算的资产必须是能够区别于其他资产且可单独辨认的，如企业持有的专利权、非专利技术、商标权、土地使用权、特许权等。

无形资产满足下列条件之一的，应当认定为其具有可辨认性：

（1）能够从企业中分离或者划分出来，并能单独用于出售或转让等，而不需要同时处置在同一获利活动中的其他资产，表明无形资产可辨认。在某些情况下，无形资产可能需要与有关的合同一起用于出售转让等，此类无形资产也视为可辨认。

（2）源自合同性权利或其他法定权利，无论这些权利是否可以从企业或其他权利和义务中转移或者分离。如一方通过与另一方签订特许权合同而获得的特许使用权，通过法律程序申请获得的商标权和专利权等。

商誉通常是与企业整体价值联系在一起的，无法与企业自身相分离而存在，不具有可辨认性，不属于无形资产。

4. 属于非货币性长期资产

无形资产具有非货币性这一特征是其与银行存款、应收账款等货币性资产的重要区别。无形资产的使用年限在一年以上，能在多个会计期间为企业带来经济利益，其价值在各个受益期间逐渐摊销。

二、无形资产的分类

无形资产可按不同的标准进行分类，一般有以下几种分类。

（一）按经济内容分类

无形资产按其反映的经济内容分类，可分为专利权、非专利技术、商标权、著作权、特许权和土地使用权等。

1. 专利权

专利权是指国家专利主管机关依法授予发明创造专利申请人，对其发明创造在法定期限内所享有的专有权利，一般包括发明专利权、实用新型专利权和外观设计专利权等。发明专利权的期限为 20 年，实用新型专利权和外观设计专利权的期限为 10 年，均自申请日起计算。

2. 非专利技术

非专利技术也称专有技术。它是指不为外界所知、在生产经营活动中已采用的、不享有法律保护的、可以带来经济效益的各种技术和诀窍。非专利技术一般包括工业专有技术，商业贸易专有技术、管理专有技术等。非专利技术用自我保密的方式来维持其独占性，不受专利法的保护，具有经济性、机密性和动态性等特点。

3. 商标权

商标是用来辨认特定的商品或劳务的标记。商标权是指专门在某类指定的商品或产品上使用特定的名称或图案的权利。经商标局核准注册的商标为注册商标，商标注册人享有商标专用权，受法律保护。注册商标的有效期为 10 年，自核准注册之日起计算。

4. 著作权

著作权又称版权，是指作者对其创作的文学、科学和艺术作品依法享有的某些特殊权利。著作权包括作品署名权、发表权、修改权和保护作品完整权，还包括复制权、发行权、出租权、展览权、表演权、放映权、广播权、信息网络传播权、摄制权、改编权、翻译权、汇编权以及应当由著作权人享有的其他权利。著作权人包括作者和其他依法享有著作权的公民、法人或者其他组织。

5. 特许权

特许权又称经营特许权、专营权，是指企业在某一地区经营或销售某种特定商品的权利或是一家企业接受另一家企业使用其商标、商号、技术秘密等的权利。特许权通常有两种形式：一种是由政府机构授权，准许企业使用或在一定地区享有经营某种业务的特权（如水、电、邮政、通信等专营权、烟草专卖权）等；另一种是指企业间依照签订的合同，有限期或无限期使用另一家企业的某些权利，如连锁店分店使用总店的名称等。

6. 土地使用权

土地使用权是指国家准许某企业在一定期间内对国有土地享有开发、利用、经营的权利。根据《中华人民共和国土地管理法》的规定，我国土地实行公有制，任何单位和个人不得侵占、买卖或者以其他形式非法转让土地。通常情况下，作为投资性房地产或者作为固定资产核算的土地，按照投资性房地产或者固定资产核算；以缴纳土地出让金等方式外购的土地使用权、投资者投入等方式取得的土地使用权，作为无形资产核算。

（二）按来源途径分类

无形资产按其来源途径分类，可分为外来无形资产和自创无形资产。外来无形资产是指企业用货币资金或可以变现的资产从国内外科研单位及其他企业购进的无形资产以及接受投资方式形成的无形资产。自创无形资产是指企业自行开发、研制的无形资产。

（三）按经济寿命期限分类

无形资产按是否具备确定的经济寿命期限分类，可分为期限确定的无形资产和期限不确定的无形资产。期限确定的无形资产是指在有关法律中规定有最长有效期限的无形资产，如专利权、商标权、著作权、土地使用权和特许权等。期限不确定的无形资产是指没有相应法律规定其有效期限，其经济寿命难以预先准确估计的无形资产，如非专利技术。

三、无形资产的确认与取得

（一）无形资产的确认

无形资产应当在符合定义的前提下，同时满足以下两个确认条件时，才能予以确认。

1. 与该无形资产有关的经济利益很可能流入企业

作为无形资产确认的项目，必须满足其所产生的经济利益很可能流入企业这一条件。通常情况下，无形资产产生的未来经济利益可能包括在销售商品、提供劳务的收入中，或者企业使用该项无形资产而减少或节约的成本中，或体现在获得的其他利益中。

2. 该无形资产的成本能够可靠地计量

成本能够可靠地计量是确认资产的一项基本条件，对于无形资产而言，这个条件显得更为重要。例如，企业内部产生的品牌、报刊名、刊头、客户名单和实质上类似项目的支出，由于不能与整个业务开发成本区分开来，成本无法可靠地计量，因此不应确认为无形资产。

（二）无形资产的取得

无形资产通常按照实际成本进行初始计量，即以取得无形资产并使之达到预定用途而发生的全部支出作为无形资产的成本。对于不同来源取得的无形资产，其成本构成不尽相同。无形资产的取得方式有外购无形资产的成本、自行研究开发无形资产的成本、投资者投入无形资产的成本等。

第二节　无形资产的初始计量

一、账户设置

为了核算无形资产的取得、摊销和处置等情况，企业应当设置"无形资产""研发支出""累计摊销"等账户。

"无形资产"账户是用来核算企业持有的无形资产成本。其借方登记企业取得无形资产的成本,贷方登记企业处置结转的无形资产成本,期末借方余额反映企业无形资产的成本。本账户可按无形资产的项目设置明细账户进行核算。

"研发支出"账户是用来核算企业进行研究与开发无形资产的过程中发生的各项支出。其借方登记企业自行研发无形资产发生的研发支出,贷方登记结转达到预定用途的研究开发项目已资本化的金额和期末结转该账户归集的费用化金额,期末借方余额反映无形资产研发项目满足资本化条件的支出。该账户可按研发项目分别设置"费用化支出"和"资本化支出"明细账户进行核算。

"累计摊销"账户是用来核算企业对使用寿命有限的无形资产计提的累计摊销。其贷方登记企业计提的无形资产摊销,借方登记处置无形资产转出的累计摊销,期末贷方余额反映企业无形资产的累计摊销额。

此外,企业无形资产发生减值的,还应当设置"无形资产减值准备"账户进行核算。

二、外购的无形资产账务处理

外购无形资产的成本包括购买价款、相关税费以及直接归属于使该项资产达到预定用途所发生的其他支出,如律师费、咨询费、公证费、鉴定费、注册登记费等。对于企业外购的无形资产,应做如下账务处理:

借:无形资产(按应计入无形资产成本的金额)
　　应交税费——应交增值税(进项税额)(根据支付的增值税税额)
　贷:银行存款等

【例10-1】永信实业有限责任公司从乙公司购入一项专利权,取得的增值税专用发票上注明的价款为60 000元,增值税税率为6%,增值税税额为3 600元和有关专业服务费用3 000元,款项已通过银行转账支付。

根据有关原始凭证,编制如下会计分录:

借:无形资产——专利权　　　　　　　　　　　　　　　63 000
　　应交税费——应交增值税(进项税额)　　　　　　　　3 600
　贷:银行存款　　　　　　　　　　　　　　　　　　　66 600

三、自行研究开发无形资产账务处理

企业在自行研究开发无形资产的过程中,所发生的研究与开发活动的费用,除了要遵循无形资产确认和初始计量的一般要求外,还需要满足其他特定的条件,才能够确定为一项无形资产。在实务工作中,具体划分研究阶段与开发阶段,以及是否符合资本化的条件,应当根据企业的实际情况以及相关信息予以判断。

(一)研究阶段和开发阶段的划分

对于企业自行进行的研究开发项目,应当区分研究阶段与开发阶段两个部分,分别进行核算。

1. 研究阶段

研究阶段是指为获取并理解新的科学或技术知识而进行的独创性的、有计划的调查。研究阶段的两个重要特点分别是计划性和探索性。研究阶段并没有把文字性的调查内容付诸行动,在研究阶段所进行的活动将来是否会转入开发,开发后是否会形成无形资产等具有很大的不确定性,研究阶段的成功概率很难判断,一般成功率很低。

研究阶段的工作主要包括易于获取知识而进行的活动;研究成果或其他知识的应用研究、评价和最终选择;材料、设备、产品、工序、系统或服务替代品的研究;新的或经改进的材料、设备、产品、工序、系统或服务的可能替代品的配制、设计、评价和最终选择等。

2. 开发阶段

开发阶段是指在进行商业性生产或使用前,将研究成果或其他知识应用于某项计划或设计,以生产出新的或具有实质性改进的材料、装置、产品等。开发阶段的特点在于具有针对性和形成成果的可能性较大。在开发阶段,已经对研究阶段的成果进行具体的应用,很大程度上形成一项新产品或新技术的基本条件已经具备,成功率较高。

开发阶段的工作主要包括生产前或使用前的原型和模型的设计、建造和测试;含新技术的工具、夹具、模具和冲模的设计;不具有商业性生产经济规模的试生产设施的设计、建造和运营;新的或经改造的材料、设备、产品、工序、系统或服务所选定的替代品的设计、建造和测试等。

3. 开发阶段有关支出资本化的条件

如果开发阶段的支出同时满足下列条件的,应将该支出资本化确认为无形资产的成本:

(1) 完成该无形资产以使其能够使用或出售在技术上具有可行性;

(2) 具有完成该无形资产并使用或出售的意图;

(3) 很可能为企业带来未来经济利益;

(4) 有足够的技术、财务资源和其他资源支持,以完成该无形资产的开发,并有能力使用或出售该无形资产;

(5) 归属于该无形资产开发阶段的支出能够可靠地计量。

(二) 自行研发无形资产的计量

企业内部自行研发形成的无形资产的成本,由可直接归属于该资产的创造、生产并使该资产能够以管理层预定的方式运作的所有必要支出组成。可直接归属成本包括开发该无形资产时耗费的材料、劳务成本、注册费,在开发该无形资产过程中使用的其他专利权和特许权的摊销,以及按照借款费用的处理原则可资本化的利息支出。在开发无形资产过程中发生的除上述可直接归属于无形资产开发活动的其他销售费用、管理费用等间接费用,无形资产达到预定用途前发生的可辨认的无效和初始运作损失,为运行该无形资产发生的培训支出等不构成无形资产的开发成本。

自行开发无形资产的成本仅包括在满足资本化条件的时点至无形资产达到预定用途前发生的支出总额,对于同一项无形资产在开发过程中达到资本化条件之前已经费用化计入当期损益的支出不再进行调整。

(三) 内部研发费用的账务处理

企业内部研究和开发无形资产,应当区分研究阶段和开发阶段。

(1) 研究阶段的有关支出在发生时应当全部费用化,计入当期损益(管理费用)。企业应根据其在研究阶段的支出,做如下账务处理:

借:研发支出——费用化支出

贷：银行存款、原材料、应付职工薪酬等
　　期末，应根据发生的全部研究支出，做如下账务处理：
　　借：管理费用
　　　　贷：研发支出——费用化支出
　　（2）开发阶段的有关支出符合条件的资本化，不符合资本化条件的计入当期损益（管理费用）。企业在开发阶段的支出，要判断其是否符合资本化条件，不满足资本化条件的，应做如下账务处理：
　　借：研发支出——费用化支出
　　　　贷：原材料、银行存款、应付职工薪酬等
　　满足资本化条件的，应做如下账务处理：
　　借：研发支出——资本化支出
　　　　贷：原材料、银行存款、应付职工薪酬等
　　待研究开发项目达到预定用途形成无形资产时，应做如下账务处理：
　　借：无形资产（"研发支出——资本化支出"账户的余额）
　　　　贷：研发支出——资本化支出
　　（3）如果确实无法区分研究阶段的支出和开发阶段的支出，应将其所发生的研发支出全部费用化，计入当期损益。

　　【例10-2】永信实业有限责任公司自行研究、开发一项技术，截至2017年12月31日，发生研发支出合计2 000 000元，经测试，该项研发活动完成了研究阶段，从2018年1月1日开始进入开发阶段。2017年发生开发支出300 000元，假定符合《企业会计准则第6号——无形资产》规定的开发支出资本化的条件，取得的增值税专用发票上注明的增值税税额为48 000元。2018年6月30日，该项研发活动结束，最终开发出一项非专利技术。
　　永信实业有限责任公司应编制会计分录：
　　（1）2017年发生的研发支出：
　　借：研发支出——费用化支出　　　　　　　　　　　　　　　　2 000 000
　　　　贷：银行存款　　　　　　　　　　　　　　　　　　　　　2 000 000
　　（2）2017年12月31日，发生的研发支出全部属于研究阶段的支出：
　　借：管理费用　　　　　　　　　　　　　　　　　　　　　　　2 000 000
　　　　贷：研发支出——费用化支出　　　　　　　　　　　　　　2 000 000
　　（3）2018年，发生开发支出并符合资本化确认条件：
　　借：研发支出——资本化支出　　　　　　　　　　　　　　　　　300 000
　　　　应交税费——应交增值税（进项税额）　　　　　　　　　　　 48 000
　　　　贷：银行存款　　　　　　　　　　　　　　　　　　　　　　348 000
　　（4）2018年6月30日，该项技术研发完成并形成无形资产：
　　借：无形资产　　　　　　　　　　　　　　　　　　　　　　　　300 000
　　　　贷：研发支出——资本化支出　　　　　　　　　　　　　　　300 000

四、投资者投入的无形资产

　　企业接受投资者投入的无形资产，应做如下账务处理：

借：无形资产（应按投资合同或协议约定的价值）
　　贷：实收资本、股本（合同或协议约定价值不公允的除外）
　　　　资本公积——资本溢价（或股本溢价）（投资合同或协议约定的价值超过投资协议规定的投资额）

【例10-3】永信实业有限责任公司接受乙公司以其拥有的专利权作为出资，双方协议约定的价值为160万元，其公允价值为130万元，已办妥相关手续。永信实业有限责任公司接受乙公司投资后的注册资本为500万元，乙公司投资持股比例为12%。

永信实业有限责任公司的账务处理为

借：无形资产——专利权　　　　　　　　　　　　　1 300 000
　　贷：实收资本　　　　　　　　　　　　　　　　　　　600 000
　　　　资本公积——资本溢价　　　　　　　　　　　　　700 000

第三节　无形资产的后续计量

一、无形资产后续计量的原则

无形资产初始确认和计量后，在其后使用该项无形资产期间，其成本应当在其有效使用年限内进行系统、合理地摊销。无形资产的摊销是指将无形资产在其使用寿命内分期摊入各受益期间的过程。要确定无形资产在使用过程中的累计摊销额，基础是估计其使用寿命，而只有使用寿命有限的无形资产才需要在估计使用寿命内采用系统、合理的方法进行摊销，对于使用寿命不确定的无形资产则不需要摊销。

（一）无形资产使用寿命的确定

（1）某些无形资产的取得源自合同性权利或其他法定权利，其使用寿命不应超过合同性权利或其他法定权利的期限。但如果企业使用资产的预期期限短于合同性权利或其他法定权利规定期限的，则应当按照企业预期使用的期限来确定其使用寿命。

（2）如果合同性权利或其他法定权利能够在到期时因续约等原因而延续，那么仅当有证据表明企业续约不需要付出重大成本时，续约期才能够包括在使用寿命的估计中。

（3）没有明确的合同或法律规定无形资产的使用寿命的，企业应当综合各方面情况，来确定无形资产为企业带来未来经济利益的期限。例如企业经过努力，聘请相关专家进行论证、与同行业的情况进行比较以及参考企业的历史经验等。

如果经过以上方法仍然无法合理确定无形资产为企业带来经济利益的期限，才能将该无形资产作为使用寿命不确定的无形资产。

（二）无形资产使用寿命的复核

企业至少应当于每年年度终了，对无形资产的使用寿命及摊销方法进行复核。如果有证据表明无形资产的使用寿命及摊销方法不同于以前的估计，则应改变其摊销年限及摊销方法，并按照会计估计变更进行处理；如果有证据表明使用寿命不确定的无形资产，其使用寿命是有限的，则应视为会计估计变更，应当估计其使用寿命并按照使用寿命有限的无形资产的处理原则进行处理。

二、无形资产摊销

（一）摊销期和摊销方法

无形资产的摊销期自其可供使用（其达到预定用途）时起至终止确认时止，即无形资产摊销期为：当月增加的无形资产，当月开始摊销；当月减少的无形资产，当月不再摊销。

无形资产的摊销方法包括年限平均法（直线法）、产量法、双倍余额递减法等。企业选择的无形资产摊销方法，应当能够反映与该项无形资产有关的经济利益的预期实现方式。无法可靠确定其预期实现方式的，应当采用直线法进行摊销。

（二）使用寿命有限的无形资产摊销的账务处理

对于使用寿命有限的无形资产，其残值一般为零。无形资产的摊销金额一般应当计入当期损益，但如果某项无形资产专门用于生产某种产品或者其他资产，其所包含的经济利益是通过转入所生产的产品或其他资产中实现的，则该无形资产的摊销金额应当计入相关资产的成本。

企业对无形资产进行摊销时，按照谁受益谁负担的原则，按确定的摊销金额做如下账务处理：

借：管理费用（企业自用或未指明用途的无形资产）
　　其他业务成本（出租的无形资产）
　　制造费用（用于生产产品的无形资产）
　　贷：累计摊销

【例10-4】 永信实业有限责任公司从外单位购买的一项管理用特许权，成本为 4 800 000 元，增值税税额为 768 000，合同规定受益年限为 10 年。同时将其自行开发完成的非专利技术出租给丁公司，该非专利技术成本为 3 600 000 元，双方约定的租赁期限为 5 年，公司采用年限平均法按月进行摊销。

（1）取得管理用特许权时，根据有关原始凭证，编制如下会计分录：

借：无形资产——特许权　　　　　　　　　　　　　　　　4 800 000
　　应交税费——应交增值税（进项税额）　　　　　　　　　　768 000
　　贷：银行存款　　　　　　　　　　　　　　　　　　　　　5 568 000

（2）计算每月应摊销的金额 = 4 800 000 ÷ 10 ÷ 12 = 40 000（元）。

借：管理费用　　　　　　　　　　　　　　　　　　　　　　40 000
　　贷：累计摊销　　　　　　　　　　　　　　　　　　　　　40 000

（3）将自行研发的非专利技术出租时，计算每月应摊销的金额 = 3 600 000 ÷ 5 ÷ 12 = 60 000（元）。

借：其他业务成本　　　　　　　　　　　　　　　　　　　　60 000
　　贷：累计摊销　　　　　　　　　　　　　　　　　　　　　60 000

（三）使用寿命不确定的无形资产的账务处理

根据可获得的相关信息判断，企业如果无法合理估计某项无形资产的使用寿命，应将其作为使用寿命不确定的无形资产进行核算。对于使用寿命不确定的无形资产，在持有期间内不需要摊销，但应当在每个会计期间进行减值测试。如经减值测试表明已发生减值，则需要计提相应的减值准备。

第四节　无形资产的处置

无形资产的处置，主要是指无形资产出售、对外出租、对外捐赠，或者在无法为企业带来未来经济利益时，应予终止确认并转销。

一、无形资产出售

企业出售某项无形资产，表明企业放弃该无形资产的所有权，应将所取得的价款与该无形资产账面价值的差额作为资产处置利得或损失，计入营业外收入或营业外支出。

企业出售无形资产时，应做如下会计处理：

借：银行存款（应按实际收到的金额）
　　累计摊销（按已计提的累计摊销）
　　无形资产减值准备（原已计提的减值准备）
　　营业外支出——处置非流动资产损失（差额）
贷：无形资产（按其账面余额）
　　应交税费（按应支付的相关税费）
　　营业外收入——处置非流动资产利得（差额）

【例10-5】永信实业有限责任公司为增值税一般纳税人，出售一项商标权，所得的不含税价款为600 000元，增值税税率为6%，应缴纳的增值税为36 000元。该商标权的成本为1 500 000元，出售时已摊销金额为900 000元，已计提的减值准备为150 000元。

永信实业有限责任公司的账务处理为

借：银行存款　　　　　　　　　　　　　　　　　　　　　　636 000
　　累计摊销　　　　　　　　　　　　　　　　　　　　　　900 000
　　无形资产减值准备——商标权　　　　　　　　　　　　　150 000
贷：无形资产——商标权　　　　　　　　　　　　　　　　1 500 000
　　应交税费——应交增值税（销项税额）　　　　　　　　　 36 000
　　营业外收入——处置非流动资产利得　　　　　　　　　　150 000

二、无形资产出租

企业出租某项无形资产，表明企业将所拥有的无形资产的使用权让渡给他人，并收取租金，属于与企业日常活动相关的其他经营活动取得的收入，在满足收入确认条件的情况下，应确认相关的收入及成本，并通过其他业务收支账户进行核算。

企业按照让渡无形资产使用权取得的租金收入，应做如下会计处理：

借：银行存款等
　　贷：其他业务收入等

摊销出租无形资产的成本并发生与出租有关的各种费用支出时，应做如下会计处理：

借：其他业务成本
　　贷：累计摊销等

【例10-6】2018年1月1日,永信实业有限责任公司将某商标权出租给乙公司使用,租期为4年,每年收取不含税租金100 000元,适用的增值税税率为6%,应缴纳的增值税税额为6 000元。该商标权是永信实业有限责任公司2017年1月1日购入的,购入成本为900 000元,预计使用年限为15年,采用直线法摊销。假定按年摊销商标权,且不考虑增值税以外的其他相关税费。

永信实业有限责任公司的账务处理为
(1) 每年取得租金。
借:银行存款　　　　　　　　　　　　　　　　　　　　　　　106 000
　　贷:其他业务收入——出租商标权　　　　　　　　　　　　　100 000
　　　　应交税费——应交增值税(销项税额)　　　　　　　　　　6 000
(2) 按年对该商标权进行摊销。
借:其他业务成本——商标权摊销　　　　　　　　　　　　　　 60 000
　　贷:累计摊销　　　　　　　　　　　　　　　　　　　　　　60 000

三、无形资产报废

如果无形资产预期不能为企业带来未来经济利益,应将其报废并予以转销,其账面价值转入当期损益。例如,某无形资产已被其他新技术所替代或超过法律保护期,不能再为企业带来经济利益的,则不再符合无形资产的定义。

转销时,会计处理如下:
借:累计摊销(应按已计提的累计摊销)
　　无形资产减值准备(已计提的减值准备)
　　营业外支出(差额)
　　贷:无形资产(按其账面余额)

【例10-7】永信实业有限责任公司拥有的某项专利权的账面余额为2 000 000元,摊销期限为10年,采用直线法进行摊销,已累计摊销1 200 000元,假定该项专利权的残值为零,已累计计提的减值准备为380 000元,该专利因被其他新技术所替代,所生产产品没有市场价值,公司决定予以转销。该项假定不考虑其他相关因素。

根据有关原始凭证,编制如下会计分录:
借:累计摊销　　　　　　　　　　　　　　　　　　　　　　1 200 000
　　无形资产减值准备　　　　　　　　　　　　　　　　　　　380 000
　　营业外支出——处置非流动资产损失　　　　　　　　　　　 420 000
　　贷:无形资产——专利权　　　　　　　　　　　　　　　　2 000 000

第五节　无形资产减值准备

一、无形资产减值的确定

无形资产减值是指无形资产因给企业带来未来经济利益的能力下降等原因,导致其可收回金额低于账面价值。

企业应当在资产负债表日,对无形资产逐项进行检查,如果发现有减值迹象的,应当估计无形资产的可收回金额,比如市价大幅下跌,经营环境以及资产市场发生重大变化,已被其他新技术替代等。可收回金额应根据无形资产的公允价值减去处置费用后的净额与无形资产预计未来现金流量的现值两者中的较高者确定。无形资产的公允价值减去处置费用后的净额与无形资产预计未来现金流量的现值,只要有一项超过了无形资产的账面价值,就表明无形资产没有发生减值。

二、无形资产减值的会计处理

企业应设置"无形资产减值准备"账户核算无形资产的减值准备,该账户可按无形资产项目进行明细核算。资产负债表日,无形资产的可收回金额低于账面价值的,应当将无形资产的账面价值减值至可收回金额,减值的金额应做如下会计处理:

借:资产减值损失
　　贷:无形资产减值准备

无形资产减值损失一经确认,在以后会计期间不得转回。无形资产减值损失确认后,减值无形资产的摊销费用应当在未来期间做相应调整,以使该无形资产在剩余使用寿命内,系统地分摊调整后的无形资产。

处置无形资产时,应同时结转减值准备。

【例10-8】2017年12月31日,由于市场情况发生变化,永信实业有限责任公司根据其一项专利权所生产的产品市场份额大幅下降,预计该专利权可收回金额为200 000元。该专利权成本为600 000元,已累计摊销300 000元。

永信实业有限责任公司的账务处理如下:

该专利权的减值损失 = 600 000 − 300 000 − 200 000 = 100 000(元)

借:资产减值损失　　　　　　　　　　　　　　　　100 000
　　贷:无形资产减值准备　　　　　　　　　　　　　　100 000

第十一章

负 债

第一节 流动负债

流动负债是指预计在一个营业周期中清偿,或者主要为交易目的而持有,或者自资产负债表日起一年内(含一年)到期应予以清偿,或者企业无权自主地将清偿推迟至资产负债表日后一年以上的负债。企业的流动负债主要包括短期借款、应付票据、应付账款、预收账款、应付职工薪酬、应交税费、应付利息、应付股利、其他应付款等。

其中应付票据、应付账款、预收账款等大部分是由于企业经营活动中的结算关系形成的;短期借款等则是借贷关系形成的;应付利息、应付股利等是在利润分配过程中形成的。

一、短期借款

短期借款是指企业向银行或其他金融机构等借入的期限在一年以内(含一年)的各种借款。短期借款主要是为了获得维持正常生产经营所需要资金或者是为了抵偿某项债务而借入的款项。对于企业发生的短期借款,应设置"短期借款"账户核算借款取得、偿还等情况。相关账务处理如下:

(1) 借入各种短期借款时:
借:银行存款
  贷:短期借款
(2) 确认利息时:
借:财务费用
  贷:应付利息(按月计提的利息)
(3) 短期借款到期,还本付息时账务处理:
借:短期借款(借款本金)
  财务费用(当月利息)
  应付利息(以前计提的利息)
  贷:银行存款

【例 11-1】 永信实业有限责任公司于 2017 年 1 月 1 日向银行借入一笔生产经营用短期借款，共计 240 000 元，期限为 8 个月，年利率为 8%。根据与银行签署的借款协议，该项借款的本金到期后一次归还，利息分月预提，按季支付。

永信实业有限责任公司的有关会计处理如下：

（1）1 月 1 日借入短期借款，根据有关原始凭证，编制如下会计分录：

借：银行存款　　　　　　　　　　　　　　　　　　　　240 000
　　贷：短期借款　　　　　　　　　　　　　　　　　　240 000

（2）1 月末，计提 1 月份应付利息，编制如下会计分录：

本月应计提的利息金额 = 240 000 × 8% ÷ 12 = 1 600（元）

借：财务费用　　　　　　　　　　　　　　　　　　　　1 600
　　贷：应付利息　　　　　　　　　　　　　　　　　　1 600

2 月末计提 2 月份利息费用的处理与 1 月份相同。

（3）3 月末，支付第一季度银行借款利息，根据有关原始凭证，编制如下会计分录：

借：财务费用　　　　　　　　　　　　　　　　　　　　1 600
　　应付利息　　　　　　　　　　　　　　　　　　　　3 200
　　贷：银行存款　　　　　　　　　　　　　　　　　　4 800

第二季度的会计处理同上。

（4）9 月 1 日偿还银行借款本金，根据有关原始凭证，编制如下会计分录：

借：短期借款　　　　　　　　　　　　　　　　　　　240 000
　　应付利息　　　　　　　　　　　　　　　　　　　　3 200
　　贷：银行存款　　　　　　　　　　　　　　　　　243 200

二、应付票据

（一）应付票据概述

应付票据是指企业购买材料、商品和接受劳务供应等而开出、承兑的商业汇票，包括商业承兑汇票和银行承兑汇票。

我国商业汇票的付款期限最长为 6 个月，因而应付票据即短期应付票据。

商业汇票按是否计息可分为不带息商业汇票和带息商业汇票。不带息商业汇票，是指商业汇票到期时，承兑人只按票面金额（即面值）向收款人或被背书人支付款项的汇票。带息商业汇票是指商业汇票到期时，承兑人必须按票面金额加上应计利息向收款人或被背书人支付票款的票据。实际工作中使用的商业汇票，一般为不带息的商业汇票①。

（二）应付票据的账务处理

企业应当设置"应付票据"账户，用来核算企业购买材料、商品或接受劳务等而开出、承兑的商业汇票。应付票据不论是否带息，均应按其面值入账。以不带息商业汇票为例，相关账务处理如下：

（1）企业因购买材料等开出并承兑的商业汇票，应当按其票面金额作为"应付票据"的入账金额。

---

① 带息商业汇票，可根据实际需要拓展补充。

借：材料采购等
　　应交税费——应交增值税（进项税额）
　　　贷：应付票据

(2) 企业支付的银行承兑汇票手续费应当计入当期财务费用。
借：财务费用
　　　贷：银行存款

(3) 偿还应付票据时。
借：应付票据
　　　贷：银行存款

(4) 如果是商业承兑汇票，到期无力偿还款项时。
借：应付票据
　　　贷：应付账款

(5) 如果是银行承兑汇票，到期无力偿还款项时。
借：应付票据
　　　贷：短期借款

【例 11-2】永信实业有限责任公司购进一批钢材已入库，增值税专用发票上注明的价款为 10 000 元，增值税税额为 1 600 元，双方协议货到后签发 3 个月不带息的商业承兑汇票，支付银行手续费 10 元。

该公司账务处理如下：

(1) 根据进货发票和商业汇票存根，编制如下会计分录：

借：原材料　　　　　　　　　　　　　　　　　　　　　10 000
　　应交税费——应交增值税（进项税额）　　　　　　　 1 600
　　　贷：应付票据　　　　　　　　　　　　　　　　　 11 600

(2) 支付银行手续费时，根据有关原始凭证，编制如下会计分录：

借：财务费用　　　　　　　　　　　　　　　　　　　　　　10
　　　贷：库存现金　　　　　　　　　　　　　　　　　　　10

(3) 到期收到银行支付通知时，编制如下会计分录：

借：应付票据　　　　　　　　　　　　　　　　　　　　11 600
　　　贷：银行存款　　　　　　　　　　　　　　　　　 11 600

(4) 假设上述业务票据到期无力支付时，根据有关原始凭证，编制如下会计分录：

借：应付票据　　　　　　　　　　　　　　　　　　　　11 600
　　　贷：应付账款　　　　　　　　　　　　　　　　　 11 600

三、应付账款

(一) 应付账款的概述

应付账款是指企业因购买材料、商品和劳务供应而发生的债务。这是买卖双方在购销活动中由于取得物资与支付货款在时间上不一致而产生的负债。

应付账款和应付票据都是企业在交易活动中，为取得某项物资与支付货款在时间上的不一致而产生的两种负债。虽然两种负债都同属于流动负债，但两者不同的是，应付账款属于商业信用，而应付票据是商业信息的凭证化（商业汇票）。

应付账款一般按应付金额入账，不考虑货币时间价值。如果购入的资产在形成一笔应付账款时带有现金折扣，理论上可采用总价法和净价法，对现金折扣进行不同的处理。在我国企业会计核算中，要求应付账款按发票上记载的应付金额的总值入账，即采用总价法，取得的现金折扣应冲减财务费用。

（二）账务处理

为核算企业因购买材料、物资和接受劳务供应而产生的债务及其偿还情况，企业应设置和运用"应付账款"账户，用来反映企业因购买材料、商品和接受劳务供应等经营活动应支付的款项。该账户应当按照不同的债权人进行明细核算。

（1）企业购入材料、商品等验收入库，但货款尚未支付，根据有关凭证（发票账单、随货同行发票上记载的实际价款或暂估价值）做如下账务处理：

借：材料采购、在途物资等
　　应交税费——应交增值税（进项税额）
　贷：应付账款（应付的金额）

（2）接受供应单位提供劳务而发生的应付未付款项，根据供应单位的发票账单，做如下账务处理：

借：生产成本、管理费用等
　贷：应付账款

（3）企业偿还应付账款时，应做如下账务处理：

借：应付账款
　贷：银行存款

（4）企业开出承兑商业汇票抵付应付账款时，则应做如下账务处理：

借：应付账款
　贷：应付票据

（5）有些应付账款由于债权企业撤销或其他原因，使企业无法支付。若企业的应付账款确实无法支付，报经批准后，可视同企业经营业务以外的一项额外收入，并做如下账务处理：

借：应付账款
　贷：营业外收入

【例11-3】永信实业有限责任公司为一般纳税人，增值税税率为16%，2017年2月发生如下业务：

（1）2月5日公司购入材料，增值税专用以票上注明的价款为10 000元，增值税税额为1 600元，材料尚未入库，发票账单已收到，货款尚未支付。根据账单、入库单等原始凭证。

编制如下会计分录：

借：在途物资　　　　　　　　　　　　　　　　　　　　　　10 000
　　应交税费——应交增值税（进项税额）　　　　　　　　　 1 600
　贷：应付账款　　　　　　　　　　　　　　　　　　　　　　11 600

(2) 开出支票，偿还上述应付账款，根据有关原始凭证，编制如下会计分录：
借：应付账款　　　　　　　　　　　　　　　　　　　11 600
　　贷：银行存款　　　　　　　　　　　　　　　　　　　　11 600
若上述材料的发票账单至终尚未到达，可根据计划成本或暂估成本（假设该材料的计划价为 25 000 元）入账。编制如下会计分录：
借：原材料　　　　　　　　　　　　　　　　　　　　25 000
　　贷：应付账款　　　　　　　　　　　　　　　　　　　　25 000
下月月初做相反会计分录冲回。编制如下会计分录：
借：应付账款　　　　　　　　　　　　　　　　　　　25 000
　　贷：原材料　　　　　　　　　　　　　　　　　　　　　25 000
待发票账单到达时，按实际金额入账。
(3) 2月9日上述材料验收入库。根据入库单等凭证编制如下会计分录：
借：原材料　　　　　　　　　　　　　　　　　　　　10 000
　　贷：在途物资　　　　　　　　　　　　　　　　　　　　10 000

四、预收账款

预收账款是指企业按照合同规定向购货单位预收的定金或部分货款。

为了核算企业的预收账款的取得、偿付等情况，一般应设置"预收账款"账户，并按购货单位进行明细核算。如果企业的预收账款情况不多，也可以不设"预收账款"账户，而是将预收的货款直接记入"应收账款"账户。

(1) 企业预收购货单位的款项时，应做如下账务处理：
借：银行存款
　　贷：预收账款
(2) 销售实现时，应做如下账务处理：
借：预收账款（按实现的收入和应交的增值税销项税额）
　　贷：主营业务收入（按实现的营业收入）
　　　　应交税费——应交增值税（销项税额）（按专用发票上注明的增值税税额）
(3) 企业收到购货单位补付的款项时，应做如下会计处理：
借：银行存款
　　贷：预收账款
向购货单位退回多付的款项，做相反的会计分录。

【例 11-4】永信实业有限责任公司于 2017 年 5 月 23 日与供货企业签订一笔金额为 600 000 元的销货合同，增值税税额为 96 000 元，合同规定，永信实业有限责任公司先预收货款的 50%，余款在 12 月 28 日交货后收取。

永信实业有限责任公司有关的账务处理如下：
(1) 2017 年 5 月 23 日预收货款时，根据有关原始凭证，编制如下会计分录：
借：银行存款　　　　　　　　　　　　　　　　　　　300 000
　　贷：预收账款　　　　　　　　　　　　　　　　　　　　300 000
(2) 2017 年 12 月 28 日交货时，根据有关原始凭证，编制如下会计分录：

借：预收账款　　　　　　　　　　　　　　　　　　　696 000
　　　　贷：主营业务收入　　　　　　　　　　　　　　　　　600 000
　　　　　　应交税费——应交增值税（销项税额）　　　　　　96 000
（3）2017年12月28日收到其余货款时，根据有关原始凭证，编制如下会计分录：
　　借：银行存款　　　　　　　　　　　　　　　　　　　396 000
　　　　贷：预收账款　　　　　　　　　　　　　　　　　　　396 000

五、应付职工薪酬

（一）职工薪酬的内容

职工薪酬是指企业为获得职工提供的服务或解除劳动关系而给予职工的各种形式报酬或补偿。根据《企业会计准则第9号——职工薪酬》（2014）的规定，职工薪酬包括短期薪酬、离职后福利、辞退福利和其他长期职工福利。企业提供给职工配偶、子女、受赡养人、已故员工遗属及其他受益人等的福利，也属于职工薪酬。

1. 短期薪酬

短期薪酬，是指企业在职工提供相关服务的年度报告期间结束后12个月内需要全部予以支付的职工薪酬，因解除与职工的劳动关系给予的补偿除外。因解除与职工的劳动关系给予的补偿属于辞退福利。

短期薪酬主要包括以下内容：

（1）职工工资、奖金、津贴和补贴，是指企业按照构成工资总额的计时工资、计件工资、支付给职工的超额劳动报酬等的劳动报酬，为了补偿职工特殊或额外的劳动消耗和因其他特殊原因支付给职工的津贴，以及为了保证职工工资水平不受物价影响支付给职工的物价补贴等。

（2）职工福利费，是指企业向职工提供的生活困难补助、丧葬补助费、抚恤费、职工异地安家费、防暑降温费等职工福利支出。

（3）医疗保险费、工伤保险费和生育保险费等社会保险费，是指企业按照国家规定的基准和比例计算，向社会保险经办机构缴存的医疗保险费、工伤保险费和生育保险费等。

（4）住房公积金，是指企业按照国家规定的基准和比例计算，向住房公积金管理机构缴存的住房公积金。

（5）工会经费和职工教育经费，是指企业为了改善职工文化生活、为职工学习先进技术以及提高文化水平和业务素质，用于开展工会活动和职工教育及职业技能培训等相关支出。

（6）短期带薪缺勤，是指职工虽然缺勤但企业仍向其支付报酬的安排，包括年休假、病假、婚假、产假、丧假、探亲假等。

（7）短期利润分享计划，是指因职工提供服务而与职工达成的基于利润或其他经营成果提供薪酬的协议。

（8）非货币性福利，是指企业以自产产品或外购商品发给职工作为福利、将企业拥有的资产或租赁的资产无偿提供给职工使用（如提供给企业高级管理人员的汽车、住房等）、为职工无偿提供医疗保健服务，或者向职工提供企业支付了一定补贴的商品或服务等。

（9）其他短期薪酬，是指除上述薪酬以外的其他为获得职工提供的服务而给予的短期薪酬。

2. 离职后福利

离职后福利，是指企业为获得职工提供的服务而在职工退休与企业解除劳动关系后，提供的各种形式的报酬和福利，短期薪酬和辞退福利除外。企业应当将离职后福利计划分类为设定提存计划和设定受益计划两种类型。

（1）设定提存计划，是指企业向独立的基金缴存固定费用后，不再承担进一步支付义务的离职后福利计划。企业应在资产负债表日确认为换取职工在会计期间内为企业提供的服务而应付给设定提存计划的提存金，并作为一项费用计入当期损益或相关资产成本。

（2）设定受益计划，是指除设定提存计划以外的离职后福利计划。企业应当采用预期累计福利单位法和适当的精算假设，确认和计量设定受益计划所产生的义务。

3. 辞退福利

辞退福利，是指企业在职工劳动合同到期之前解除与职工的劳动关系，或者为鼓励职工自愿接受裁减而给予职工的补偿。由于导致义务产生的事项是终止雇佣而不是为获得职工的服务，企业应当将辞退福利作为单独一类职工薪酬进行会计处理。

4. 其他长期职工福利

其他长期职工福利，是指除短期薪酬、离职后福利和辞退福利以外的其他所有职工薪酬，包括长期带薪缺勤、其他长期服务福利、长期残疾福利、长期利润分享计划和长期奖金计划等。

（二）职工薪酬的核算

1. 货币性职工薪酬

企业发生的工资、奖金、津贴、补贴、职工福利费以及国家规定计提标准的职工薪酬（医保、工伤保险、生育保险、住房公积金、工会经费、职工教育经费）等货币性短期薪酬，应当根据职工提供服务情况和工资标准等计算应计入职工薪酬的工资总额，并按照受益对象计入当期损益或相关资产成本。它们共同的会计处理如下：

借：生产成本（生产工人的薪酬）
　　制造费用（车间管理人员的薪酬）
　　劳务成本（提供劳务人员的薪酬）
　　管理费用（行政管理和财务部人员的薪酬）
　　销售费用（销售机构人员的薪酬）
　　在建工程（在建工程人员的薪酬）
　　研发支出（研发支出人员负担的职工薪酬）
　　　贷：应付职工薪酬

以后实际支付时账务处理如下：

借：应付职工薪酬——工资、奖金、津贴和补贴等
　　　贷：库存现金
　　　　　其他应收款

应交税费——应交个人所得税

【例 11-5】 2017 年 7 月,永信实业有限责任公司当月应付职工工资总额为 1 560 000 元,其中:生产部门的生产人员工资为 1 000 000 元,生产部门的管理人员工资为 200 000 元,管理部门的管理人员工资为 360 000 元。

根据永信实业有限责任公司所在地政府规定,永信实业有限责任公司应当按照职工工资总额的 10% 和 8% 计提并缴纳社会保险费和住房公积金。永信实业有限责任公司分别按照职工工资总额的 2% 和 1.5% 计提工会经费和职工教育经费。

假定不考虑其他因素以及所得税影响。根据上述资料,永信实业有限责任公司计算其 2017 年 7 月份的职工薪酬金额如下:

应当计入生产成本的职工薪酬金额
= 1 000 000 + 1 000 000 × (10% + 8% + 2% + 1.5%) = 1 215 000(元)

应当计入制造费用的职工薪酬金额
= 200 000 + 200 000 × (10% + 8% + 2% + 1.5%) = 243 000(元)

应当计入管理费用的职工薪酬金额
= 360 000 + 360 000 × (10% + 8% + 2% + 1.5%) = 437 400(元)

永信实业有限责任公司有关账务处理如下:

借:生产成本　　　　　　　　　　　　　　　　　　1 215 000
　　制造费用　　　　　　　　　　　　　　　　　　　243 000
　　管理费用　　　　　　　　　　　　　　　　　　　437 400
　　贷:应付职工薪酬——工资、奖金、津贴与补贴　　1 560 000
　　　　　　　　　　——住房公积金　　　　　　　　124 800
　　　　　　　　　　——工会经费　　　　　　　　　 31 200
　　　　　　　　　　——职工教育经费　　　　　　　 23 400
　　　　　　　　　　——社会保险费　　　　　　　　156 000

2. 非货币性职工薪酬

(1) 企业以其自产产品作为非货币性福利发放给职工的,应当根据受益对象,按照该产品的含税公允价值计入相关资产成本或当期损益,同时确认应付职工薪酬。

计提时:

借:管理费用、生产成本、制造费用等
　　贷:应付职工薪酬——非货币性福利

发放时:

借:应付职工薪酬——非货币性福利
　　贷:主营业务收入(公允价)
　　　　应交税费——应交增值税(销项税额)

同时结转成本:

借:主营业务成本
　　存货跌价准备
　　贷:库存商品

(2) 企业以外购的商品作为非货币性福利提供给职工的,应当按照该商品的公允价值和相关税费确定职工薪酬的金额,并计入当期损益或相关资产成本。

外购商品时:

借:库存商品(含增值税)
　　贷:银行存款等

发放时:

借:应付职工薪酬——非货币性福利
　　贷:库存商品(含增值税)

同时:

借:管理费用等
　　贷:应付职工薪酬——非货币性福利

根据相关税法的规定,外购商品用于职工福利其进项税额不得抵扣,所以应将其计入商品成本。

(3) 企业将拥有的房屋等资产无偿提供给职工使用的,应当根据受益对象,将该住房每期应计提的折旧计入相关资产成本或当期损益,同时确认应付职工薪酬。

借:管理费用、生产成本、制造费用等
　　贷:应付职工薪酬——非货币性福利

同时

借:应付职工薪酬——非货币性福利
　　贷:累计折旧

(4) 企业将租赁的住房等资产无偿提供给职工使用的,应将每期应付的租金作为应付职工薪酬计入相关资产成本或当期损益。

确认时:

借:生产成本、管理费用、制造费用等
　　贷:应付职工薪酬——非货币性福利(应付租金)

发放时:

借:应付职工薪酬——非货币性福利
　　贷:银行存款(实际支付的租金)

【例 11-6】永信实业有限责任公司是一家生产电视机产品的企业,现有职工 260 名,其中一线生产工人为 230 名,总部管理人员为 30 名。2017 年 3 月,永信实业有限责任公司决定以其生产的电视机每人一台作为福利发放给职工使用。该电视机的单位成本为 2 000 元,单位计税价格为 3 000 元,适用的增值税税率为 16%。

该公司的有关账务处理如下:

(1) 决定发放非货币性福利时:

借:生产成本　　　　　　　　　　　　　　　　　　　800 400
　　管理费用　　　　　　　　　　　　　　　　　　　104 400
　　贷:应付职工薪酬——非货币性福利　　　　　　　　　　904 800

(2) 实际发放时:

借:应付职工薪酬——非货币性福利　　　　　　　　　904 800
　　贷:主营业务收入　　　　　　　　　　　　　　　　　　780 000

```
        应交税费——应交增值税（销项税额）              124 800
    借：主营业务成本                                   520 000
        贷：库存商品                                          520 000
```

【例11-7】永信实业有限责任公司决定为企业的部门经理每人租赁一套住房，并提供一辆轿车免费使用，轿车的月折旧总额为1万元，外租住房的月租金总额为2万元。

该公司的账务处理如下：

（1）计提轿车折旧时：

```
借：管理费用                                           10 000
    贷：应付职工薪酬——非货币性福利                           10 000
借：应付职工薪酬——非货币性福利                         10 000
    贷：累计折旧                                             10 000
```

（2）确认住房租金费用时：

```
借：管理费用                                           20 000
    贷：应付职工薪酬——非货币性福利                           20 000
借：应付职工薪酬——非货币性福利                         20 000
    贷：银行存款                                             20 000
```

六、应交税费

应交税费是指企业在生产经营过程中产生的应向国家缴纳的各种税费。应交税费包括：增值税、消费税、城市维护建设税、资源税、企业所得税、土地增值税、房产税、车船税、土地使用税、教育费附加、矿产资源补偿费、印花税、耕地占用税、契税等。

企业代扣代缴的个人所得税等，也通过"应交税费"科目核算，而企业缴纳的印花税、耕地占用税、契税、车辆购置税等不通过"应交税费"科目核算。下面主要以增值税、消费税为例介绍应交税费的处理。

（一）增值税

增值税是以货物、加工修理修配劳务、服务、无形资产或不动产等各项活动的增值额为征税对象的一种流转税。在我国境内从事上述活动以及进口货物的企业、单位和个人为增值税的纳税义务人。

按照我国现行制度规定，纳税义务人分为一般纳税人和小规模纳税人。小规模纳税人是指年销售额在规定的数额以下、会计核算不健全的纳税义务人，其应交增值税采用简化的核算方法。

1. 增值税税率

一般纳税人适用的增值税税率，按照业务内容分为以下几档：

（1）16%。一般纳税人销售或进口货物以及提供加工修理修配劳务、有形动产租赁（不含融资租赁），适用的税率是16%。

（2）10%。一般纳税人销售或者进口下列货物、提供服务，适用的税率是10%：①农产品（含粮食）、食用植物油、食用盐、鲜奶；②自来水、暖气、冷气、热水、煤气、石油液化气、天然气、沼气、居民用煤炭制品；③图书、报纸、杂志、音像制品、电子出版物；④饲料、化肥、农药、农机、农膜、二甲醚；⑤提供交通运输、邮政、基础电信、建筑、不动产租赁服务；⑥销售不动产，转让土地使用权等；⑦国务院规定的其他货物。

（3）6%。提供上述（1），（2）项以外的服务，适用的税率为6%。主要包括现代服务业、金融服务业以及租赁、转让无形资产（土地使用权除外）、提供电信增值服务等。

（4）3%。采用简易计税方法的项目征收率为3%。

（5）零税率。出口货物，适用的税率为零。

2. 账户设置

增值税一般纳税人应当在"应交税费"账户下设置"应交增值税""未交增值税""预交增值税""待抵扣进项税额""待认证进项税额""待转销项税额""增值税留抵税额""简易计税""转让金融商品应交增值税""代扣代缴增值税"等明细账户。

小规模纳税人只需在"应交税费"账户下设置"应交增值税"明细账户，不需要设置上述专栏及除"转让金融商品应交增值税""代扣代缴增值税"以外的明细账户。

3. 增值税进项税额

增值税进项税额是指一般纳税人购进货物、加工修理修配劳务、服务、无形资产或不动产而支付或负担的且经过税务机关认证可以在当月抵扣的增值税税额。

可以抵扣的进项税额分为两种情况：取得增值税扣税凭证和未取得增值税扣税凭证。

（1）取得增值税扣税凭证。企业购进的一般货物及接受的应税劳务，必须取得增值税扣税凭证，才能从销项税额中抵扣。企业购进货物或接受应税劳务时，应做如下账务处理：

借：原材料、库存商品、固定资产、在建工程、管理费用、销售费用等（根据增值税专用发票中货物或应税劳务的价款）

应交税费——应交增值税（进项税额）（税务机关认证的增值税专用发票中的增值税税额）

贷：银行存款等（全部价款）

按现行增值税制度规定企业自2016年5月1日后取得并按固定资产核算的不动产或者取得的不动产在建工程，经税务机关认证可以抵扣的增值税税额，需分两年抵扣，即第1年可以抵扣60%，第二年抵扣其余40%；当月可以抵扣的确认为进项税额，未来可以抵扣的先确认为待抵扣进项税额，于第13个月转为进项税额。这部分可以抵扣的增值税税额不计入购进货物、加工修理修配劳务、服务、无形资产的成本。该业务发生时，应做如下账务处理：

借：固定资产、工程物资、在建工程等（增值税专用发票中不动产及不动产在建工程的价款）

应交税费——应交增值税（进项税额）（经税务机关认证的增值税专用发票中的增值税税额的60%）

应交税费——待抵扣进项税额（经税务机关认证的增值税专用发票中的增值税税额的40%）

贷：银行存款等（全部价款）

第13个月，将待抵扣进项税额确认为进项税额，应做如下账务处理：

借：应交税费——应交增值税（进项税额）

贷：应交税费——待抵扣进项税额

(2) 未取得增值税扣税凭证。企业购进的货物如为免税的农业产品，由于销售方不收增值税，因而企业无法取得增值税专用发票。但是按照税法规定，企业可以按照免税农产品买价的规定扣除率作为进项税额抵扣。企业购进农产品时，应做如下账务处理：

借：原材料等
　　应交税费——应交增值税（进项税额）（买价规定的扣除率）
　　贷：银行存款（买价）

【例11-8】永信实业有限责任公司为增值税一般纳税人，本期购入一批原材料，增值税专用发票上注明的原材料价款为600万元，增值税税额为96万元。货款已经支付，材料已经到达并验收入库。该公司当期销售产品收入为1 200万元（不含应向购买者收取的增值税），符合收入确认条件，货款尚未收到。假如该产品的增值税税率为16%，不缴纳消费税。根据上述经济业务，永信实业有限责任公司应进行如下账务处理：

(1) 永信实业有限责任公司购入原材料时，根据有关原始凭证，编制如下会计分录：

借：原材料　　　　　　　　　　　　　　　　　　　　　　　　6 000 000
　　应交税费——应交增值税（进项税额）　　　　　　　　　　　960 000
　　贷：银行存款　　　　　　　　　　　　　　　　　　　　　　6 960 000

(2) 永信实业有限责任公司销售产品时，根据有关原始凭证，编制如下会计分录：

销项税额 = 1 200 × 16% = 192（万元）

借：应收账款　　　　　　　　　　　　　　　　　　　　　　　13 920 000
　　贷：主营业务收入　　　　　　　　　　　　　　　　　　　　12 000 000
　　　　应交税费——应交增值税（销项税额）　　　　　　　　　 1 920 000

【例11-9】永信实业有限责任公司为增值税一般纳税人，本期收购农产品，实际支付的价款为200万元，收购的农产品已验收入库，款项已经支付。

永信实业有限责任公司的账务处理如下：

进项税额 = 200 × 10% = 20（万元）

借：原材料　　　　　　　　　　　　　　　　　　　　　　　　1 800 000
　　应交税费——应交增值税（进项税额）　　　　　　　　　　　200 000
　　贷：银行存款　　　　　　　　　　　　　　　　　　　　　　2 000 000

【例11-10】永信实业有限责任公司购入一栋精装修房屋，买价2 000 000元，增值税税额为200 000元，共计2 200 000元，用银行存款支付；已收到增值税专用发票，经税务机关认证可以抵扣。

其账务处理如下：

进项税额 = 200 000 × 60% = 120 000（元）
待抵扣进项税额 = 200 000 × 40% = 80 000（元）

借：固定资产　　　　　　　　　　　　　　　　　　　　　　　2 000 000
　　应交税费——应交增值税（进项税额）　　　　　　　　　　　120 000
　　　　　　——待抵扣进项税额　　　　　　　　　　　　　　　 80 000
　　贷：银行存款　　　　　　　　　　　　　　　　　　　　　　2 200 000

【例11-11】永信实业有限责任公司为增值税一般纳税人，本期购入一批材料，增值税专用发票上注明的增值税税额为16万元，材料价款为100万元。材料已入库，货款已经支付（假设该公司材料采用实际成本法进行核算）。材料入库后，该公司将该批材料全部用于办公楼工程建设项目。

根据该项经济业务，永信实业有限责任公司的账务处理如下：

(1) 材料入库时，根据有关原始凭证，编制如下会计分录：

借：原材料　　　　　　　　　　　　　　　　　　　　　1 000 000
　　应交税费——应交增值税（进项税额）　　　　　　　　160 000
　　贷：银行存款　　　　　　　　　　　　　　　　　　　　　1 160 000

(2) 工程领用材料时，根据有关原始凭证，编制如下会计分录：

借：在建工程　　　　　　　　　　　　　　　　　　　　　1 000 000
　　应交税费——应交增值税（进项税额）　　　　　　　　1 000 000
　　贷：原材料　　　　　　　　　　　　　　　　　　　　　　2 000 000

4. 增值税待认证进项税额

增值税待认证进项税额是指已经取得增值税专用发票但尚未经过税务机关认证而不得从当期销项税额中抵扣的增值税税额。企业购进货物、加工修理修配劳务、服务、无形资产、不动产及不动产在建工程时，应做如下账务处理：

借：原材料、库存商品、固定资产、工程物资、在建工程、无形资产、管理费用、销售费用等（增值税专用发票中货物、加工修理修配劳务、服务、无形资产、不动产以及不动产在建工程的价款）
　　应交税费——待认证进项税额（未经税务机关认证的可抵扣增值税税额）
　　贷：银行存款等（全部价款）

待税务机关认证以后，应根据认证的增值税税额做如下账务处理：

借：应交税费——应交增值税（进项税额）
　　应交税费——待抵扣进项税额
　　贷：应交税费——待认证进项税额

【例11-12】永信实业有限责任公司2017年8月份赊购原材料一批，增值税专用发票上注明的价款为200 000元，增值税税额为32 000元，共计232 000元，原材料已验收入库，货款用银行存款支付；已收到增值税专用发票，但尚未经税务机关认证。

根据发生的有关增值税待认证进项税额的业务，其账务处理如下：

借：原材料　　　　　　　　　　　　　　　　　　　　　　200 000
　　应交税费——待认证进项税额　　　　　　　　　　　　　32 000
　　贷：应付账款　　　　　　　　　　　　　　　　　　　　　232 000

5. 增值税进项税额转出

企业已单独确认进项税额的购进货物、加工修理修配劳务或者服务、无形资产或者不动产但其事后改变用途（如用于简易计税方法计税项目、免征增值税项目等），或发生非正常损失，原已计入进项税额、待抵扣进项税额或待认证进项税额，按照现行增值税制度规定不得从销项税额中抵扣。这里所说的"非正常损失"，根据现行增值税制度规定，是指因管理不善造成货物被盗、丢失、霉烂变质，以及因违反法律法规造成货物或者不动产被依法没收、销毁、拆除的情形。

【例11-13】永信实业有限责任公司2017年8月10日,库存材料因管理不善发生火灾损失,材料实际成本为20 000元,相关增值税专用发票上注明的增值税税额为3 200元。

永信实业有限责任公司将毁损库存材料作为待处理财产损溢入账。

借:待处理财产损溢——待处理流动资产损溢　　　　　23 200
　　贷:原材料　　　　　　　　　　　　　　　　　　　　　　　20 000
　　　　应交税费——应交增值税(进项税额转出)　　　　　　　3 200

6. 增值税销项税额

(1) 销项税额的计算。企业如果采用不含税定价的方法,销项税额可以直接根据不含税的销售额乘以增值税税率计算;如果采用含税合并定价的方法,销项税额应根据下列公式计算:

$$销售额 = 含税销售额 \div (1 + 增值税税率)$$

$$销项税额 = 不含税销售额 \times 增值税税率$$

企业销售货物、加工修理修配劳务、服务、无形资产或不动产以后,应做如下账务处理:

借:银行存款等(全部价款)
　　贷:主营业务收入、固定资产清理等(其他价款和价外费用)
　　　　应交税费——应交增值税(销项税额)

(2) 视同销售行为。视同销售行为主要包括:①将自产或委托加工的货物用于免征增值税项目;②将自产或委托加工的货物用于集体福利或个人消费;③将自产、委托加工或购买的货物以及无形资产、不动产用于投资、提供给其他单位或个体经营者;④将自产、委托加工或购买的货物分配给股东或投资者;⑤将自产、委托加工或购买的货物以及无形资产、不动产无偿赠送他人;⑥向其他单位或者个人无偿提供服务。

【例11-14】永信实业有限责任公司为增值税一般纳税人,用一批原材料对外进行长期股权投资。该批原材料实际成本为600 000元,双方协商不含税价值为750 000元,开具的增值税专用发票上注明的增值税税额为120 000元。

借:长期股权投资　　　　　　　　　　　　　　　　　　870 000
　　贷:其他业务收入　　　　　　　　　　　　　　　　　　750 000
　　　　应交税费——应交增值税(销项税额)　　　　　　　120 000

同时,

借:其他业务成本　　　　　　　　　　　　　　　　　　600 000
　　贷:原材料　　　　　　　　　　　　　　　　　　　　　600 000

公司对外投资原材料应交的增值税销项税额 = 750 000 × 16% = 120 000(元)

【例11-15】永信实业有限责任公司为增值税一般纳税人,以公司生产的产品对外捐赠,该批产品的实际成本为200 000元,售价为250 000元,开具的增值税专用发票上注明的增值税税额为40 000元。

借:营业外支出　　　　　　　　　　　　　　　　　　　240 000
　　贷:库存商品　　　　　　　　　　　　　　　　　　　　200 000
　　　　应交税费——应交增值税(销项税额)　　　　　　　　40 000

公司以生产的产品对外捐赠应交的增值税销项税额 = 250 000 × 16% = 40 000(元)

7. 缴纳增值税

企业当月缴纳增值税，应通过"应交税费——应交增值税（已交税金）"账户进行核算。

（1）缴纳当月应交增值税的账务处理：

借：应交税费——应交增值税（已交税金）
　　贷：银行存款

（2）缴纳以前期间未交增值税的账务处理：

借：应交税费——未交增值税
　　贷：银行存款

8. 月末转出多交增值税和未交增值税

月度终了，企业应当将当月应交未交或多交的增值税自"应交增值税"明细账户转入"未交增值税"明细账户。

（1）对于当月应交未交的增值税：

借：应交税费——应交增值税（转出未交增值税）
　　贷：应交税费——未交增值税

（2）对于当月多交的增值税：

借：应交税费——未交增值税
　　贷：应交税费——应交增值税（转出多交增值税）

9. 小规模纳税人的账务处理

小规模纳税人核算增值税采用简化的方法，即购进货物或接受应税劳务支付的增值税进项税额，一律不予抵扣，均计入购进货物和接受应税劳务的成本；销售货物或提供应税劳务时，按应征增值税销售额的3%计算，但不得开具增值税专用发票。

（二）消费税

为了正确引导消费方向，国家在普遍征收增值税的基础上，选择部分消费品，再征收一道消费税。消费税的征收方法采取从价定率、从量定额或复合计税的方法。

1. 企业销售产品时应缴纳消费税的账务处理

（1）企业将生产的产品直接对外销售的，对外销售产品应缴纳的消费税，通过"税金及附加"账户核算；企业按规定计算出应交的消费税，应做如下账务处理：

借：税金及附加
　　贷：应交税费——应交消费税

【例11-16】永信实业有限责任公司为增值税一般纳税人（采用计划成本核算原材料），本期销售其生产的应纳消费税产品，应纳消费税产品的售价为20万元（不含应向购买者收取的增值税税额），产品成本为15万元。该产品的增值税税率为16%，消费税税率为10%。产品已经发出，符合收入确认条件，款项尚未收到。

根据这项经济业务，永信实业有限责任公司的账务处理如下：

应向购买者收取的增值税税额 = 200 000 × 16% = 32 000（元）

应交的消费税 = 200 000 × 10% = 20 000（元）

（1）确认收入时，根据有关原始凭证，编制如下会计分录：

借：应收账款　　　　　　　　　　　　　　　　　　　232 000

　　　　　贷：主营业务收入　　　　　　　　　　　　　　　　　　　　200 000
　　　　　　　应交税费——应交增值税（销项税额）　　　　　　　　　32 000
　　（2）计提应交的消费税时，根据有关原始凭证，编制如下会计分录：
　　　　借：税金及附加　　　　　　　　　　　　　　　　　　　　　　20 000
　　　　　贷：应交税费——应交消费税　　　　　　　　　　　　　　　20 000
　　（3）结转产品销售成本时，根据有关原始凭证，编制如下会计分录：
　　　　借：主营业务成本　　　　　　　　　　　　　　　　　　　　 150 000
　　　　　贷：库存商品　　　　　　　　　　　　　　　　　　　　　 150 000
　　企业将自产的应税消费品用于本企业生产非应税消费品、在建工程、管理部门、非生产机构、集体福利、个人消费，或用于对外投资、分配给股东或投资者或无偿捐赠给他人，均应视同销售，计算缴纳消费税，此处不再赘述。

　　2. 委托加工应税消费品的账务处理
　　按照税法的规定，企业委托加工的应税消费品，应由受托方代收代缴税款（除受托加工或翻新改制金银首饰按规定由受托方缴纳消费税外）。
　　（1）企业委托加工物资收回后用于连续生产应税消费品的，按规定准予抵扣的，应按已由受托方代收代缴的消费税记入"应交税费——应交消费税"账户，账务处理如下：
　　　　借：应交税费——应交消费税
　　　　　贷：应付账款、银行存款
　　（2）企业委托加工物资收回后，直接用于销售的，应将受托方代收代缴的消费税计入委托加工物资的成本，账务处理如下：
　　　　借：委托加工物资
　　　　　贷：应付账款、银行存款

　　【例11-17】永信实业有限责任公司委托外单位加工材料（非金银首饰），原材料价款为20万元，加工费用为5万元，增值税税额为0.80万元，由受托方代收代缴的消费税为0.5万元，材料已经加工完毕并验收入库，相关款项已用银行存款支付。假定该公司材料采用实际成本核算。
　　根据该项经济业务，委托方应进行如下账务处理：
　　（1）如果委托方收回加工后的材料用于继续生产应税消费品，委托方的账务处理如下：
　　①拨付加工原材料时：
　　　　借：委托加工物资　　　　　　　　　　　　　　　　　　　　 200 000
　　　　　贷：原材料　　　　　　　　　　　　　　　　　　　　　　 200 000
　　②支付加工费及增值税时：
　　　　借：委托加工物资　　　　　　　　　　　　　　　　　　　　　50 000
　　　　　　应交税费——应交增值税（销项税额）　　　　　　　　　　8 000
　　　　　贷：银行存款　　　　　　　　　　　　　　　　　　　　　　58 000
　　③支付消费税时：
　　　　借：应交税费——应交消费税　　　　　　　　　　　　　　　　5 000
　　　　　贷：银行存款　　　　　　　　　　　　　　　　　　　　　　5 000
　　④收回委托加工物资时：

借：原材料 250 000
  贷：委托加工物资 250 000

（2）如果委托方收回加工后的材料直接用于销售，委托方的账务处理如下：

①拨付加工原材料时：

借：委托加工物资 200 000
  贷：原材料 200 000

②支付加工费及增值税时：

借：委托加工物资 50 000
  应交税费——应交增值税（销项税额） 8 000
  贷：银行存款 58 000

③支付消费税时：

借：委托加工物资 5 000
  贷：银行存款 5 000

④收回委托加工物资时：

借：原材料 255 000
  贷：委托加工物资 255 000

（三）城市维护建设税与教育费附加

城市维护建设税与教育费附加本质均为一种附加税费。按照现行税法的规定，城市维护建设税和教育费附加是纳税人以实际缴纳增值税、消费税为计税依据，按一定的比例计算征收缴纳。城市维护建设税与教育费附加也为价内税，应由营业收入来补偿。

结转应交城市维护建设税与教育费附加时，应做如下账务处理：

借：税金及附加
  贷：应交税费——应交城市维护建设税
    应交税费——应交教育费附加

实际缴纳城市维护建设税与教育费附加时，应做如下账务处理：

借：应交税费——应交城市维护建设税
  应交税费——应交教育费附加
  贷：银行存款

七、其他应付款

其他应付款，是指企业除短期借款、应付票据、应付账款、预收账款、应付职工薪酬、应付利息、应付股利、应交税费等经营活动以外的其他各项应付、暂收的款项，如应付经营租赁固定资产租金、租入包装物的租金、存入保证金、应付统筹退休金等。"其他应付款"账户应按照其他应付款的项目和对方单位（或个人）设置明细账户进行核算，期末贷方余额，反映企业尚未支付的其他应付款项。

企业发生其他各种应付、暂收款项时，应做如下账务处理：

借：管理费用等
  贷：其他应付款

支付或退回其他各种应付、暂收款项时，应做如下账务处理：

借：其他应付款
　　贷：银行存款等

【例 11-18】永信实业有限责任公司在销售产品的过程中，出借给购货企业一批包装物，收到该企业以银行存款支付的押金 5 000 元。

永信实业有限责任公司有关账务处理如下：

(1) 收到押金时：

借：银行存款　　　　　　　　　　　　　　　　　　　　　　5 000
　　贷：其他应付款——存入保证金　　　　　　　　　　　　　　5 000

(2) 包装物如期归还，退还押金时：

借：其他应付款——存入保证金　　　　　　　　　　　　　　5 000
　　贷：银行存款　　　　　　　　　　　　　　　　　　　　　5 000

第二节　非流动负债

一、非流动负债概述

非流动负债是指偿还期限在一年或者超过一年的一个营业周期以上的债务。非流动负债的主要项目有长期借款、应付债券、长期应付款等。非流动负债主要是企业为筹集长期投资项目所需资金而发生的，比如企业为购买大型设备而向银行借入的中长期贷款等。

二、长期借款

长期借款，是指企业从银行或其他金融机构借入的期限在一年以上（不含一年）的借款。

(1) 企业借入各种长期借款时，应做如下账务处理：

借：银行存款
　　长期借款——利息调整（差额）
　　贷：长期借款——本金

(2) 在资产负债表日，企业应做如下账务处理：

借：在建工程（购建固定资产发生利息）
　　财务费用（生产经营发生利息）
　　管理费用（筹建期间产生利息）
　　研发支出（无形资产的研发产生的利息）
　　贷：应付利息（分次付息到期还本的长期借款）
　　　　长期借款——应计利息（到期一次还本付息的长期借款）

(3) 企业归还长期借款，应做如下账务处理：

① 一次还本付息长期借款：

借：长期借款——本金
　　　　　　——应计利息

贷：银行存款
②分次付息到期还本：
借：长期借款——本金
　　应付利息（最后一期利息）
　　贷：银行存款

【例 11-19】永信实业有限责任公司 2017 年 1 月 1 日从银行借入长期借款 400 000 元，用于扩建厂房。该笔借款期限为 3 年、借款合同年利率为 10% 与实际利率相同、每年付息一次，到期还本。厂房扩建工程于 2018 年 1 月 1 日达到预定可使用状态（假定资产达到预定可使用状态以前的利息费用全部予以资本化）。要求：做出与长期借款有关的账务处理。

（1）2017 年 1 月 1 日借入长期借款，编制如下会计分录：

借：银行存款　　　　　　　　　　　　　　　　　　　400 000
　　贷：长期借款——本金　　　　　　　　　　　　　　　400 000

（2）2017 年 12 月 31 日计提借款利息，编制如下会计分录：

应计利息 = 400 000 × 10% = 40 000（元）

借：在建工程　　　　　　　　　　　　　　　　　　　 40 000
　　贷：应付利息　　　　　　　　　　　　　　　　　　　 40 000

实际支付利息时：

借：应付利息　　　　　　　　　　　　　　　　　　　 40 000
　　贷：银行存款　　　　　　　　　　　　　　　　　　　 40 000

（3）2018—2019 年年末计提借款利息，编制会计分录相同：

应计利息 = 400 000 × 10% = 40 000（元）

借：财务费用　　　　　　　　　　　　　　　　　　　 40 000
　　贷：应付利息　　　　　　　　　　　　　　　　　　　 40 000

实际支付利息时：

借：应付利息　　　　　　　　　　　　　　　　　　　 40 000
　　贷：银行存款　　　　　　　　　　　　　　　　　　　 40 000

（5）2020 年 1 月 1 日还本，编制如下会计分录：

借：长期借款——本金　　　　　　　　　　　　　　　400 000
　　贷：银行存款　　　　　　　　　　　　　　　　　　　400 000

三、应付债券

（一）企业债券的发行

企业发行的超过一年期以上的债券，构成了企业的非流动负债。企业债券的发行方式有三种，即面值发行、溢价发行和折价发行。假设其他条件不变，债券的票面利率高于同期银行存款利率时，可按超过债券票面价值的价格发行，称为溢价发行。溢价是指企业以后各期多付利息而事先得到的补偿。如果债券的票面利率低于同期银行存款利率，可按低于债券面值的价格发行，称为折价发行。折价是指企业以后各期少付利息而事先付出的代价。如果债券的票面利率与同期银行存款利率相同，可按票面价格发行，称为面值发行。

无论是按面值发行，还是溢价发行或折价发行，均按债券面值记入"应付债券"账户的"面值"明细账户，实际收到的款项与面值的差额，记入"利息调整"明细账户。企业发行债券时，应做如下账务处理：

借：银行存款、库存现金等（按实际收到的款项）
　　贷：应付债券——面值（按债券票面价值）
　　　　应付债券——利息调整（借方或者贷方，按实际收到的款项与票面价值之间的差额）

（二）利息调整的摊销

利息调整应在债券存续期间内采用实际利率法进行摊销。实际利率法是指按照应付债券的实际利率计算其摊余成本及各期利息费用的方法。实际利率是指将应付债券在债券存续期间的未来现金流量，折现为该债券当前账面价值所使用的利率。

（1）资产负债表日，对于分期付息、一次还本的债券，企业应做如下账务处理：
借：在建工程、制造费用、财务费用等（应按应付债券的摊余成本和实际利率计算确定的债券利息费用）
　　贷：应付利息（按票面利率计算确定的应付未付利息）
　　　　应付债券——利息调整（借方或者贷方，差额）

（2）资产负债表日，对于一次还本付息的债券，企业应做如下账务处理：
借：在建工程、制造费用、财务费用等（按摊余成本和实际利率计算确定债券利息费用）
　　贷：应付债券——应计利息（按票面利率计算确定的应付未付利息）
　　　　应付债券——利息调整（借方或者贷方，差额）

（三）债券的偿还

企业债券的偿还通常分为到期一次还本付息或一次还本、分期付息两种方式。采用一次还本付息方式偿还的，企业应于债券到期支付债券本息时做如下账务处理：

借：应付债券——面值
　　应付债券——应计利息
　　贷：银行存款

采用一次还本、分期付息方式偿还的，在每期支付利息时，应做如下账务处理：
借：应付利息
　　贷：银行存款

债券到期偿还本金并支付最后一期利息时，应做如下账务处理：
借：应付债券——面值、在建工程、财务费用、制造费用等
　　应付债券——利息调整（借方或者贷方，差额）
　　贷：银行存款

【例11-20】2017年12月31日，永信实业有限责任公司经批准发行四年期一次还本、分期付息的公司债券1 000万元，债券利息在每年12月31日支付，票面利率为年利率6%。假定债券发行时的市场利率为4%。永信实业有限责任公司该批债券实际发行价格为1 100万元。永信实业有限责任公司采用实际利率法计算利息费用。

根据上述资料，永信实业有限责任公司的账务处理如下：

(1) 2017年12月31日发行债券时，根据有关原始凭证，编制如下会计分录：

借：银行存款 11 000 000
　　贷：应付债券——面值 10 000 000
　　　　　　　——利息调整 1 000 000

(2) 2018年12月31日计提利息费用时，根据有关原始凭证，编制如下会计分录：

借：财务费用 440 000
　　应付债券——利息调整 160 000
　　贷：应付利息 600 000
借：应付利息 600 000
　　贷：银行存款 600 000

(3) 2019年12月31日计提利息费用时，根据有关原始凭证，编制如下会计分录：

借：财务费用 433 600
　　应付债券——利息调整 166 400
　　贷：应付利息 600 000
借：应付利息 600 000
　　贷：银行存款 600 000

(4) 2020年12月31日计提利息费用时，根据有关原始凭证，编制如下会计分录：

借：财务费用 426 900
　　应付债券——利息调整 173 100
　　贷：应付利息 600 000
借：应付利息 600 000
　　贷：银行存款 600 000

(5) 2021年12月31日归还债券本金及最后一期利息费用时，根据有关原始凭证，编制如下会计分录：

借：财务费用 99 500
　　应付债券——利息调整 500 500
　　贷：应付利息 600 000
借：应付债券——面值 10 000 000
　　应付利息 600 000
　　贷：银行存款 10 600 000

四、其他非流动负债

（一）长期应付款

长期应付款，是指企业除长期借款和应付债券以外的其他各种长期应付款项。长期应付款包括应付融资租入固定资产的租赁费、以分期付款方式购入固定资产发生的应付款项等。

(1) 企业采用融资租赁方式租入的固定资产，应按最低租赁付款额确认长期应付款项。租赁开始日：

借：固定资产或在建工程（租赁开始日租赁资产公允价值与最低租赁付款额现值两者中较低者，加上初始直接费用）
　　未确认融资费用（差额）
　贷：长期应付款（最低租赁付款额）
　　银行存款（初始直接费用）

分期支付租金时：
借：长期应付款
　贷：银行存款

（2）企业延期付款购买资产，如果延期支付的购买价款超过正常信用条件，实质上具有融资性质的，所购资产的成本应当以延期支付购买价款的现值为基础确定。实际支付的价款确认为长期应付款，实际支付的价款与购买价款的现值之间的差额，应当在信用期间内采用实际利率法进行摊销，计入相关资产成本或当期损益。

借：固定资产、在建工程（购买价款的现值）
　　未确认融资费用（差额）
　贷：长期应付款（应支付的价款总额）

企业发生的各项长期应付款项，应当在"长期应付款"总账账户下，按长期应付款的种类或债权人进行明细核算。

（二）专项应付款

专项应付款，是指企业接受国家拨入的指定为资本性投入的具有专门用途的拨款，如专项用于技术改造、技术研究的款项，以及从其他来源取得的款项。

专项应付款的特点是国家拨入，专款专用，不需要企业以资产或增加其他负债偿还的非流动负债。

第十二章

所有者权益

第一节 所有者权益概述

一、所有者权益的含义

所有者权益是指企业资产扣除负债后由所有者享有的剩余权益。它在数量上等于资产减去负债以后的余额（通常称作净资产）。所有者权益的表现形式取决于企业的组织形式。对于独资企业和合伙企业来说，所有者权益可以称为业主权益和合伙人权益，对股份有限公司和有限责任公司而言，所有者权益也称为股东权益。

二、所有者权益的特征

所有者对企业的经营活动承担着最终的风险，同样也享有最终的权益。任何企业的所有者权益都由企业投资者投入的资本及其增值构成。如果企业在经营中获利，所有者权益将随之增长；反之，所有者权益将随之减少。

与负债相比，所有者权益具有以下特征：

（1）所有者权益不存在确定的偿还日期；

（2）所有者对资产的要求权在顺序上置于债权人之后；

（3）所有者凭借其所有者权益，有权决定企业的经营方针，有权请求分得企业的利润。

三、所有者权益的来源和构成

企业所有者权益的来源包括所有者投入的资本、其他综合收益和留存收益等，通常由实收资本（或股本）、其他权益工具、资本公积、其他综合收益、留存收益等构成。本章重点介绍实收资本、资本公积、其他综合收益和留存收益的有关内容。所有者权益的来源和构成如图 12-1 所示。

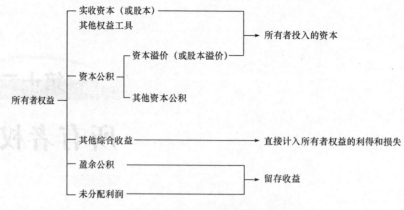

图 12-1 所有者权益的来源和构成

第二节 实收资本（或股本）

一、实收资本概述

投资者投入资本是指所有者在企业注册资本的范围内实际投入的资本，是指出资人作为资本实际投入企业的资金数额，进一步划分为实收资本与资本公积。

实收资本是指企业按照章程规定或合同、协议约定，接受投资者投入企业的资本。实收资本的构成比例或股东的股份比例，是确定所有者在企业所有者权益中份额的基础，也是企业进行利润或股利分配的主要依据。

公司在收到投资者实际投入资本时，构成法定注册资本的部分形成公司的实收资本，超过按照投资比例计算的部分作为资本溢价计入资本公积。

《公司法》规定，股东可以用货币出资，也可以用实物、知识产权、土地使用权等可以用货币估价并可以依法转让的非货币财产作价出资。但是，法律、行政法规另有规定的除外。

投资者投入资本按照投资主体可以分为国家投入资本、法人投入资本、个人投入资本、外商投入资本。

实收资本是指投资者投入资本形成法定资本的价值，所有者向企业投入的资本，在一般情况下无须偿还，可以长期使用。实收资本的构成比例，即投资者的出资比例或股东的股份比例，通常是确定所有者在企业所有者权益中所占的份额和参与企业财务经营决策的基础，也是企业进行利润分配或股利分配的依据，同时还是企业清算时确定所有者对净资产的要求权的依据。

二、实收资本的账务处理

（一）有限责任公司收到实收资本时的处理

有限责任公司成立时，投资者投入企业的资本全部作为实收资本入账。其中，股东以现金投入的资本，应以实际收到或者存入企业开户银行的货币资金作为实收资本入账。股东以固定资产等实物资产或无形资产出资的，企业应对接受的资产进行评估，以评估或双方确认的价值及相关税金作为实收资本入账价值。企业接受所有者投入资本时，应按其确定的金额做如下账务处理：

  借：银行存款、固定资产、无形资产、长期股权投资等资产科目（按货币出资额或评估确定的出资金额）

    应交税费——应交增值税（进项税额）（增值税专用发票上注明税额）

   贷：实收资本

【例12-1】甲、乙、丙共同投资设立永信实业有限责任公司，公司注册资本为 30 000 000 元，甲、乙、丙持股比例分别为 50%、30% 和 20%。2017 年 1 月 5 日，永信实业有限责任公司如期收到各投资者一次性缴足的款项。

  根据上述资料，永信实业有限责任公司应做以下账务处理：

  借：银行存款   30 000 000

   贷：实收资本——甲   15 000 000

      ——乙   9 000 000

      ——丙   6 000 000

【例12-2】永信实业有限责任公司于设立时收到光明公司作为资本投入的不需要安装的机器设备一台，合同约定该机器设备的价值为 2 000 000 元，增值税进项税额为 320 000 元（由投资方支付税款，并提供或开具增值税专用发票）。经约定，永信实业有限公司接受光明公司的投入资本为 2 320 000，全部作为实收资本。合同约定的固定资产价值与公允价值相符，不考虑其他因素。

  根据上述资料，永信实业有限责任公司应做如下账务处理：

  借：固定资产   2 000 000

    应交税费——应交增值税（进项税额）   320 000

   贷：实收资本——光明公司   2 320 000

（二）股份有限公司股本的处理

股份有限公司发行股票时，既可以按面值发行股票，也可以溢价发行（我国目前不允许折价发行）。股份有限公司在核定的股本总额的范围内发行股票时，应在实际收到现金资产时进行如下账务处理：

  借：银行存款、其他货币资金等（按货币出资额或评估确定的出资金额）

   贷：股本（按股票面值和股份数计算的金额）

     资本公积——股本溢价（按以上两者差额）

【例12-3】甲股份有限公司发行普通股 20 000 000 股，每股面值为 1 元，每股发行价格为 6 元。假定股票发行成功，股款 120 000 000 元已经全部收到，不考虑发行过程中的税费等因素。

  根据上述资料，甲股份有限公司应做以下账务处理：

  计入股本的金额 = 20 000 000 × 1 = 20 000 000（元）

  计入资本公积的金额 =（6 - 1）× 20 000 000 = 100 000 000（元）

  借：银行存款   120 000 000

   贷：股本   20 000 000

     资本公积——股本溢价   100 000 000

(三) 实收资本（或股本）的增减变动的处理

公司初始设立时，注册资本等于实收资本。随着公司的经营，如新的投资者加入、原投资者退出，以及转增资本等，均会引起实收资本的增减变动。《公司法》规定，实收资本增减变动超过注册资本20%的，应向原登记机关申请变更登记。

1. 实收资本（或股本）的增加

一般企业增加资本主要有三个途径：接受投资者追加投资、资本公积转增资本和盈余公积转增资本。

企业接受投资者追加投资时，应该按照原投资者各自出资比例相应增加各投资者的出资额。核算原则与投资者初次投入时相同。

（1）将资本公积转为实收资本或者股本时：

借：资本公积——资本溢价（或股本溢价）
　　贷：实收资本（或股本）

（2）将盈余公积转为实收资本或者股本时：

借：盈余公积
　　贷：实收资本（或股本）

【例12-4】甲、乙二人共同投资设立了永信实业有限责任公司，原注册资本为20 000 000元。甲、乙分别出资15 000 000元和5 000 000元。为了扩大经营规模，经批准，永信实业有限责任公司按照原出资比例将资本公积5 000 000元转增资本。

根据上述资料，永信实业有限责任公司公司应做以下账务处理：

借：资本公积　　　　　　　　　　　　　　　　　　　　　　　5 000 000
　　贷：实收资本——甲　　　　　　　　　　　　　　　　　　　　3 750 000
　　　　　　　　——乙　　　　　　　　　　　　　　　　　　　　1 250 000

2. 实收资本（或股本）的减少

企业实收资本减少的原因大体有两种：一是资本过剩；二是企业发生重大亏损而需要减少实收资本。企业因资本过剩而减资，一般要返还股款。有限责任公司和一般企业返还投资的会计处理比较简单，按法定程序报经批准减少注册资本时账务处理如下：

借：实收资本
　　贷：库存现金、银行存款等

股份有限公司由于采用的是发行股票的方式筹集股本，返还股款时，则要回购发行的股票，发行股票的价格与股票面值可能不同，回购股票的价格也可能与发行价格不同，会计处理较为复杂。

（1）如果回购股票支付的价款大于面值总额的（即库存股大于股本）。

回购时：

借：库存股（按照实际支付的回购价款）
　　贷：银行存款

注销时：

借：股本（按股票面值×注销股数）
　　资本公积——股本溢价（先冲销股票发行时的溢价）
　　盈余公积（股票发行时的溢价不够冲减的部分）

利润分配——未分配利润（盈余公积仍不够冲减的部分）
　　　　贷：库存股（按注销库存股的账面余额）
（2）如果回购股票支付的价款小于面值总额的（即库存股小于股本）
回购时：
　　借：库存股（按照实际支付的回购价款）
　　　　贷：银行存款
注销时：
　　借：股本（按股票面值×注销股数）
　　　　贷：库存股（按注销库存股的账面余额）
　　　　　　资本公积——股本溢价（贷方差额）

【例12-5】甲股份有限公司截至2017年12月31日共发行股票3 000股，股票面值为1元，资本公积（股本溢价）为600元，盈余公积为400元。经股东大会批准，甲公司以现金回购本公司股票300股并注销。假定甲公司按照每股4元回购股票，不考虑其他因素。

甲公司的会计处理如下：
库存股的成本＝300×4＝1 200（元）
　　借：库存股　　　　　　　　　　　　　　　　　　　　　　1 200
　　　　贷：银行存款　　　　　　　　　　　　　　　　　　　　1 200
　　借：股本　　　　　　　　　　　　　　　　　　　　　　　　 300
　　　　资本公积——股本溢价　　　　　　　　　　　　　　　　　600
　　　　盈余公积　　　　　　　　　　　　　　　　　　　　　　 300
　　　　贷：库存股　　　　　　　　　　　　　　　　　　　　　1 200

【例12-6】承【例12-5】，假定甲公司以每股0.9元回购股票，其他条件不变。
甲公司的会计处理如下：
库存股的成本＝300×0.9＝270（元）
　　借：库存股　　　　　　　　　　　　　　　　　　　　　　　270
　　　　贷：银行存款　　　　　　　　　　　　　　　　　　　　 270
　　借：股本　　　　　　　　　　　　　　　　　　　　　　　　 300
　　　　贷：库存股　　　　　　　　　　　　　　　　　　　　　 270
　　　　　　资本公积——股本溢价　　　　　　　　　　　　　　　 30

由于甲公司以低于面值的价格回购股票，股本与库存股成本的差额30元应作为增加资本公积处理。

第三节　资本公积

一、资本公积概述

资本公积是指企业收到投资者出资额超出其在企业注册资本（或股本）中所占份额的部分，以及直接计入所有者权益的利得和损失等。资本公积包括资本溢价（或股本溢价）和其他资本公积。

资本溢价（或股本溢价）包括有限责任公司的资本溢价和股份有限公司的股本溢价两部分。资本溢价是企业投资者投入的资金超过其在注册资本中所占份额的部分。股本溢价是企业实际收到的股本大于注册资本的金额。

其他资本公积是指除资本溢价（或股本溢价）、净损益、其他综合收益和利润分配以外所有者权益的其他变动。

资本公积的特点包括：

（1）资本公积主要产生于公司投资人的投资和捐赠人的捐入。作为一种来自公司外部的非借入资本，资本公积与实收资本统称为"投入资本"。

（2）资本公积作为实收资本以外的投入资本，显然具有"准资本"特征。公司增资扩股时资本公积可以转增资本。

（3）资本公积与留存收益都由全体所有者享有，但与留存收益不同的是，资本公积不是公司收益的积累。

二、资本公积的账务处理

（一）资本溢价（或股本溢价）

1. 资本溢价

在投资者经营的企业（不含股份有限公司）中，投资者依其出资份额对企业经营决策享有表决权，依其所认缴的出资额对企业承担有限责任。会计上应设置"实收资本"账户，核算企业投资者按照公司章程所规定的出资比例实际缴付的出资额。

在企业重组或有新的投资者加入时，常常会出现资本溢价。因为企业进行正常生产经营后，其资本利润率通常要高于企业初创阶段，另外，企业有内部积累，新投资者加入企业后，对这些积累将来也要分享，所以新加入的投资者往往要付出大于原投资者的出资额，才能取得与原投资者相同的出资比例。投资者多缴的部分就形成了资本溢价。

【例12-7】永信实业有限责任公司由甲、乙、丙各自出资100万元设立。设立时的实收资本为300万元。经过3年的经营，该企业留存收益为150万元。这时又有丁投资者有意参加该企业，并表示愿意出资180万元，而仅占该企业股份的25%。

假定不考虑其他因素，永信实业有限责任公司的会计处理如下：

借：银行存款　　　　　　　　　　　　　　1 800 000
　　贷：实收资本　　　　　　　　　　　　　　1 000 000
　　　　资本公积——资本溢价　　　　　　　　　800 000

2. 股本溢价

股份有限公司是以发行股票的方式筹集股本的，股票可以按面值发行，也可以按溢价发行。

（1）在按面值发行股票的情况下，企业发行股票取得的收入，应全部作为股本处理；在溢价发行股票的情况下，企业发行股票取得的收入，等于股票面值部分作为股本处理，超出股票面值的溢价收入应作为股本溢价处理。

（2）发行股票相关的手续费、佣金等交易费用，如果是溢价发行股票的，应从溢价中抵扣，冲减资本公积（股本溢价）；无溢价发行股票或溢价金额不足以抵扣的，应将不足抵扣的部分冲减盈余公积和未分配利润。

【例 12-8】 甲股份有限公司委托 B 证券公司代理发行普通股 4 000 000 股，每股面值 1 元，按每股 1.2 元的价格发行。公司与 B 证券公司约定，按发行收入的 3% 收取手续费，从发行收入中扣除。假设收到的股款已存入银行。

根据上述资料，甲股份有限公司应做以下会计处理：

公司收到 B 证券公司转来的发生收入 = 4 000 000 × 1.2 × (1 − 3%) = 4 656 000（元）

应记入"资本公积"账户的金额 = 溢价收入 − 发行手续费
$$= 4\ 000\ 000 \times (1.2 - 1) - 4\ 000\ 000 \times 1.2 \times 3\% = 656\ 000\ （元）$$

借：银行存款　　　　　　　　　　　　　　　　　　4 656 000
　　贷：股本　　　　　　　　　　　　　　　　　　　　4 000 000
　　　　资本公积——股本溢价　　　　　　　　　　　　　656 000

（二）其他资本公积①

（1）以权益法结算的股份支付。对于权益法结算的股份支付，应在等待期内的每个资产负债表日，按计算确认的金额一方面计入成本费用；同时增加"资本公积（其他资本公积）"。具体账务处理如下：

在等待期内的每个资产负债表日确认时：

借：管理费用（或生产成本、销售费用等）
　　贷：资本公积——其他资本公积（预计可行权的权益工具数量×授予日的公允价值）

行权时：

借：资本公积——其他资本公积（实际行权的权益工具数量×行权价）
　　贷：股本（按记入实收资本或股本的金额）
　　　　资本公积——股本溢价（差额）

（2）权益法核算的长期股权投资中，投资方应享有被投资单位实现的除净损益、其他综合收益和利润分配以外的所有者权益的其他变动金额的份额。

（三）资本公积转增资本的账务处理

按照《公司法》的规定，法定公积金（资本公积和盈余公积）转为资本时，所留存的该项公积金不得少于转增前公司注册资本的 25%。经股东大会或类似机构决议，用资本公积转增资本时，应冲减资本公积，同时按照转增资本前的实收资本（或股本）的结构或比例，将转增的金额记入"实收资本"或"股本"账户下各所有者的明细分类账。

第四节　其他综合收益

其他综合收益主要是指直接计入所有者权益的利得和损失形成的利得或损失。其他综合收益一般是由特定资产的计价变动而形成的，当处置该特定资产时，其他综合收益也应一并处置。因此其他综合收益不得用于转增资本（或股本）。

---

① 本书对其他资本公积仅供教师有选择教学。

一、可供出售金融资产公允价值变动

在资产负债表日，可供出售金融资产应当按照公允价值计量，可供出售金融资产公允价值变动应当作为其他综合收益，计入所有者权益，不构成当期利润。

期末公允价值高于此时的账面余额时差额的会计分录：

借：可供出售金融资产——公允价值变动
　　贷：其他综合收益

若公允价值低于账面余额，则做相反的会计分录。

【例12-9】2017年1月1日，甲股份有限公司购入B公司发行的公司债券，划为可供出售金融资产核算，初始成本为25 800 000元。假定2017年6月30日，甲公司购买的B公司债券的公允价值（市价）为27 800 000元；2017年12月31日，甲公司购买的B公司债券的公允价值（市价）为25 600 000元。

假定不考虑其他因素甲股份有限公司应编制如下会计分录：

（1）2017年6月30日，确认B公司债券的公允价值变动时：

借：可供出售金融资产——公允价值变动　　　　　　　　　　2 000 000
　　贷：其他综合收益　　　　　　　　　　　　　　　　　　2 000 000

（2）2017年12月31日，确认B公司债券的公允价值变动时：

借：其他综合收益　　　　　　　　　　　　　　　　　　　　2 200 000
　　贷：可供出售金融资产——公允价值变动　　　　　　　　2 200 000

二、可供出售金融资产重分类为持有至到期投资形成的利得和损失

将可供出售金融资产重分类为采用成本或摊余成本计量的金融资产，重分类日该金融资产的公允价值或账面价值作为成本或摊余成本，该金融资产没有固定到期日的，与该金融资产相关、原直接计入所有者权益的利得或损失，应当仍然记入"其他综合收益"账户，在该金融资产被处置时转出，计入当期损益。

将持有至到期投资重分类为可供出售金融资产，并以公允价值进行后续计量。在重分类日，该投资的账面价值与其公允价值之间的差额记入"其他综合收益"账户，在该可供出售金融资产发生减值或终止确认时转出，计入当期损益。

按照金融工具确认和计量的规定应当以公允价值计量，但以前公允价值不能可靠计量的可供出售金融资产，企业应当在其公允价值能够可靠计量时改按公允价值计量，将相关账面价值与公允价值之间的差额记入"其他综合收益"账户，在其发生减值或终止确认时将上述差额转出，计入当期损益。

三、存货或自用房地产转换为采用公允价值模式计量的投资性房地产形成的利得和损失

企业将作为存货的房地产、自用的建筑物等转换为采用公允价值模式计量的投资性房地产时，其公允价值与账面价值的差额，记入"其他综合收益"账户。

企业将作为存货的房地产转换为采用公允价值模式计量的投资性房地产时，应做如下账务处理：

借：投资性房地产（以转换当日的公允价值计量）
　　存货跌价准备（转换当时已提减值准备）
　　公允价值变动损益（借方差额）
　贷：开发产品（账面余额）
　　　其他综合收益（贷方差额）

企业将自用的建筑物等转换为采用公允价值模式计量的投资性房地产时，应做如下账务处理：

借：投资性房地产（以转换当日的公允价值计量）
　　累计折旧（摊销）
　　公允价值变动损益（借方差额）
　　固定（无形）资产减值准备（转换当时已提减值准备）
　贷：固定资产、无形资产（账面原值）
　　　其他综合收益（贷方差额）

该项投资性房地产处置时，计入其他综合收益的部分应转入当期损益，应做如下账务处理：

借：其他综合收益
　贷：其他业务收入

四、权益法核算的长期股权投资，投资方应享有被投资单位实现的其他综合收益的份额

长期股权投资采用权益法核算的，在持股比例不变的情况下，被投资单位除净损益以外所有者权益的其他变动，企业按持股比例计算应享有的份额，如果是利得，应当增加长期股权投资的账面价值，同时增加其他综合收益；如果是损失应当编制相反的会计分录。当采用权益法核算的长期股权投资时，应当将原计入其他综合收益的相关金额转入投资收益。

第五节　留存收益

留存收益是股东权益的一个重要部分，由企业历年剩余的净收益积累而成。留存收益由盈余公积和未分配利润两部分构成。

一、盈余公积

（一）盈余公积的形成

盈余公积是指从企业净利润中提取的积累资金，包括法定盈余公积和任意盈余公积。

1. 法定盈余公积

法定盈余公积是指企业按照法律规定从净利润中提取的积累资金。《公司法》规定，公司制企业的法定盈余公积按照净利润的10%提取。按规定，当法定盈余公积累计额已达到注册资本的50%时，可以不再提取。值得注意的是，企业在计算提取法定盈余公积的基数时，不应包括企业年初未分配利润；如果以前年度有亏损，应先弥补以前年度亏损再提取盈余公积。

2. 任意盈余公积

企业在提取了法定盈余公积之后，经股东大会或者类似机构决议，可以根据企业需求和确定的比例提取任意盈余公积。

3. 盈余公积的用途

企业提取的盈余公积，经批准可用于弥补企业亏损、转增资本或发放现金股利（利润）等。

（二）盈余公积的账务处理

1. 提取盈余公积

企业按规定提取盈余公积时，应通过"利润分配"和"盈余公积"等账户核算。账务处理如下：

借：利润分配——提取法定盈余公积
　　　　　　——提取任意盈余公积
　　贷：盈余公积——法定盈余公积
　　　　　　　　——任意盈余公积

【例12-10】甲股份有限公司本年实现净利润为5 000 000元，年初未分配利润为零。经股东大会批准，甲股份有限公司按当年净利润的10%和5%提取法定盈余公积和任意盈余公积。

假定不考虑其他因素，甲股份有限公司应编制如下会计分录：

借：利润分配——提取法定盈余公积　　　　　　　　500 000
　　　　　　——提取任意盈余公积　　　　　　　　250 000
　　贷：盈余公积——法定盈余公积　　　　　　　　500 000
　　　　　　　　——任意盈余公积　　　　　　　　250 000

2. 盈余公积弥补亏损

借：盈余公积
　　贷：利润分配——盈余公积补亏

【例12-11】经股东大会批准，乙股份有限公司用以前年度提取的盈余公积弥补当年亏损，当年弥补亏损的金额为600 000元。

假定不考虑其他因素，乙股份有限公司应编制如下会计分录：

借：盈余公积　　　　　　　　　　　　　　　　　　600 000
　　贷：利润分配——盈余公积补亏　　　　　　　　600 000

3. 盈余公积转增资本

借：盈余公积
　　贷：股本

【例12-12】因扩大经营规模需要，经股东大会批准，丙股份有限公司将盈余公积400 000元转增资本。

假定不考虑其他因素，丙股份有限公司应编制如下会计分录：

借：盈余公积　　　　　　　　　　　　　　　　　　400 000
　　贷：股本　　　　　　　　　　　　　　　　　　400 000

4. 盈余公积发放现金股利或利润
借：盈余公积
　　贷：应付股利

【例12-13】丁股份有限公司2017年12月31日股本为50 000 000股（每股面值1元），可供投资者分配的利润为6 000 000元，盈余公积为20 000 000元。2018年3月20日，股东大会批准了2017年度利润分配方案，按每10股2元发放现金股利。丁股份有限公司共需要分派10 000 000元现金股利，其中动用可供投资者分配的利润6 000 000元、盈余公积4 000 000元。

假定不考虑其他因素，丁股份有限公司应编制如下会计分录：

（1）宣告发放现金股利时：

借：利润分配——应付现金股利或利润　　　　　　　　　　　6 000 000
　　盈余公积　　　　　　　　　　　　　　　　　　　　　　4 000 000
　　贷：应付股利　　　　　　　　　　　　　　　　　　　　10 000 000

（2）支付股利时：

借：应付股利　　　　　　　　　　　　　　　　　　　　　　10 000 000
　　贷：银行存款　　　　　　　　　　　　　　　　　　　　10 000 000

二、未分配利润

（一）未分配利润的概念

未分配利润是指截止到本年度的累计未分配利润，包括企业以前年度累计未分配的利润，以及本年度尚未分配的净利润。从数量上看，未分配利润等于期初未分配利润，加上本期实现的净利润，减去提取盈余公积和利润分配后的余额。相对于所有者权益的其他部分来说，企业对于未分配利润的使用有较大的自主权。

（二）未分配利润的账务处理

企业未分配利润通过"利润分配——未分配利润"明细账户进行核算。年度终了，"本年利润"账户如为贷方余额，表示当年实现的净利润，企业应做如下账务处理：

借：本年利润
　　贷：利润分配——未分配利润

"本年利润"科目如为借方余额，表示当年发生的净亏损，做相反的会计分录。

经过利润分配后，结清利润分配——未分配利润之外的明细账户，账务处理如下：

借：利润分配——未分配利润
　　贷：利润分配——提取法定盈余公积
　　　　　　　　——提取任意盈余公积
　　　　　　　　——应付现金股利

经上述结转，"利润分配——未分配利润"账户的余额如果在贷方，即为累积未分配利润的金额；如果在借方，则为累积未弥补亏损的金额。

【例12-14】甲股份有限公司年初未分配利润为0元，本年实现净利润2 000 000元，本年提取法定盈余公积为200 000元，宣告发放现金股利为800 000元。

假定不考虑其他因素，甲股份有限公司应编制如下会计分录：

(1) 结转实现净利润时：
借：本年利润　　　　　　　　　　　　　　　　　　　　　2 000 000
　　贷：利润分配——未分配利润　　　　　　　　　　　　　　　2 000 000
(2) 提取法定盈余公积、宣告发放现金股利时：
借：利润分配——提取法定盈余公积　　　　　　　　　　　　200 000
　　　　　　——应付现金股利　　　　　　　　　　　　　　800 000
　　贷：盈余公积　　　　　　　　　　　　　　　　　　　　　200 000
　　　　应付股利　　　　　　　　　　　　　　　　　　　　　800 000
(3) 将"利润分配"账户所属其他明细账户的余额结转至"未分配利润"明细账户：
借：利润分配——未分配利润　　　　　　　　　　　　　　　1 000 000
　　贷：利润分配——提取法定盈余公积　　　　　　　　　　　　200 000
　　　　　　　　——应付现金股利　　　　　　　　　　　　　　800 000
未分配利润贷方 100 万元即为本年年末累计未分配利润。

第十三章

收入、费用和利润

第一节 收 入

一、收入的概念、特点及分类

（一）收入的概念和特点

收入是指企业在日常活动中形成的、会导致所有者权益增加的、与所有者投入资本无关的经济利益的总流入。其中，日常活动是指企业为完成其经营目标所从事的经常性活动以及与之相关的其他活动。

根据收入的概念，收入具有以下几方面的特征：

（1）收入是企业在日常活动中形成的；

（2）收入是与所有者投入资本无关的经济利益的总流入；

（3）收入会导致所有者权益的增加。

（二）收入的分类

1. 按企业从事日常活动的性质分类

按照企业从事日常活动的性质，收入可分为销售商品收入、提供劳务收入、让渡资产使用权收入和建造合同收入等。其中，销售商品收入是指企业通过销售商品实现的收入，如工业企业制造并销售产品、商业企业销售商品等实现的收入。提供劳务收入是指企业通过提供劳务实现的收入，如咨询公司提供咨询服务、软件开发企业为客户开发软件、安装公司提供安装服务等实现的收入。让渡资产使用权收入是指企业通过让渡资产使用权实现的收入，如商业银行对外贷款、租赁公司出租资产等实现的收入。建造合同收入是指企业承担建造合同所形成的收入。

2. 按企业经营业务的主次不同分类

按照企业经营业务的主次不同，收入可分为主营业务收入和其他业务收入等。其中，主营业务收入是指企业为完成其经营目标从事的经常性活动实现的收入。例如，工业企业制造并销售产品、商业企业销售商品、保险公司签发保单、咨询公司提供咨询服务、软件开发企业为客户开发软件、安装公司提供安装服务、商业银行对外贷款、租赁公司出租资产等实现的收入。其他业务收入是指企业为完成其经营目标所从事的与经常性活动相关的活动实现的收入。例如，工业企业对外出售不需要的原材料、对外转让无形资产使用权等。这些活动形成的经济利益的总流入也构成收入，属于企业的其他业务收入，应当通过"其他业务收入"账户进行核算。

二、销售商品收入的确认与计量

（一）销售商品收入的确认

销售商品收入包括企业为销售而生产的产品和为转售而购进的商品，如工业企业生产的产品、商业企业购进的商品等。企业销售的其他存货，如原材料、包装物等，也视同企业的商品。

销售商品收入同时满足下列条件的①，才能予以确认：

（1）企业已将商品所有权上的主要风险和报酬转移给购货方。

（2）企业既没有保留通常与所有权相联系的继续管理权，也没有对已售出的商品实施有效控制。

（3）收入的金额能够可靠地计量。

（4）相关的经济利益很可能流入企业。相关的经济利益很可能流入企业，是指销售商品价款收回的可能性大于不能收回的可能性，即销售商品价款收回的可能性超过50%。

（5）相关的已发生或将发生的成本能够可靠地计量。

（二）销售商品收入的计量

企业销售商品满足收入确认条件时，应当按照已收或应收合同或协议价款的公允价值确定销售商品收入金额，应做如下账务处理：

借：银行存款、应收账款、应收票据等（应按已收或应收的合同或协议价款，加上应收取的增值税税额）

贷：主营业务收入、其他业务收入（按确定的收入金额）

应交税费——应交增值税（销项税额）（按应收取的增值税税额）

如果企业售出商品不符合销售商品收入确认的条件，则不应确认收入。已经发出的商品，应当通过"发出商品"账户进行核算。

1. 托收承付方式销售商品的处理

托收承付，是指企业根据合同发货后，委托银行向异地付款单位收取款项，由购货方向银行承诺付款的销售方式。在这种销售方式下，企业通常应在发出商品且办妥托收手续时确认收入。如果商品已经发出且办妥托收手续，但由于各种原因与发出商品所有权有关的风险和报酬没有转移的，企业不应确认收入。

【例13-1】永信实业有限责任公司在2017年3月14日采用托收承付结算方式向乙公司销售一批商品，开出的增值税专用发票上注明的销售价格为100 000元，增值税税额为

---

① 《企业会计准则14号——收入》已于2017年7月由财政部修订发布，考虑到我国大多数企业于2020年以后执行新的收入准则，本章内容主要以财政部2006年发布的准则为基础介绍收入确认相关内容。

16 000 元，款项尚未收到；该批商品成本为 80 000 元。永信实业有限责任公司在销售该批商品时已得知乙公司资金周转发生困难，但为了减少存货积压，同时也为了维持与乙公司长期建立的商业关系，永信实业有限责任公司仍将商品发往乙公司且办妥托收手续。假定永信实业有限责任公司销售该批商品的增值税纳税义务已经发生。

根据本例的资料，由于乙公司资金周转存在困难，因而永信实业有限责任公司在货款回收方面存在较大的不确定性，与该批商品所有权有关的风险和报酬没有转移给乙公司。根据销售商品收入的确认条件，永信实业有限责任公司在发出商品且办妥托收手续时不能确认收入，已经发出的商品成本应通过"发出商品"账户反映。永信实业有限责任公司的账务处理如下：

(1) 2017 年 3 月 14 日发出商品时：

借：发出商品　　　　　　　　　　　　　　　　80 000
　　贷：库存商品　　　　　　　　　　　　　　　　　80 000

同时，将增值税专用发票上注明的增值税税额转入应收账款：

借：应收账款　　　　　　　　　　　　　　　　16 000
　　贷：应交税费——应交增值税（销项税额）　　　　16 000

（注：如果销售该批商品的增值税纳税义务尚未发生，则不做这笔分录，待纳税义务发生时再做应交增值税的分录）

(2) 2017 年 6 月 10 日，永信实业有限责任公司得知乙公司经营情况逐渐好转，乙公司承诺近期付款时：

借：应收账款　　　　　　　　　　　　　　　　100 000
　　贷：主营业务收入　　　　　　　　　　　　　　100 000
借：主营业务成本　　　　　　　　　　　　　　80 000
　　贷：发出商品　　　　　　　　　　　　　　　　80 000

(3) 假定永信实业有限责任公司在 2017 年 6 月 20 日收到乙公司支付的款项时：

借：银行存款　　　　　　　　　　　　　　　　116 000
　　贷：应收账款　　　　　　　　　　　　　　　　116 000

2. 代销业务商品的处理

代销商品应分以下情况处理：

(1) 视同买断方式代销商品。视同买断方式代销商品，是指委托方和受托方签订合同或协议，委托方按合同或协议收取代销的货款，实际售价由受托方自定，实际售价与合同或协议价之间的差额归受托方所有的销售方式。

【例 13-2】 永信实业有限责任公司委托乙公司销售甲商品 100 件，协议价为 200 元/件，该商品成本为 140 元/件，增值税税率为 16%，永信实业有限责任公司收到乙公司开来的代销清单，并开具增值税专用发票，发票上注明售价 20 000 元，增值税税额为 3 200 元。乙公司实际销售时，售价 24 000 元，增值税税额为 3 840 元。协议明确标明，将来若乙公司没有将商品售出，可将商品退回给永信实业有限责任公司。

要求：做出在视同买断方式下永信实业有限责任公司和乙公司的账务处理。

(1) 永信实业有限责任公司将商品交付乙公司时：

借：发出商品　　　　　　　　　　　　　　　　14 000

贷：库存商品	14 000

收到代销清单时：

借：应收账款——乙	23 200
贷：主营业务收入	20 000
应交税费——应交增值税（销项税额）	3 200
借：主营业务成本	14 000
贷：库存商品	14 000

收到乙公司汇来的货款时：

借：银行存款	23 200
贷：应收账款	23 200

（2）乙公司收到甲商品时：

借：受托代销商品	20 000
贷：受托代销商品款	20 000

实际销售时：

借：银行存款	27 840
贷：主营业务收入	24 000
应交税费——应交增值税（销项税额）	3 840
借：主营业务成本	20 000
贷：受托代销商品	20 000
借：受托代销商品款	20 000
应交税费——应交增值税（进项税额）	3 200
贷：应付账款——永信实业有限责任公司	23 200

将款项付给永信实业有限责任公司时：

借：应付账款——永信实业有限责任公司	23 200
贷：银行存款	23 200

（2）收取手续费方式代销商品。在这种方式下，委托方在发出商品时通常不应确认销售商品收入，而应在收到受托方开出的代销清单时确认销售商品收入；受托方应在商品销售后，按合同或协议约定的方法计算确定的手续费确认收入。

【例13-3】永信实业有限责任公司委托丙公司销售商品200件，商品已经发出，每件成本为60元。合同约定丙公司应按每件100元对外销售，永信实业有限责任公司按不含增值税的销售价格的10%向丙公司支付手续费。丙公司对外实际销售100件，开出的增值税专用发票上注明的销售价款为10 000元，增值税税额为1 600元，款项已经收到。永信实业有限责任公司收到丙公司开具的代销清单时，向丙公司开具一张相同金额的增值税专用发票。假定永信实业有限责任公司发出商品时纳税义务尚未发生，不考虑其他因素。

（1）根据上述资料，永信实业有限责任公司的账务处理如下：

①发出商品时：

借：发出商品	12 000
贷：库存商品	12 000

②收到代销清单时：

借：应收账款　　　　　　　　　　　　　　　　　11 600
　　贷：主营业务收入　　　　　　　　　　　　　　　　10 000
　　　　应交税费——应交增值税（销项税额）　　　　　1 600
借：主营业务成本　　　　　　　　　　　　　　　　6 000
　　贷：发出商品　　　　　　　　　　　　　　　　　　6 000
借：销售费用　　　　　　　　　　　　　　　　　　1 000
　　贷：应收账款　　　　　　　　　　　　　　　　　　1 000

③收到丙公司支付的货款时：

借：银行存款　　　　　　　　　　　　　　　　　　10 600
　　贷：应收账款　　　　　　　　　　　　　　　　　　10 600

（2）丙公司的账务处理如下：

①收到商品时：

借：受托代销商品　　　　　　　　　　　　　　　　20 000
　　贷：受托代销商品款　　　　　　　　　　　　　　　20 000

②对外销售时：

借：银行存款　　　　　　　　　　　　　　　　　　11 600
　　贷：应付账款　　　　　　　　　　　　　　　　　　10 000
　　　　应交税费——应交增值税（销项税额）　　　　　1 600

③收到增值税专用发票时：

借：应交税费——应交增值税（进项税额）　　　　　1 600
　　贷：应付账款　　　　　　　　　　　　　　　　　　1 600
借：受托代销商品款　　　　　　　　　　　　　　　10 000
　　贷：受托代销商品　　　　　　　　　　　　　　　　10 000

④支付货款并计算代销手续费时：

借：应付账款　　　　　　　　　　　　　　　　　　11 600
　　贷：银行存款　　　　　　　　　　　　　　　　　　10 600
　　　　其他业务收入　　　　　　　　　　　　　　　　1 000

3. 分期收款销售商品的处理

企业销售商品，有时会采取分期收款的方式，如分期收款发出商品，即商品已经交付，货款分期收回。如果延期收取的货款具有融资性质，其实质是企业向购货方提供免息的信贷，在符合收入确认条件时，企业应当按照应收的合同或协议价款的公允价值确定收入金额。应收的合同或协议价款的公允价值，通常应当按照其未来现金流量现值或商品现销价格计算确定。在实务中，基于重要性要求，应收的合同或协议价款与其公允价值之间的差额，按照应收款项的摊余成本和实际利率进行摊销与采用直线法进行摊销结果相差不大的，也可以采用直线法进行摊销。

【例13-4】2017年1月1日，永信实业有限责任公司采用分期收款方式向乙公司销售一套大型设备，合同约定的销售价格为24 000 000元，分3次于每年12月31日等额收取。该大型设备成本为15 600 000元。在现销方式下，该大型设备的销售价格为16 000 000元。假定永信实业有限责任公司发出商品时，其有关的增值税纳税义务尚未发生。在合同约定的收款日期，发生有关增值税纳税义务。其折现率为7.93%。假定不考虑增值税，小数四舍五入为整数。

要求：编制永信实业有限责任公司2017年和2018年年末的会计分录。

（1）2017年1月1日销售实现时：

借：长期应收款——乙公司　　　　　　　　　　　　　　24 000 000
　　贷：主营业务收入　　　　　　　　　　　　　　　　　　16 000 000
　　　　未实现融资收益　　　　　　　　　　　　　　　　　 8 000 000
借：主营业务成本　　　　　　　　　　　　　　　　　　　15 600 000
　　贷：库存商品　　　　　　　　　　　　　　　　　　　　15 600 000

（2）2017年12月31日收取货款和增值税税额时：

借：银行存款　　　　　　　　　　　　　　　　　　　　　 9 360 000
　　贷：长期应收款——乙公司　　　　　　　　　　　　　　 8 000 000
　　　　应交税费——应交增值税（销项税额）　　　　　　　 1 360 000

未实现融资收益 = [（24 000 000 - 8 000 000）× 7.93%] = 1 268 800

借：未实现融资收益　　　　　　　　　　　　　　　　　　　1 268 800
　　贷：财务费用　　　　　　　　　　　　　　　　　　　　 1 268 800

（3）2018年12月31日收取货款和增值税税额时：

借：银行存款　　　　　　　　　　　　　　　　　　　　　 9 360 000
　　贷：长期应收款——乙公司　　　　　　　　　　　　　　 8 000 000
　　　　应交税费——应交增值税（销项税额）　　　　　　　 1 360 000

未实现融资收益 = [（24 000 000 - 8 000 000）-（8 000 000 - 1 268 800）] × 7.93% = 735 016

借：未实现融资收益　　　　　　　　　　　　　　　　　　　　735 016
　　贷：财务费用　　　　　　　　　　　　　　　　　　　　　 735 016

4. 预收款销售商品的处理

预收款销售商品，是指购买方在商品尚未收到前按合同或协议约定分期付款，销售方在收到最后一笔款项时才交货的销售方式。在这种方式下，销售方直到收到最后一笔款项才将商品交付给购货方，表明商品所有权上的主要风险和报酬只有在收到最后一笔款项时才转移给购货方，企业通常应在发出商品时确认收入，在此之前预收的货款应确认为负债。

【例13-5】永信实业有限责任公司与乙公司签订协议，采用预收款方式向乙公司销售一批商品。该批商品实际成本为700 000元。协议约定，该批商品销售价格为2 000 000元，增值税税额为320 000元；乙公司应在协议签订时预付60%的货款（按不含增值税的销售价格计算），剩余货款于两个月后支付。

永信实业有限责任公司的账务处理如下：

（1）收到60%货款时：

借：银行存款　　　　　　　　　　　　　　　　　　　　　 1 200 000
　　贷：预收账款　　　　　　　　　　　　　　　　　　　　 1 200 000

（2）收到剩余货款，发生增值税纳税义务时：

借：预收账款　　　　　　　　　　　　　　　　　　　　　 1 200 000

```
        银行存款                                              1 120 000
    贷：主营业务收入                                          2 000 000
        应交税费——应交增值税（销项税额）                       320 000
借：主营业务成本                                               700 000
    贷：库存商品                                                700 000
```

5. 销售商品涉及现金折扣、商业折扣、销售折让的处理

企业销售商品有时存在现金折扣、商业折扣、销售折让等，应当分不同情况进行处理。

(1) 现金折扣，是指债权人为鼓励债务人在规定的期限内付款而向债务人提供的债务扣除。企业销售商品涉及现金折扣的，应当按照扣除现金折扣前的金额确定销售商品收入金额。现金折扣在实际发生时计入当期损益。

(2) 商业折扣，是指企业为促进商品销售而在商品标价上给予的价格扣除。企业销售商品涉及商业折扣的，应当按照扣除商业折扣后的金额确定销售商品收入金额。

(3) 销售折让，是指企业因售出商品的质量不合格等原因而在售价上给予的减让。对于销售折让企业应分不同情况进行处理：①已确认收入的售出商品发生销售折让的，通常应当在发生时冲减当期销售商品收入；②已确认收入的售出商品发生销售折让的，属于资产负债表日后事项的，应当按照有关资产负债表日后事项的相关规定进行处理。

【例13-6】永信实业有限责任公司在2017年7月1日向乙公司销售一批商品，开出的增值税专用发票上注明的销售价格为20 000元，增值税税额为3 200元。为及早收回货款，永信实业有限责任公司和乙公司约定的现金折扣条件为：2/10，1/20，N/30。假定计算现金折扣时不考虑增值税税额。

永信实业有限责任公司的账务处理如下：

(1) 7月1日销售实现时，按销售总价确认收入。

```
借：应收账款                                                    23 200
    贷：主营业务收入                                            20 000
        应交税费——应交增值税（销项税额）                         3 200
```

(2) 如果乙公司在7月9日付清货款，则按销售总价20 000元的2%享受现金折扣400元（20 000×2%），实际付款22 800元（23 200-400）。

```
借：银行存款                                                    22 800
    财务费用                                                       400
    贷：应收账款                                                23 200
```

(3) 如果乙公司在7月18日付清货款，则按销售总价20 000元的1%享受现金折扣200元（20 000×1%），实际付款23 000元（23 200-200）。

```
借：银行存款                                                    23 000
    财务费用                                                       200
    贷：应收账款                                                23 200
```

(4) 如果乙公司在7月底才付清货款，则按全额付款。

```
借：银行存款                                                    23 200
    贷：应收账款                                                23 200
```

【例13-7】永信实业有限责任公司向乙公司销售一批商品，开出的增值税专用发票上注明

的销售价格为 100 000 元，增值税税额为 16 000 元。乙公司在验收过程中发现商品质量不合格，要求永信实业有限责任公司在价格上（不含增值税税额）给予 5% 的折让。假定永信实业有限责任公司已确认销售收入，款项尚未收到，已取得税务机关开具的红字增值税专用发票。

永信实业有限责任公司的账务处理如下：

(1) 销售实现时：

借：应收账款　　　　　　　　　　　　　　　　　　　　　　116 000
　　贷：主营业务收入　　　　　　　　　　　　　　　　　　　100 000
　　　　应交税费——应交增值税（销项税额）　　　　　　　　 16 000

(2) 发生销售折让时：

借：主营业务收入　　　　　　　　　　　　　　　　　　　　　5 000
　　应交税费——应交增值税（销项税额）　　　　　　　　　　　800
　　贷：应收账款　　　　　　　　　　　　　　　　　　　　　 5 800

(3) 实际收到款项时：

借：银行存款　　　　　　　　　　　　　　　　　　　　　　110 200
　　贷：应收账款　　　　　　　　　　　　　　　　　　　　　110 200

6. 销售退回的处理

销售退回，是指企业售出的商品由于质量、品种不符合要求等原因而发生的退货。对于销售退回，企业应分不同情况进行会计处理：

(1) 对于未确认收入的售出商品发生销售退回的，应做如下账务处理：

借：库存商品
　　贷：发出商品（已记入"发出商品"账户的商品成本金额）

(2) 对于已确认收入的售出商品发生退回的，企业应在发生时冲减当期销售商品收入，同时冲减当期销售商品成本。如该项销售退回已发生现金折扣的，应同时调整相关财务费用的金额；如该项销售退回允许扣减增值税税额的，应同时调整"应交税费——应交增值税（销项税额）"账户的相应金额。

(3) 已确认收入的售出商品发生的销售退回属于资产负债表日后事项的，应当按照有关资产负债表日后事项的相关规定进行会计处理。

【例 13-8】 永信实业有限责任公司在 2017 年 12 月 18 日向乙公司销售一批商品，开出的增值税专用发票上注明的销售价款为 50 000 元，增值税税额为 8 000 元，该批商品成本为 26 000 元。为及早收回货款，永信实业有限责任公司和乙公司约定的现金折扣条件为：2/10，1/20，N/30，乙公司在 2017 年 12 月 27 日支付货款。2018 年 4 月 5 日，该批商品因质量问题被乙公司退回，永信实业有限责任公司当日支付有关款项。假定计算现金折扣时不考虑增值税，假定销售退回不属于资产负债表日后事项。

永信实业有限责任公司的账务处理如下：

(1) 2017 年 12 月 18 日销售实现，按销售总价确认收入时：

借：应收账款　　　　　　　　　　　　　　　　　　　　　　 58 000
　　贷：主营业务收入　　　　　　　　　　　　　　　　　　　 50 000
　　　　应交税费——应交增值税（销项税额）　　　　　　　　　8 000

借：主营业务成本　　　　　　　　　　　　　　　　　　　　　26 000

  贷：库存商品   26 000

（2）在 2017 年 12 月 27 日收到货款时，按销售总价 50 000 元的 2% 享受现金折扣 1 000 元（50 000×2%），实际收款 57 000 元（58 000 - 1 000）。

借：银行存款   57 000
  财务费用   1 000
  贷：应收账款   58 000

（3）2018 年 4 月 5 日发生销售退回时：

借：主营业务收入   50 000
  应交税费——应交增值税（销项税额）   8 000
  贷：银行存款   57 000
    财务费用   1 000
借：库存商品   26 000
  贷：主营业务成本   26 000

7. 销售材料等存货的处理

  企业在日常活动中还可能发生对外销售不需用的原材料、随同商品对外销售单独计价的包装物等业务。企业销售原材料、包装物等存货也视同商品销售，其收入确认和计量原则比照商品销售。企业销售原材料、包装物等实现的收入作为其他业务收入处理，结转的相关成本作为其他业务成本处理。

【例 13-9】2017 年 5 月 1 日，永信实业有限责任公司销售一批原材料，开出的增值税专用发票上注明的售价为 10 000 元，增值税税额为 1 600 元，款项已由银行收妥。该批原材料的实际成本为 9 000 元。

永信实业有限责任公司应编制如下账务处理：

（1）5 月 1 日取得原材料的销售收入时：

借：银行存款   11 600
  贷：其他业务收入   10 000
    应交税费——应交增值税（销项税额）   1 600

（2）结转已销原材料的实际成本：

借：其他业务成本   9 000
  贷：原材料   9 000

三、提供劳务收入的确认和计量

（一）提供劳务收入的确认

提供劳务交易的结果同时满足下列条件时，即可确认提供劳务收入：

（1）收入的金额能够可靠地计量，是指提供劳务收入的总额能够合理地估计。

（2）相关的经济利益很可能流入企业，是指提供劳务收入总额收回的可能性大于不能收回的可能性。

（3）交易的完工进度能够可靠地确定，是指交易的完工进度能够合理地估计。企业确定提供劳务交易的完工进度，可以选用直线法、已完工作的测量、已经提供的劳务占应提供劳务总量的比例、已经发生的成本占估计总成本的比例等方法确认。

(4) 交易中已发生和将发生的成本能够可靠地计量，是指交易中已经发生和将要发生的成本能够合理地估计。

（二）提供劳务收入的计量

1. 提供劳务交易结果能够可靠估计

企业在资产负债表日提供劳务交易的结果能够可靠估计的，应当采用完工百分比法确认提供劳务收入。

完工百分比法，是指按照提供劳务交易的完工进度确认收入和费用的方法。采用这种方法，确认的提供劳务收入金额能够提供各个会计期间关于提供劳务交易及其业绩的有用信息。

企业应当在资产负债表日按照提供劳务收入总额乘以完工进度扣除以前会计期间累计已确认提供劳务收入后的金额，确认当期提供劳务收入；同时，按照提供劳务估计总成本乘以完工进度扣除以前会计期间累计已确认劳务成本后的金额，结转当期劳务成本。用公式表示如下：

本期确认的提供劳务收入 = 提供劳务总收入 × 截至本期期末劳务的完工进度 - 以前期间已确认提供劳务收入

本期确认的提供劳务成本 = 提供劳务总成本 × 截至本期期末劳务的完工进度 - 以前期间已确认提供劳务成本

企业采用完工百分比法确认提供劳务收入时，应做如下的账务处理：

借：应收账款、银行存款等
　　贷：主营业务收入（应按计算确定的提供劳务收入金额）

结转提供劳务成本时，账务处理如下：

借：主营业务成本
　　贷：劳务成本

【例13-10】 永信实业有限责任公司于2017年12月1日接受一项设备安装任务，安装期为3个月，合同总收入1 400 000元，适用的增值税税率为6%，至年底已预收安装费440 000元，实际发生安装费用560 000元（假定均为安装人员薪酬），估计还会发生安装费用240 000元。假定永信实业有限责任公司按实际发生的成本占估计总成本的比例确定劳务的完工进度。

永信实业有限责任公司的账务处理如下：

（1）计算：

实际发生的成本占估计总成本的比例 = 560 000 ÷ (560 000 + 240 000) × 100% = 70%

2017年12月31日确认的提供劳务收入 = 1 400 000 × 70% - 0 = 980 000（元）

2017年12月31日结转的提供劳务成本 = (560 000 + 240 000) × 70% - 0 = 560 000（元）

（2）账务处理：

①实际发生劳务成本时：

借：劳务成本　　　　　　　　　　　　　　　　　　　　　　　560 000
　　贷：应付职工薪酬　　　　　　　　　　　　　　　　　　　　560 000

②预收劳务款时：

借：银行存款　　　　　　　　　　　　　　　　　　　　　　　440 000

　　　　贷：预收账款　　　　　　　　　　　　　　　　　　　　　　440 000
③2017 年 12 月 31 日确认提供劳务收入并结转劳务成本时：
　　借：预收账款　　　　　　　　　　　　　　　　　　　　　　1 038 800
　　　　贷：主营业务收入　　　　　　　　　　　　　　　　　　　 980 000
　　　　　　应交税费——应交增值税（销项税额）　　　　　　　　　58 800
　　借：主营业务成本　　　　　　　　　　　　　　　　　　　　　 560 000
　　　　贷：劳务成本　　　　　　　　　　　　　　　　　　　　　 560 000

2. 提供劳务交易结果不能可靠估计

　　企业在资产负债表日提供劳务交易结果不能够可靠估计的，企业不能采用完工百分比法确认提供劳务收入。此时，企业应正确预计已经发生的劳务成本能够得到补偿和不能得到补偿，分别进行会计处理：①已经发生的劳务成本预计能够得到补偿的，应按已经发生的能够得到补偿的劳务成本金额确认提供劳务收入，并结转已经发生的劳务成本；②已经发生的劳务成本预计全部不能得到补偿的，应将已经发生的劳务成本计入当期损益，不确认提供劳务收入。

【例 13-11】诚达培训有限责任公司于 2017 年 12 月 25 日接受乙公司委托，为其培训一批学员，培训期为 6 个月，2018 年 1 月 1 日开学。协议约定，乙公司应向诚达培训有限责任公司支付的培训费总额为 90 000 元（不含增值税），分三次支付适用的增值税税率为 6%，第一次在开学时预付 31 800 元，第二次在 2018 年 3 月 1 日支付，第三次在培训结束时支付。

　　2018 年 1 月 1 日，乙公司预付第一次培训费。至 2018 年 2 月 28 日，诚达培训有限责任公司发生培训成本 35 000 元（假定均为培训人员薪酬）。2018 年 3 月 1 日，诚达培训有限责任公司得知乙公司经营发生困难，后两次培训费能否收回难以确定。

　　诚达培训有限责任公司的账务处理如下：
（1）2018 年 1 月 1 日收到乙公司预付的培训费时：
　　借：银行存款　　　　　　　　　　　　　　　　　　　　　　　31 800
　　　　贷：预收账款　　　　　　　　　　　　　　　　　　　　　 31 800
（2）实际发生培训支出 35 000 元时：
　　借：劳务成本　　　　　　　　　　　　　　　　　　　　　　　35 000
　　　　贷：应付职工薪酬　　　　　　　　　　　　　　　　　　　 35 000
（3）2018 年 2 月 28 日确认提供劳务收入并结转劳务成本时：
　　借：预收账款　　　　　　　　　　　　　　　　　　　　　　　31 800
　　　　贷：主营业务收入　　　　　　　　　　　　　　　　　　　 30 000
　　　　　　应交税费——应交增值税（销项税额）　　　　　　　　　 1 800
　　借：主营业务成本　　　　　　　　　　　　　　　　　　　　　 35 000
　　　　贷：劳务成本　　　　　　　　　　　　　　　　　　　　　 35 000

四、让渡资产使用权收入的确认和计量

（一）让渡资产使用权收入的确认

　　让渡资产使用权收入包括利息收入和使用费收入两类。企业对外出租资产收取的租金、

进行债权投资收取的利息、进行股权投资取得的现金股利,也构成让渡资产使用权收入。让渡资产使用权收入的确认条件如下:

1. 相关的经济利益很可能流入企业

相关的经济利益很可能流入企业,是指让渡资产使用权收入金额收回的可能性大于不能收回的可能性。企业在确定让渡资产使用权收入金额能否收回时,应当根据对方企业的信誉和生产经营情况、双方就结算方式和期限等达成的合同或协议条款等因素,综合进行判断。如果企业估计让渡资产使用权收入金额收回的可能性不大,就不应确认收入。

2. 收入的金额能够可靠地计量

收入的金额能够可靠地计量,是指让渡资产使用权收入的金额能够合理地估计。如果让渡资产使用权收入的金额不能够合理地估计,则不应确认收入。

(二) 让渡资产使用权收入的计量

1. 利息收入

企业应在资产负债表日,按照他人使用本企业货币资金的时间和实际利率计算并确定利息收入金额,账务处理如下:

借:应收利息、银行存款
　　贷:利息收入、其他业务收入(按计算确定的利息收入金额)

2. 使用费收入

使用费收入应当按照有关合同或协议约定的收费时间和方法计算确定。不同的使用费收入,收费时间和方法各不相同。有一次性收取一笔固定金额的,如一次收取10年的场地使用费;有在合同或协议规定的有效期内分期等额收取的,如合同或协议规定在使用期内每期收取一笔固定的金额;也有分期不等额收取的,如合同或协议规定按资产使用方每期销售额的百分比收取使用费等。

如果合同或协议规定一次性收取使用费,且不提供后续服务的,应当视同销售该项资产一次性确认收入;提供后续服务的,应在合同或协议规定的有效期内分期确认收入。如果合同或协议规定分期收取使用费的,通常应按合同或协议规定的收款时间和金额或规定的收费方法计算确定的金额分期确认收入。

【例13-12】永信实业有限责任公司向乙公司转让某软件的使用权,一次性收费50 000元,增值税税额为3 000元,不提供后续服务,款项已经收回。假定不考虑其他因素。

永信实业有限责任公司的账务处理如下:

借:银行存款　　　　　　　　　　　　　　　　　　　　　　　　53 000
　　贷:其他业务收入　　　　　　　　　　　　　　　　　　　　50 000
　　　　应交税费——应交增值税(销项税额)　　　　　　　　　3 000

【例13-13】永信实业有限责任公司向乙公司转让其商品的商标使用权,约定乙公司每年年末按年销售收入的10%支付使用费(不含增值税),适用的增值税税率为6%,使用期10年。第一年,乙公司实现销售收入2 000 000元;第二年,乙公司实现销售收入2 500 000元。假定永信实业有限责任公司均于每年年末收到使用费。

永信实业有限责任公司的账务处理如下:

(1) 第一年年末确认使用费收入时:

应确认的使用费收入 = 2 000 000 × 10% = 200 000(元)

应确认的增值税销项税额 = 200 000 × 6% = 12 000（元）
借：银行存款 2 12 000
　　贷：其他业务收入 200 000
　　　　应交税费——应交增值税（销项税额） 12 000
（2）第二年年末确认使用费收入时：
应确认的使用费收入 = 2 500 000 × 10% = 250 000（元）
应确认的增值税销项税额 = 250 000 × 6% = 15 000（元）
借：银行存款 265 000
　　贷：其他业务收入 250 000
　　　　应交税费——应交增值税（销项税额） 15 000

第二节　费　用

一、费用的概念及分类

（一）费用的概念

费用是指企业在日常活动中发生的、会导致所有者权益减少的、与向所有者分配利润无关的经济利益的总流出。

费用具有以下特征：

（1）费用是企业在日常活动中发生的；

（2）费用与向所有者分配利润无关；

（3）费用会导致经济利益的流出，即会直接导致资产的减少或者负债的增加；

（4）费用最终会导致所有者权益的减少。

费用的确认除了满足定义外，至少应当符合以下条件：

（1）与费用相关的经济利益应当很可能流出企业；

（2）经济利益流出企业的结果会导致企业资产减少或者负债增加；

（3）经济利益的流出额能够可靠计量。

符合费用定义和费用确认条件的项目，应当列入利润表。

（二）费用的分类

费用包括企业日常活动所产生的经济利益的总流出，主要是指企业为取得营业收入进行产品销售等营业活动所发生的企业货币资金的流出，具体包括主营业务成本、其他业务成本、税金及附加和期间费用。期间费用包括销售费用、管理费用和财务费用。

二、主营业务成本

主营业务成本是指企业销售商品、提供劳务等经常性活动所发生的成本。企业一般在确认销售商品、提供劳务等主营业务收入时，或在月末，将已销售商品、已提供劳务的成本转入主营业务成本。具体账务处理如下：

借：主营业务成本
　　贷：库存商品/劳务成本
期末，应将主营业务成本的余额转入"本年利润"账户，结转后该账户无余额

【例13-14】 2017年1月20日永信实业有限责任公司向乙公司销售一批产品，开出的增值税专用发票上注明的价款为200 000元，增值税税额为32 000元；永信实业有限责任公司已收到乙公司支付的款项232 000元，并将提货单送交乙公司；该批产品成本为190 000元。

永信实业有限责任公司应编制如下会计分录：

(1) 销售实现时：

借：银行存款　　　　　　　　　　　　　　　　　　　　　　　232 000
　　贷：主营业务收入　　　　　　　　　　　　　　　　　　　　　200 000
　　　　应交税费——应交增值税（销项税额）　　　　　　　　　　32 000
借：主营业务成本　　　　　　　　　　　　　　　　　　　　　　190 000
　　贷：库存商品　　　　　　　　　　　　　　　　　　　　　　　190 000

(2) 期末，将主营业务成本结转至本年利润时：

借：本年利润　　　　　　　　　　　　　　　　　　　　　　　　190 000
　　贷：主营业务成本　　　　　　　　　　　　　　　　　　　　　190 000

三、其他业务成本

其他业务成本是指企业确认的除主营业务活动以外的其他日常经营活动所发生的支出。其他业务成本包括销售材料的成本、出租固定资产的折旧额、出租无形资产的摊销额、出租包装物的成本或摊销额等。采用成本模式计量投资性房地产的，其投资性房地产计提的折旧额或摊销额，也构成其他业务成本。具体账务处理如下：

借：其他业务成本
　　贷：原材料、周转材料、累计折旧、累计摊销、应付职工薪酬、银行存款等
期末，应将其他业务成本的余额转入"本年利润"账户，结转后该账户无余额

【例13-15】 2017年5月2日，某公司销售一批原材料，开具的增值税专用发票上注明的售价为10 000元，增值税税额为1 600元，款项已由银行收妥。该批原材料的实际成本为7 000元。

该公司应编制如下账务处理：

(1) 销售实现时：

借：银行存款　　　　　　　　　　　　　　　　　　　　　　　　11 600
　　贷：其他业务收入　　　　　　　　　　　　　　　　　　　　　10 000
　　　　应交税费——应交增值税（销项税额）　　　　　　　　　　 1 600
借：其他业务成本　　　　　　　　　　　　　　　　　　　　　　　7 000
　　贷：原材料　　　　　　　　　　　　　　　　　　　　　　　　 7 000

(2) 期末，将其他业务成本结转至本年利润时：

借：本年利润　　　　　　　　　　　　　　　　　　　　　　　　　7 000
　　贷：其他业务成本　　　　　　　　　　　　　　　　　　　　　 7 000

四、税金及附加

税金及附加是指企业经营活动应负担的相关税费，包括消费税、城市维护建设税、教育

费附加、资源税、房产税、城镇土地使用税、车船税、印花税等。具体账务处理如下：

借：税金及附加
　　贷：应交税费——应交消费税、应交资源税、应交城市维护建设税等

企业购买印花税票缴纳的印花税，不会发生应付未付税款的情况，不需要预计应纳税金额，因此企业交纳的印花税不通过"应交税费"账户核算，直接借记"税金及附加"账户，贷记"银行存款"账户。

期末，应将"税金及附加"的余额转入"本年利润"账户，结转后该账户无余额。

【例13-16】 2017年12月，某公司当月应交房产税为450 000元，应交消费税150 000元，教育费附加42 000元，印花税1 800元。

该公司应编制账务处理如下：

借：税金及附加	643 800
贷：应交税费——应交房产税	450 000
——应交消费税	150 000
——应交教育费附加	42 000
银行存款	1 800

五、期间费用

期间费用是企业当期发生的费用中的重要组成部分，是指本期发生的、不能直接或间接归入某种产品成本的、直接计入损益的各项费用，包括管理费用、财务费用和销售费用。

（一）管理费用

管理费用是指企业为组织和管理企业生产经营所发生的管理费用。企业发生的管理费用，在"管理费用"账户核算，并在"管理费用"账户中按费用项目设置明细账，进行明细核算。期末，"管理费用"账户的发生额结转至"本年利润"账户后无余额。

【例13-17】 永信实业有限责任公司本月共发生经费4 500元，其中管理人员工资2 000元，发生福利费340元，以银行存款支付办公费用2 160元（假如未取得增值税专用发票）。

借：管理费用	4 500
贷：应付职工薪酬——工资	2 000
——职工福利费	340
银行存款	2 160

（二）财务费用

财务费用是指企业为筹集生产经营所需资金等而发生的筹资费用，包括利息支出（减利息收入）、汇兑损益以及相关的手续费、企业发生的现金折扣或收到的现金折扣等。企业发生的财务费用，在"财务费用"账户核算，并在"财务费用"账户中按费用项目设置明细账，进行明细核算。期末，"财务费用"账户的发生额结转至"本年利润"账户后无余额。

【例13-18】 永信实业有限责任公司本月发生以下与财务费用有关的业务：支付发行债券的手续费与印刷费50 000元。

借：财务费用——手续费	50 000
贷：银行存款	50 000

（三）销售费用

销售费用是指企业在销售商品和材料、提供劳务的过程中发生的各种费用。企业发生的销售费用，在"销售费用"账户核算，并在"销售费用"账户中按费用项目设置明细账，进行明细核算。期末，"销售费用"账户的发生额结转至"本年利润"账户后无余额。

【例 13-19】永信实业有限责任公司本月发生如下有关产品销售费用事项：支付运输费用 500 元，装卸费用 1 200 元；支付产品展览费 8 000 元；根据工资单应付销售部门人员工资 7 200 元（假如均未取得增值税专用发票）。

借：销售费用——运输费用　　　　　　　　　　500
　　　　　　——装卸费用　　　　　　　　　　1 200
　　　　　　——产品展览费　　　　　　　　　8 000
　　　　　　——工资　　　　　　　　　　　　7 200
　　贷：银行存款　　　　　　　　　　　　　　9 700
　　　　应付职工薪酬——工资　　　　　　　　7 200

第三节　利　润

一、利润的构成

利润是指企业在一定会计期间的经营成果。利润包括收入减去费用后的净额、直接计入当期利润的利得和损失等。

直接计入当期的利得和损失，是指应当计入当期损益、会导致所有者权益发生增减变动的、与所有者投入资本或者向所有者分配利润无关的利得或者损失。利润分为营业利润、利润总额、净利润。

（一）营业利润

营业利润 = 营业收入 − 营业成本 − 税金及附加 − 销售费用 − 财务费用 − 管理费用 − 资产减值损失 + 公允价值变动收益（− 公允价值变动损失）+ 投资收益（− 投资损失）+ 其他收益

其中，营业收入是指企业经营业务所确定的收入总额，包括主营业务收入和其他业务收入。营业成本是指企业经营业务所发生的实际成本总额，包括主营业务成本和其他业务成本。资产减值损失是指企业计提各项资产减值准备所形成的损失。公允价值变动收益（或损失）是指企业交易性金融资产等公允价值变动形成的应计入当期损益的利得（或损失）。投资收益（或损失）是指企业以各种方式对外投资所取得的收益（或发生的损失）。其他收益主要是指与企业日常活动相关，除冲减相关成本费用以外的政府补助。

（二）利润总额

利润总额 = 营业利润 + 营业外收入 − 营业外支出

其中，营业外收入（或支出）是指企业发生的与日常活动无直接关系的各项利得（或损失）。

（三）净利润

$$净利润 = 利润总额 - 所得税费用$$

其中，所得税费用是指企业确认的应当从当期利润总额中扣除的所得税费用。

（四）营业外收支

营业外收支是指企业发生的与日常活动无直接关系的各项收支。营业外收支虽然与企业生产经营活动没有多大的关系，但是从企业主体来考虑，同样带来收入或形成企业的支出，也是增加或减少利润的因素，对企业的利润总额及净利润产生较大的影响。

1. 营业外收入

营业外收入是指企业确认的与其日常活动无直接关系的各项利得。营业外收入并不是由企业经营资金耗费所产生的，不需要企业付出代价，实际上是一种纯收入，不可能也不需要与有关费用进行配比。因此，在会计核算上，应当严格区分营业外收入与营业收入的界限。营业外收入主要包括非流动资产处置利得、非货币性资产交换利得、债务重组利得、政府补助、盘盈利得、捐赠利得等。

非流动资产处置利得包括固定资产处置利得和无形资产出售利得。固定资产处置利得，是指企业出售固定资产所取得价款或报废固定资产的材料价值和变价收入等，扣除被处置固定资产的账面价值、清理费用、与处置相关的税费后的净收益；无形资产出售利得，是指企业出售无形资产所取得价款，扣除被出售无形资产的账面价值、与出售相关的税费后的净收益。

非货币性资产交换利得，是指在非货币性资产交换中换出资产为固定资产、无形资产的，换入资产公允价值大于换出资产账面价值的差额，扣除相关费用后计入营业外收入的金额。

债务重组利得，是指重组债务的账面价值超过清偿债务的现金、非现金资产的公允价值、所转股份的公允价值，或者重组后债务账面价值之间的差额。

盘盈利得，是指企业对于现金等资产清查盘点中盘盈的资产，报经批准后计入营业外收入的金额。

政府补助，是指企业从政府无偿取得货币性资产或非货币性资产形成的利得。

捐赠利得，是指企业接受捐赠产生的利得。

企业应当通过"营业外收入"账户，核算营业外收入的取得和结转情况。该账户可按营业外收入项目进行明细核算。期末，应将该账户发生额转入"本年利润"账户，结转后该账户无余额。

2. 营业外支出

营业外支出是指企业发生的与日常活动无直接关系的各项损失。营业外支出主要包括非流动资产处置损失、非货币性资产交换损失、债务重组损失、公益性捐赠支出、非常损失、盘亏损失等。

非流动资产处置损失包括固定资产处置损失和无形资产出售损失。固定资产处置损失，是指企业出售固定资产所取得价款或报废固定资产的材料价值和变价收入等，抵补处置固定资产的账面价值、清理费用、处置相关税费后的净损失；无形资产出售损失，是指企业出售无形资产所取得价款，抵补出售无形资产的账面价值、出售相关税费后的净损失。

非货币性资产交换损失,是指在非货币性资产交换中换出资产为固定资产、无形资产的,换入资产公允价值小于换出资产账面价值的差额,扣除相关费用后计入营业外支出的金额。

债务重组损失,是指重组债权的账面余额超过受让资产的公允价值、所转股份的公允价值,或者重组后债权的账面价值之间的差额。

公益性捐赠支出,是指企业对外进行公益性捐赠发生的支出。

非常损失,是指企业对于因客观因素(如自然灾害等)造成的损失,在扣除保险公司赔偿后计入营业外支出的净损失。

盘亏企业应通过"营业外支出"账户,核算营业外支出的发生及结转情况。该账户可按营业外支出项目进行明细核算。期末,应将该账户发生额转入"本年利润"账户,结转后该账户无余额。

二、所得税费用

企业的所得税费用包括当期所得税和递延所得税两个部分。其中,当期所得税是指当期应交所得税。递延所得税包括递延所得税资产和递延所得税负债。递延所得税资产是指以未来期间很可能取得用来抵扣可抵扣暂时性差异的应纳税所得额为限确认的一项资产。递延所得税负债是指根据应纳税暂时性差异计算的未来期间应交所得税的金额。

(一)应交所得税的计算

应交所得税是指企业按照《中华人民共和国企业所得税法》(简称《企业所得税法》)规定计算确定的针对当期发生的交易和事项,应缴纳给税务部门的所得税金额,即当期应交所得税。

应交所得税 = 应纳税所得额 × 企业所得税税率
    = (税前会计利润 + 纳税调整增加额 – 纳税调整减少额) × 企业所得税税率

1. 纳税调整增加额

(1)企业所得税法规定允许扣除项目中,企业已计入当期费用但超过税法规定扣除标准的金额:

①职工福利费、工会经费、职工教育经费的扣除限额:工资的14%、2%、2.5%。

②业务招待费:按照发生额的60%扣除,但最高不得超过当年销售(营业)收入的5‰。

③广告费和业务宣传费:销售(营业)收入的15%以内据实扣除。

(2)企业已计入当期损失但《企业所得税法》规定不允许扣除项目的金额:

①税收滞纳金、罚款、罚金;

②计提的各种资产的减值准备。

2. 纳税调整减少额

按企业所得税法规定允许弥补的亏损和准予免税的项目,如国债利息收入、前五年内的未弥补亏损及符合条件的居民企业间投资收益等。

【例13-20】永信实业有限责任公司2017年度利润总额(税前会计利润)为19 800 000

元,所得税税率为25%。其中包括本年实现的国债利息收入500 000元,永信实业有限责任公司全年实发工资、薪金为2 000 000元,职工福利费300 000元,工会经费50 000元,职工教育经费100 000元;经查,永信实业有限责任公司当年营业外支出中有120 000元为税款滞纳罚金。假定永信实业有限责任公司全年无其他纳税调整因素。

纳税调整增加额=(300 000-280 000)+(50 000-40 000)+(100 000-50 000)+120 000=200 000(元);

按《企业所得税法》规定,企业购买国债的利息收入免交所得税,即在计算应纳税所得额时可将期扣除。

应纳税所得额=19 800 000+200 000-500 000=19 500 000(元);

当期应交所得税额=19 500 000×25%=4 875 000(元)。

(二)所得税费用的账务处理

企业应根据所得税准则的规定,计算确定的当期所得税和递延所得税之和,即为应从当期利润总额中扣除的所得税费用。

$$所得税费用=当期所得税+递延所得税$$

其中,递延所得税=(递延所得税负债的期末余额-递延所得税负债的期初余额)-(递延所得税资产的期末余额-递延所得税资产的期初余额)

【例13-21】承【例13-20】,2017年,永信实业有限责任公司递延所得税负债年初数为400 000元,年末数为500 000元,递延所得税资产年初数为250 000元,年末数为200 000元。

永信实业有限责任公司所得税费用的计算如下:

第一步:根据【例13-20】计算结果,当期应交所得税税额为4 875 000(元)。

借:所得税费用　　　　　　　　　　　　　　　　　　4 875 000
　　贷:应交税费——应交所得税　　　　　　　　　　　　　　4 875 000

第二步:本例题中递延所得税负债增加=(递延所得税负债的期末余额-递延所得税负债的期初余额)=500 000-400 000=100 000(元)。

借:所得税费用　　　　　　　　　　　　　　　　　　100 000
　　贷:递延所得税负债　　　　　　　　　　　　　　　　　　100 000

第三步:本例题中递延所得税资产增加=(递延所得税资产的期末余额-递延所得税资产的期初余额)=200 000-250 000=-50 000(元)

借:所得税费用　　　　　　　　　　　　　　　　　　50 000
　　贷:递延所得税资产　　　　　　　　　　　　　　　　　　50 000

最后:永信实业有限责任公司所得税费用=当期所得税+递延所得税=4 875 000+150 000=5 025 000(元)。

会计分录如下:

借:所得税费用　　　　　　　　　　　　　　　　　　5 025 000
　　贷:应交税费——应交所得税　　　　　　　　　　　　　　4 875 000
　　　　递延所得税负债　　　　　　　　　　　　　　　　　　100 000
　　　　递延所得税资产　　　　　　　　　　　　　　　　　　50 000

三、利润的结转与分配

(一) 利润的结转

企业期末结转利润时,应将各损益类账户的发生额转入"本年利润"账户,结平各损益类账户。期末结转时做如下账务处理:

1. 结转各项收入、利得类账户

借:主营业务收入
　　其他业务收入
　　其他收益
　　公允价值变动损益
　　投资收益
　　营业外收入
　贷:本年利润

2. 结转各项费用、损失类账户

借:本年利润
　贷:主营业务成本
　　　其他业务成本
　　　税金及附加
　　　销售费用
　　　管理费用
　　　财务费用
　　　资产减值损失
　　　营业外支出
　　　所得税费用

结转后,"本年利润"账户的贷方余额为当期实现的净利润,借方余额为当期发生的净亏损。年度终了,企业还应将"本年利润"账户的本年累计余额转入"利润分配——未分配利润"账户。结转后"本年利润"账户无余额。本年实现净利润的账务处理如下:

借:本年利润
　贷:利润分配——未分配利润

如为净亏损,则做相反的会计分录。

【例13-22】永信实业有限责任公司2017年取得主营业务收入6 000 000元,其他业务收入700 000元,公允价值变动损益150 000元,投资收益1 000 000元,营业外收入50 000元,主营业务成本4 000 000元,其他业务成本400 000元,税金及附加80 000元,销售费用500 000元,管理费用770 000元,财务费用200 000元,资产减值损失100 000元,营业外支出250 000元,所得税费用400 000元。

永信实业有限责任公司2017年年末结转本年利润,应编制如下会计分录:

(1) 将各损益类账户年末余额结转至"本年利润"账户:

①结转各项账户、利得类账户:

借:主营业务收入　　　　　　　　　　　　　6 000 000

其他业务收入	700 000
公允价值变动损益	150 000
投资收益	1 000 000
营业外收入	50 000
贷：本年利润	7 900 000

②结转各项费用、损失类账户：

借：本年利润	6 700 000
贷：主营业务成本	4 000 000
其他业务成本	400 000
税金及附加	80 000
销售费用	500 000
管理费用	770 000
财务费用	200 000
资产减值损失	100 000
营业外支出	250 000
所得税费用	400 000

(2) 将"本年利润"账户年末余额 1 200 000 元（7 900 000 - 6 700 000）转入"利润分配——未分配利润"科目：

| 借：本年利润 | 1 200 000 |
| 贷：利润分配——未分配利润 | 1 200 000 |

（二）利润的分配

根据《公司法》等有关法规的规定，企业当年实现的净利润，一般应当按照如下顺序进行分配。

1. 提取法定盈余公积

公司制企业的法定盈余公积应按照税后利润的10%的比例提取（非公司制企业也可按照超过10%的比例提取），在计算提取法定盈余公积的基数时，不应包括企业年初未分配利润。公司法定盈余公积累计额超过公司注册资本的50%以上时，可以不再提取法定盈余公积。

公司的法定盈余公积不足以弥补以前年度亏损的，在提取法定盈余公积之前，应当先用当年利润弥补亏损。

2. 提取任意盈余公积

公司从税后利润中提取法定盈余公积后，经股东会或者股东大会决议，还可以从税后利润中提取任意盈余公积。非公司制企业经类似权力机构批准，也可提取任意盈余公积。

3. 向投资者分配利润或股利

公司弥补亏损和提取盈余公积后所余税后利润，有限责任公司股东按照实缴的出资比例分取红利，但是，全体股东约定不按照出资比例分取红利的除外；股份有限公司按照股东持有的股份比例分配，但股份有限公司章程规定不按持股比例分配的除外。股东会、股东大会或者董事会违反规定，在公司弥补亏损和提取法定盈余公积之前向股东分配利润的，股东必须将违反规定分配的利润退还公司。公司持有的本公司股份不得分配利润。

4. 利润分配的账务处理

（1）为了反映盈余公积的形成及使用情况，企业应设置"盈余公积"账户。企业应当分别设置"法定盈余公积""任意盈余公积"进行明细核算。企业提取盈余公积时，账务处理如下：

借：利润分配——提取法定盈余公积
　　贷：盈余公积——法定盈余公积
借：利润分配——提取任意盈余公积
　　贷：盈余公积——任意盈余公积

（2）分配股利或利润的账务处理。经股东大会或类似机构决议，分配给股东或投资者的现金股利或利润，账务处理如下：

借：利润分配——应付现金股利或利润
　　贷：应付股利

经股东大会或类似机构决议，分配给股东的股票股利，应在办理增资手续后，做如下的账务处理：

借：利润分配——转作股本的股利
　　贷：股本

（3）期末结转的账务处理。期末，将"利润分配"账户所属的其他明细账户的余额，转入"未分配利润"明细账户。结转后，"未分配利润"明细账户的贷方余额，就是未分配利润的金额；如出现借方余额，则表示未弥补亏损的金额。"利润分配"账户所属的其他明细账户应无余额。应做如下账务处理：

借：利润分配——未分配利润
　　贷：利润分配——提取法定盈余公积
　　　　　　　　——提取任意盈余公积
　　　　　　　　——应付现金股利
　　　　　　　　——转作股本的股利

【例13-23】永信实业有限责任公司的股本为100 000 000元，每股面值1元。2016年年初未分配利润为贷方80 000 000元，2016年实现净利润50 000 000元。

假定永信实业有限责任公司按照2016年实现净利润的10%提取法定盈余公积，按照5%提取任意盈余公积，并于2017年3月1日宣告向股东按每股0.2元派发现金股利，于3月15日，以银行存款支付了全部现金股利。3月16日宣告按每10股送3股的比例派发股票股利，并于3月26日办理完新增股权登记和相关增资手续。

永信实业有限责任公司的账务处理如下：

（1）2016年度终了时，永信实业有限责任公司结转本年实现的净利润：

借：本年利润　　　　　　　　　　　　　　　　　　　　50 000 000
　　贷：利润分配——未分配利润　　　　　　　　　　　　　　50 000 000

（2）提取法定盈余公积和任意盈余公积：

借：利润分配——提取法定盈余公积　　　　　　　　　　5 000 000
　　　　　　——提取任意盈余公积　　　　　　　　　　2 500 000
　　贷：盈余公积——法定盈余公积　　　　　　　　　　　　　5 000 000
　　　　　　　　——任意盈余公积　　　　　　　　　　　　　2 500 000

（3）宣告发放现金股利：

100 000 000 × 0.2 = 20 000 000（元）

借：利润分配——应付现金股利	20 000 000
贷：应付股利	20 000 000

2017年3月15日，实际发放现金股利：

借：应付股利	20 000 000
贷：银行存款	20 000 000

（4）发放股票股利：

100 000 000 × 1 × 30% = 30 000 000（元）

借：利润分配——转作股本的股利	30 000 000
贷：股本	30 000 000

（5）结转"利润分配"的明细账户：

借：利润分配——未分配利润	57 500 000
贷：利润分配——提取法定盈余公积	5 000 000
——提取任意盈余公积	2 500 000
——应付现金股利	20 000 000
——转作股本的股利	30 000 000

永信实业有限责任公司2017年年底"利润分配——未分配利润"账户的余额为 80 000 000 + 50 000 000 − 7 500 000 − 20 000 000 − 30 000 000 = 72 500 000（元）即贷方余额为72 500 000元，反映企业的累计未分配利润为72 500 000元。

第十四章

财务会计报告

第一节 财务会计报告概述

一、财务会计报告及其目标

财务会计报告是企业正式对外揭示或表述财务信息的总结性书页文件,也称财务报告。《企业会计准则——基本准则》将其定义为"企业对外提供的反映企业某一特定日期的财务状况和某一会计期间的经营成果、现金流量等会计信息的文件"。财务报告包括财务报表和其他应当在财务报告中披露的相关信息和资料①。

财务报告的目标,是向财务报告使用者提供与企业财务状况、经营成果和现金流量等有关的会计信息。财务报告使用者通常包括投资者、债权人、政府及其有关部门和社会公众等。

二、财务报表的组成和分类

(一) 财务报表的组成

财务报表是对企业财务状况、经营成果和现金流量的结构性表述。财务报表至少应当包括资产负债表、利润表、现金流量表、所有者权益(或股东权益,下同)变动表以及附注。

(二) 财务报表的分类

财务报表可以按照不同的标准进行分类。

(1) 按编报期间的不同,财务报表可以分为中期财务报表和年度财务报表。中期财务报表是以短于一个完整会计年度的报告期间为基础编制的财务报表,包括月报、季报和半年报等。中期财务报表至少应当包括资产负债表、利润表、现金流量表和附注。但与年度财务报表相比,中期财务报表中的附注披露可适当简略。

---

① 《会计法》(2017 年修订)规定,财务会计报告由会计报表、会计报表附注和财务情况说明书组成。

（2）按编报主体的不同，财务报表可以分为个别财务报表和合并财务报表。个别财务报表是由企业在自身会计核算基础上对账簿记录进行加工而编制的财务报表，它主要用以反映企业自身的财务状况、经营成果和现金流量情况。合并财务报表是以母公司和子公司组成的企业集团为会计主体，根据母公司和所属子公司的财务报表，由母公司编制的综合反映企业集团财务状况、经营成果和现金流量的财务报表。

（3）按反映财务内容的不同，财务报表可以分为静态财务报表和动态财务报表。静态财务报表，一般应根据有关账户的"期末余额"填列，如资产负债表；动态财务报表，一般应根据有关账户的"发生额"填列，如利润表、所有者权益变动表等。

（4）按服务对象的不同，财务报表可以分为外部报表和内部报表。外部报表服务对象包括投资人、债权人、政府部门和社会公众，如上述中的"四表一注"。内部报表服务对象包括企业内部经营管理者，如成本报表。

三、财务报表编制的基本要求

（一）以持续经营为基础编制

企业应当以持续经营为基础，根据实际发生的交易或者事项，按照《企业会计准则——基本准则》和其他各项会计准则的规定交易或者事项进行确认和计量，在此基础上编制财务报表。

（二）按重要性原则进行项目列报

性质或功能不同的项目，应当在财务报表中单独列报，但不具有重要性的项目除外。性质或功能类似的项目，其所属类别具有重要性的，应当按其类别在财务报表中单独列报。

（三）按可比期间的数据列报

当期财务报表的列报，至少应当提供所有列报项目上一个可比会计期间的比较数据，以及与理解当期财务报表相关的说明，但其他会计准则另有规定的除外。财务报表的列报项目发生变更的，应当至少对可比期间的数据按照当期的列报要求进行调整，并在附注中披露调整的原因和性质，以及调整的各项目金额。

此外，财务报表一般分为表首、正表两部分。表首部分应包括：①编制企业的名称；②资产负债表日或财务报表涵盖的期间；③人民币金额单位；④财务报表是合并报表的，应当予以说明。企业至少应当按年编制财务报表。

第二节 资产负债表

一、资产负债表概述

（一）资产负债表的概念

资产负债表是反映企业在某一特定日期财务状况的会计报表。它反映企业在某一特定日期所拥有或控制的经济资源、所承担的现时义务和所有者对净资产的要求权。

（二）资产负债表的作用

资产负债表能够提供资产、负债和所有者权益的全貌，有着极其重要的作用，主要表现在：

（1）资产负债表可以提供企业某一特定日期的资产总额及其结构，表明企业拥有或控制的资源及其分布情况，该报表是分析企业生产经营能力的重要资料。

（2）资产负债表可以提供企业某一特定日期的负债总额及其结构，表明企业未来需要用多少资产或劳务清偿债务以及清偿时间。

（3）资产负债表可以反映所有者所拥有的权益，据以判断资本保值、增值的情况以及对负债的保障程度。

（4）资产负债表可以提供企业进行财务分析的基本资料，通过资产负债表可以计算流动比率、速动比率等，以了解企业的变现能力、偿债能力和资金周转能力，从而有助于报表使用者做出经济决策。

（二）资产负债表的内容

（1）资产，反映由过去的交易、事项形成并由企业在某一特定日期所拥有或控制的、预期会给企业带来经济利益的资源。资产应当按照流动资产和非流动资产两大类别在资产负债表中列示，在流动资产和非流动资产类别下进一步按性质分项列示。

资产满足下列条件之一的，应当划分为流动资产：①预计在一个正常营业周期中变现、出售或耗用；②主要为交易目的而持有；③预计在资产负债表日起一年内（含一年）变现；④自资产负债表日起一年内，交换其他资产或清偿负债的能力不受限制的现金或现金等价物。资产负债表中列示的流动资产项目通常包括货币资金、以公允价值计量且其变动计入当期损益的金融资产、应收票据、应收账款、预付款项、应收利息、应收股利、其他应收款、存货、持有待售资产和一年内到期的非流动资产等。

非流动资产是指流动资产以外的资产。资产负债表中列示的非流动资产项目通常包括长期股权投资、固定资产、在建工程、工程物资、固定资产清理、无形资产、开发支出、长期待摊费用以及其他非流动资产等。

（2）负债，反映在某一特定日期企业所承担的、预期会导致经济利益流出企业的现时义务。负债应当按照流动负债和非流动负债在资产负债表中进行列示，在流动负债和非流动负债类别下再进一步按性质分项列示。

负债满足下列条件之一的，应当划分为流动负债：①预计在一个正常营业周期中清偿；②主要为交易目的而持有；③自资产负债表日起一年内（含一年）到期应予以清偿；④企业无权自主地将清偿推迟至资产负债表日后一年以上。资产负债表中列示的流动负债项目通常包括短期借款、以公允价值计量且其变动计入当期损益的金融负债、应付票据、应付账款、预收款项、应付职工薪酬、应交税费、应付利息、应付股利、其他应付款、持有待售负债和一年内到期的非流动负债等。

非流动负债是指流动负债以外的负债。非流动负债项目通常包括长期借款、应付债券和其他非流动负债等。

（3）所有者权益，是企业资产扣除负债后的剩余权益，反映企业在某一特定日期股东（或投资者）拥有的净资产总额，它一般按照实收资本（或股本，下同）、其他权益工具、资本公积、盈余公积和未分配利润分项列示。

二、资产负债表的结构

我国企业的资产负债表采用账户式结构，报表分为左右两方，左方列示资产各项目，大体按资产的流动性大小排列，流动性大的资产（如"货币资金""以公允价值计量且其变动计入当期损益的金融资产"等）排在前面，流动性小的资产（如"长期股权投资""固定资产"等）排在后面。右方列示负债和所有者权益各项目，一般按要求清偿时间的先后顺序排列。如"短期借款""以公允价值计量且其变动计入当期损益的金融负债""应付票据""应付账款"等需要在一年以内或者长于一年的一个正常营业周期内偿还的流动负债排在前面；"长期借款"等在一年以上才需偿还的非流动负债排在中间；在企业清算之前不需要偿还的所有者权益项目排在后面。因此，通过账户式资产负债表可以反映资产、负债、所有者权益之间的内在关系，即"资产＝负债＋所有者权益"。

为了使报表使用者通过比较不同时点资产负债表的数据，掌握企业财务状况的变动情况及发展趋势，企业需要提供能够进行比较的资产负债表，资产负债表还就各项目再分为"年初余额"和"期末余额"两栏分别填列。我国一般企业资产负债表格式见表14-1。

表14-1 资产负债表   会企01表

编制单位：   年 月 日   单位：元

资产	期末余额	年初余额	负债和所有者权益（或股东权益）	期末余额	年初余额
流动资产：			流动负债：		
货币资金			短期借款		
以公允价值计量且其变动计入当期损益的金融资产			以公允价值计量且其变动计入当期损益的金融负债		
应收票据			应付票据		
应收账款			应付账款		
预付款项			预收款项		
应收利息			应付职工薪酬		
应收股利			应交税费		
其他应收款			应付利息		
存货			应付股利		
持有待售资产			其他应付款		
一年内到期的非流动资产			持有待售负债		
其他流动资产			一年内到期的非流动负债		
流动资产合计			其他流动负债		
非流动资产：			流动负债合计		
可供出售金融资产			非流动负债：		
持有至到期投资			长期借款		
长期应收款			应付债券		

续表

资产	期末余额	年初余额	负债和所有者权益（或股东权益）	期末余额	年初余额
长期股权投资			长期应付款		
投资性房地产			专项借款		
固定资产			预计负债		
在建工程			递延所得税负债		
工程物资			其他非流动负债		
固定资产清理			非流动负债合计		
生产性生物资产			负债合计		
油气资产			所有者权益（或股东权益）：		
无形资产			实收资本（或股本）		
开发支出			其他权益工具		
商誉			资本公积		
长期待摊费用			减：库存股		
递延所得税资产			盈余公积		
其他非流动资产			未分配利润		
非流动资产合计			所有者权益（或股东权益）合计		
资产总计			负债和所有者权益（或股东权益）总计		

三、资产负债表的编制

（一）年初余额栏的填列方法

资产负债表"年初余额"栏内各项数字，应根据上年年末资产负债表的"期末余额"栏内所列数字填列。如果上年度资产负债表规定的各个项目的名称和内容同本年度不一致，应按照本年度的规定对上年年末资产负债表各项目的名称和数字进行调整，填入表中的"年初余额"栏内。

（二）期末余额栏的填列方法

资产负债表"期末余额"是指相关项目的某一资产负债表日的金额，即月末、季末、半年末或年末的金额。"期末余额"栏一般应根据资产、负债和所有者权益类账户的期末余额填列。其主要包括以下几种填列方法。

1. 根据总账账户余额填列

（1）根据总账账户的余额直接填列。如"以公允价值计量且其变动计入当期损益的金融资产""工程物资""固定资产清理""递延所得税资产""短期借款""应付票据""应交税费""实收资本（或股本）""库存股""资本公积""其他综合收益""专项储备""盈余公积"等项目，应根据总账账户的余额直接填列。

（2）根据多个总账账户的期末余额计算填列。如"货币资金"项目，需要根据"库存现金""银行存款""其他货币资金"三个总账账户的期末余额的合计数填列。

2. 根据明细账账户余额计算填列

（1）"应付账款"项目，需要根据"应付账款"和"预付账款"两个账户所属的相关明细账户的期末贷方余额计算填列，即应付账款＝应付账款所属明细账户贷方余额＋预付账款所属明细账户贷方余额。

（2）"应收账款"项目，需要根据"应收账款"和"预收账款"两个账户所属的相关明细账户的期末借方余额减去与应收账款有关的坏账准备贷方余额计算填列，即应收账款＝应收账款所属明细账户借方余额＋预收账款所属明细账户借方余额－与应收账款有关的坏账准备贷方余额。

（3）"应付职工薪酬"项目，应根据"应付职工薪酬"账户的明细账户期末余额计算填列。

3. 根据总账账户和明细账账户余额分析计算填列

如"长期借款"项目，需要根据"长期借款"总账账户余额扣除"长期借款"账户所属的明细账账户中将在一年内到期且企业不能自主地将清偿义务展期的长期借款后的金额计算填列，即长期借款＝长期借款总账账户余额－长期借款所属明细账账户中将在一年内到期且企业不能自主地将清偿义务展期的长期借款金额。

4. 根据有关账户余额减去其备抵账户余额后的净额填列

如资产负债表中的"应收账款"项目，应当根据"应收账款"账户的期末余额减去"坏账准备"备抵账户的余额后的净额填列；"长期股权投资"项目，应当根据"长期股权投资"备抵账户的期末余额减去"长期股权投资减值准备"账户余额后的净额填列；"固定资产"项目，应当根据"固定资产"账户的期末余额减去"累计折旧""固定资产减值准备"等备抵账户的余额后的净额填列；"无形资产"项目，应当根据"无形资产"账户的期末余额，减去"累计摊销""无形资产减值准备"备抵账户余额后的净额填列。

5. 综合运用上述填列方法分析计算填列

资产负债表中的"存货"项目，需要根据"原材料""库存商品""委托加工物资""周转材料""材料采购""在途物资""发出商品""材料成本差异"等总账账户期末余额的分析汇总数，减去"受托代销商品款""存货跌价准备"账户余额后的净额填列。

（三）资产负债表项目的填列说明

资产负债表中资产、负债和所有者权益主要项目的填列说明如下：

1. 资产项目的填列说明

（1）"货币资金"项目，反映企业库存现金、银行结算户存款、外埠存款、银行汇票存款、银行本票存款、信用卡存款、信用证保证金存款等的合计数。本项目应根据"库存现金""银行存款""其他货币资金"账户期末余额的合计数填列。

（2）"以公允价值计量且其变动计入当期损益的金融资产"项目，反映企业持有的以公允价值计量且其变动计入当期损益的为交易目的所持有的债券投资、股票投资、基金投资、权证投资等金融资产。本项目应当根据"交易性金融资产"账户的期末余额填列。

（3）"应收票据"项目，反映企业因销售商品、提供劳务等收到的商业汇票，包括商业承兑汇票和银行承兑汇票。本项目应根据"应收票据"账户的期末余额，减去"坏账准备"账户中有关应收票据计提的坏账准备期末金额后的净额填列。

(4)"应收账款"项目,反映企业因销售商品、产品和提供劳务等经营活动应收取的各种款项。本项目应根据"应收账款"和"预收账款"账户所属各明细账户的期末借方余额合计,减去"坏账准备"账户中有关应收账款计提的坏账准备期末余额后的余额填列。如"应收账款"账户所属明细账户期末有贷方余额,应在资产负债表"预收款项"项目内填列。

(5)"预付款项"项目,反映企业预付给供应单位的款项。本项目应根据"预付账款"和"应付账款"账户所属各明细账户的期末借方余额合计数,减去"坏账准备"账户中有关预付账款计提的坏账准备期末余额后的净额填列。如果"预付账款"账户所属有关明细账户期末有贷方余额的,应在资产负债表"应付账款"项目内填列。

(6)"应收利息"项目,反映企业因持有交易性金融资产、持有至到期投资和可供出售金融资产等应收取的利息。本项目应根据"应收利息"账户的期末余额,减去"坏账准备"账户中有关应收利息计提的坏账准备期末金额后的净额填列。

(7)"应收股利"项目,反映企业因股权投资而应收取的现金股利和应收其他单位分配的利润。本项目应根据"应收股利"账户的期末余额,减去"坏账准备"账户中有关应收股利计提的坏账准备期末余额后的净额填列。

(8)"其他应收款"项目,反映企业对其他单位和个人的应收和暂付的款项。本项目应根据"其他应收款"账户的期末余额,减去"坏账准备"账户中有关其他应收款计提的坏账准备期末余额后的净额填列。

(9)"存货"项目,反映企业期末在库、在途和在加工中的各种存货的可变现净值。存货包括各种原材料、商品、在产品、半成品、发出商品、包装物、低值易耗品、委托代销商品和受托代销商品等。本项目应根据"在途物资(材料采购)""原材料""材料成本差异""库存商品""周转材料""委托加工物资""发出商品""受托代销商品""生产成本""劳务成本"等账户的期末余额合计数,减去"受托代销商品款""存货跌价准备"账户期末余额后的净额填列。

(10)"持有待售资产"项目,反映企业划分为持有待售的非流动资产及被划分为持有待售的处置中的资产。本项目应根据单独设置的"持有待售资产"账户的期末余额填列;或根据非流动资产账户的余额分析计算填列。

(11)"一年内到期的非流动资产"项目,反映企业将于一年内到期的非流动资产项目金额。本项目应根据"持有至到期投资""可供出售金融资产"等账户及相关记录分析填列。

(12)"其他流动资产"项目,反映企业除以上流动资产项目外的其他流动资产,本项目应根据有关账户的期末余额填列。

(13)"可供出售金融资产"项目,反映企业持有的可供出售金融资产的公允价值。本项目应根据"可供出售金融资产"账户的期末余额减去相应减值准备后的余额填列。

(14)"持有至到期投资"项目,反映企业持有的以摊余成本计量的持有至到期投资。本项目应根据"持有至到期投资"账户期末余额减去"持有至到期投资减值准备"账户期末余额后的净额填列。

(15)"长期应收款"项目,反映企业融资租赁产生的应收款项和采用递延方式分期收款、实质上具有融资性质的销售商品和提供劳务等产生的应收款项。本项目应根据"长期应收款"账户的期末余额减去"未实现融资收益"账户和"坏账准备"账户所属相关明细账户期末余额后的金额填列。

（16）"长期股权投资"项目，反映企业持有的对子公司、联营企业和合营企业的长期股权投资。本项目应根据"长期股权投资"账户的期末余额减去"长期股权投资减值准备"账户的期末余额后的净额填列。

（17）"投资性房地产"项目，反映企业持有的投资性房地产。企业采用成本模式计量投资性房地产的，本项目应根据"投资性房地产"账户期末余额，减去"投资性房地产累计折旧（摊销）"和"投资性房地产减值准备"账户的期末余额后的金额填列；企业采用公允价值模式计量投资性房地产的，本项目应根据"投资性房地产"账户期末余额填列。

（18）"固定资产"项目，反映企业各种固定资产原价减去累计折旧和累计减值准备后的净额。本项目应根据"固定资产"账户的期末余额，减去"累计折旧"和"固定资产减值准备"账户期末余额后的金额填列。

（19）"在建工程"项目，反映企业期末各项未完工程的实际支出，包括交付安装的设备价值、未完建筑安装工程已经耗用的材料、工资和费用支出、预付出包工程的价款等项目的可收回金额。本项目应根据"在建工程"账户的期末余额，减去"在建工程减值准备"账户期末余额后的金额填列。

（20）"工程物资"项目，反映企业尚未使用的各项工程物资的实际成本。本项目应根据"工程物资"账户的期末余额填列。

（21）"固定资产清理"项目，反映企业因出售、毁损、报废等原因转入清理但尚未清理完毕的固定资产的净值，以及固定资产清理过程中所发生的清理费用和变价收入等各项金额的差额。本项目应根据"固定资产清理"账户的期末借方余额填列，如"固定资产清理"账户期末为贷方余额，以"－"号填列。

（22）"生产性生物资产"项目，反映企业持有的生产性生物资产。本项目应根据"生产性生物资产"账户的期末余额，减去"生产性生物资产累计折旧"和"生产性生物资产减值准备"账户期末余额后的金额填列。

（23）"油气资产"项目，反映企业持有的矿区权益和油气井及相关设施的原价减去累计折耗和累计减值准备获得的净额。本项目应根据"油气资产"账户期末余额，减去"累计折耗"账户期末余额和相应减值准备后的金额填列。

（24）"无形资产"项目，反映企业持有的各项无形资产的净值。本项目应根据"无形资产"账户的期末余额，减去"累计摊销"和"无形资产减值准备"账户期末余额后的金额填列。

（25）"开发支出"项目，反映企业在开发无形资产过程中能够资本化形成无形资产成本的支出部分。本项目应当根据"开发支出"账户中所属的"资本化支出"明细账户期末余额填列。

（26）"商誉"项目，反映企业合并中形成的商誉的价值。本项目应当根据"商誉"账户的期末余额，减去相应的减值准备后的金额填列。

（27）"长期待摊费用"项目，反映企业已经发生但应由本期和以后各期负担的分摊期限在一年以上（不含一年）的各项费用。长期待摊费用中在一年内（含一年）摊销的部分，应在资产负债表"一年内到期的非流动资产"项目填列。本项目应根据"长期待摊费用"账户的期末余额减去将于一年内（含一年）摊销的数额后的金额填列。

(28)"递延所得税资产"项目,反映企业确认的可抵扣暂时性差异产生的所得税资产。本项目应根据"递延所得税资产"账户的期末余额填列。

(29)"其他非流动资产"项目,反映企业除长期股权投资、固定资产、在建工程、工程物资、无形资产等以外的其他非流动资产。本项目应当根据有关账户的期末余额填列。

2. 负债项目的填列说明

(1)"短期借款"项目,反映企业向银行或其他金融机构等借入的期限在一年以下(含一年)的各种借款。本项目应根据"短期借款"账户的期末余额填列。

(2)"以公允价值计量且其变动计入当期损益的金融负债"项目,反映企业持有的以公允价值计量且其变动计入当期损益的为交易目的所发行的金融负债。本项目应当根据"交易性金融负债"账户期末余额填列。

(3)"应付票据"项目,反映企业因购买材料、商品和接受劳务供应等开出、承兑的商业汇票,包括银行承兑汇票和商业承兑汇票。本项目应根据"应付票据"账户的期末余额填列。

(4)"应付账款"项目,反映企业因购买原材料、商品和接受劳务供应等经营活动应支付的款项。本项目应根据"应付账款"和"预付账款"账户所属各明细账户的期末贷方余额合计数填列。如"应付账款"账户所属明细账户期末有借方余额的,应在资产负债表"预付款项"项目内填列。

(5)"预收款项"项目,反映企业按照购货合同规定预收供应单位的款项。本项目应根据"预收账款"和"应收账款"账户所属各明细账户的期末贷方余额合计数填列。如"预收账款"账户所属明细账户期末有借方余额的,应在资产负债表"应收账款"项目内填列;如"应收账款"账户所属明细账户有贷方余额的,也应包括在本项目内。

(6)"应付职工薪酬"项目,反映企业根据有关规定应付给职工的各种薪酬,外商投资企业按规定从净利润中提取的职工奖励及福利基金,也在本项目列示。本项目应根据"应付职工薪酬"账户所属各明细账户的期末贷方余额填列,如"应付职工薪酬"账户期末为借方余额,应以"-"号填列。

(7)"应交税费"项目,反映企业按照税法等规定计算应缴纳的各种税费,包括增值税、消费税、所得税、资源税、土地增值税、城市维护建设税、房产税、城镇土地使用税、车船税、教育费附加、矿产资源补偿费等。企业代扣代缴的个人所得税等也通过本项目列示。本项目应根据"应交税费"账户的期末贷方余额填列,如"应交税费"账户期末为借方余额,应以"-"号填列。

(8)"应付利息"项目,反映企业按照合同约定应支付的利息,包括分期付息到期还本的长期借款应支付的利息、企业发行的企业债券应支付的利息等。本项目应根据"应付利息"账户的期末余额填列。

(9)"应付股利"项目,反映企业应付未付的现金股利或利润。本项目应根据"应付股利"账户的期末余额填列。

(10)"其他应付款"项目,反映企业除应付票据、应付账款、预收账款、应付职工薪酬、应付利息、应付股利、应交税费等经营活动以外的其他各项应付的款项。本项目应根据"其他应付款"账户的期末余额填列。

(11)"持有待售负债"项目,反映企业被划分为持有待售的处置中的负债。本项目应根据单独设置的"持有待售负债"账户的期末余额填列;或根据非流动负债类账户余额分析填列。

(12)"一年内到期的非流动负债"项目,反映企业非流动负债中将于资产负债表日后一年内(含一年)到期部分的金额,如将于一年内偿还的长期借款。本项目应根据有关账户的期末余额填列。

(13)"其他流动负债"项目,反映企业除短期借款、交易性金融负债、应付票据、应付账款、应付职工薪酬、应交税费等流动负债以外的其他流动负债。本项目应根据有关账户的期末余额填列。

(14)"长期借款"项目,反映企业向银行或其他金融机构借入的期限在一年以上(不含一年)的各项借款。本项目应根据"长期借款"账户的期末余额填列。

(15)"应付债券"项目,反映企业为筹集长期资金而发行的债券本金和利息。本项目应根据"应付债券"账户的期末余额填列。

(16)"长期应付款"项目,反映企业除了长期借款和应付债券以外的其他各种长期应付款项。本项目应当根据"长期应付款"账户的期末余额,减去相应的"未确认融资费用"账户期末余额后的金额填列。

(17)"专项借款"项目,反映企业取得政府作为企业所有者投入的具有专项或特定用途的款项。本项目应根据"专项借款"账户的期末余额填列。

(18)"预计负债"项目,反映企业确认的对外提供担保、未决诉讼、产品质量保证、重组义务、亏损性合同等预计负债。本项目应根据"预计负债"账户的期末余额填列。

(19)"递延所得税负债"项目,反映企业确认的应纳税暂时性差异产生的递延所得税负债。本项目应根据"递延所得税负债"账户的期末余额填列。

(20)"其他非流动负债"项目,反映企业除长期借款、应付债券等负债以外的其他非流动负债。本项目应根据有关账户的期末余额减去将于一年内(含一年)到期偿还数额后的余额填列。非流动负债各项目中将于一年内(含一年)到期的非流动负债,应在资产负债表"一年内到期的非流动负债"项目内单独反映。

3. 所有者权益项目的填列说明

(1)"实收资本(或股本)"项目,反映企业接受投资者投入的实收资本(或股本)总额。本项目应根据"实收资本(或股本)"账户的期末余额填列。

(2)"资本公积"项目,反映企业资本公积的期末余额。本项目应根据"资本公积"账户的期末余额填列。

(3)"库存股"项目,反映企业持有尚未转让或注销的本公司股份金额。本项目应根据"库存股"账户的期末余额填列。

(4)"盈余公积"项目,反映企业盈余公积的期末余额。本项目应根据"盈余公积"账户的期末余额填列。

(5)"未分配利润"项目,反映企业尚未分配的利润。本项目应根据"本年利润"账户和"利润分配"账户的余额计算填列。未弥补的亏损在本项目内以"-"号填列。

【例14-1】永信实业有限责任公司为增值税一般纳税工业企业,2017年12月31日有关科目余额见表14-2。

表 14-2 永信实业有限责任公司 2017 年 12 月 31 日有关科目余额   单位：元

总账	明细账户	借方余额	贷方余额	总账	明细账户	借方余额	贷方余额
库存现金		2 400		短期借款			510 000
银行存款		440 420		应付票据			391 000
应收票据		240 000		应付账款			170 000
应收账款		246 800			C 公司	30 000	
	乙公司		90 000		D 公司		200 000
	丙公司	336 800		应付职工薪酬			4 000
坏账准备①			1 234	应交税费		26 780	
其他应收款		300		长期借款			1 270 000
预付账款		28 200					30 000
	A 公司	30 000		预收账款	W 企业		34 000
	B 公司		1 800		M 企业	4 000	
原材料		642 000		实收资本			2 010 000
周转材料		20 000		盈余公积			119 000
库存商品		38 000		利润分配——未分配利润			14 700
长期股权投资——A 公司		600 000					
固定资产		2 800 000					
累计折旧			568 766				
无形资产		4 800					
累计摊销			1 000				
合计		5 154 720	662 800	合计		60 780	4 552 700

注：①坏账准备金额与应收账款相关。

编制永信实业有限责任公司 2017 年 12 月 31 日资产负债表，见表 14-3（年初余额略）。

表 14-3 资产负债表   会企 01 表
编制单位：永信实业有限责任公司   2017 年 12 月 31 日   单位：元

资产	期末余额	年初余额（略）	负债及所有者权益	期末余额	年初余额（略）
流动资产：			流动负债：		
货币资金	442 820		短期借款	510 000	
应收票据	240 000		应付票据	391 000	
应收账款	339 566		应付账款	201 800	
预付款项	60 000		预收款项	124 000	

续表

资产	期末余额	年初余额（略）	负债及所有者权益	期末余额	年初余额（略）
其他应收款	300		应付职工薪酬	4 000	
存货	700 000		应交税费	-26 780	
流动资产合计	1 626 886		流动负债合计	1 048 220	
非流动资产：			非流动负债：		
长期股权投资——A公司	600 000		长期借款	1 270 000	
固定资产	2 231 234		非流动负债合计	1 270 000	
无形资产	3 800		负债合计	2 318 220	
非流动资产合计	2 835 034		所有者权益：		
			实收资本	2 010 000	
			盈余公积	119 000	
			未分配利润	14 700	
			所有者权益合计	2 143 700	
资产总计	4 617 720		负债及所有者权益总计	4 617 720	

第三节 利润表

一、利润表概述

(一) 利润表的概念

利润表是反映企业在一定会计期间的经营成果的报表。利润表把一定期间的营业收入与同一会计期间相关的营业费用进行配比，以计算出企业一定时期的净利润（或净亏损）。

(二) 利润表的作用

利润表的列报必须充分反映企业经营业绩的主要来源和构成，有助于使用者判断净利润的质量及其风险，有助于使用者预测净利润的持续性，从而做出正确的决策。

(三) 利润表的内容

(1) 构成营业利润的各项要素：营业收入、营业成本、税金及附加、销售费用、管理费用、财务费用、资产减值损失、公允价值变动收益（公允价值变动损失）、投资收益（投资损失）。

(2) 构成利润总额（或亏损总额）的各项要素：营业利润、营业收入、营业外收入、营业外支出。

(3) 构成净利润（或净亏损）的各项要素：利润总额（或亏损总额）、所得税费用。

(4) 构成每股收益的各项要素：基本每股收益、稀释每股收益。

二、利润表的结构

我国企业的利润表采用的是多步式结构,即通过对当期的收益、损耗项目按性质加以归类,按利润形成的性质列示一些中间性利润指标,分步计算当期净损益。一般企业利润表格式见表14-4。

表14-4 利润表　　　　　　　　　　　　　　会企02表

编制单位：　　　　　　　　　　　年　月　　　　　　　　　　　　　单位：元

项　　目	本期金额	上期金额
一、营业收入		
减：营业成本		
税金及附加		
销售费用		
管理费用		
财务费用		
资产减值损失		
加：公允价值变动收益（损失以"－"号填列）		
投资收益（损失以"－"号填列）		
其中：对联营企业和合营企业的投资收益		
资产处置收益（损失以"－"号填列）		
其他收益		
二、营业利润（亏损以"－"号填列）		
加：营业外收入		
减：营业外支出		
三、利润总额（亏损总额以"－"号填列）		
减：所得税费用		
四、净利润（净亏损以"－"号填列）		
（一）持续经营净利润（净亏损以号填列）		
（二）终止经营净利润（净亏损以"－"号填列）		
五、其他综合收益的税后净额		
（一）以后不能重分类进损益的其他综合收益		
其中：①重新计量设定受益计划净负债或净资产的变动		
②权益法下在被投资单位不能重分类进损益的其他综合收益中享有的份额		
……		
（二）以后将重分类进损益的其他综合收益		
其中：①权益法下在被投资单位以后将重分类进损益的其他综合收益中享有的份额		
②可供出售金融资产公允价值变动损益		
③持有至到期投资重分类为可供出售金融资产损益		
④现金流量套期损益的有效部分		
⑤外币财务报表折算差额		

续表

项　　目	本期金额	上期金额
……		
六、综合收益总额		
七、每股收益		
（一）基本每股收益		
（二）稀释每股收益		

三、利润表的填列方法

（一）"上期金额"栏的填列方法

利润表"上期金额"栏内各项数字，应根据上年该期利润表"本期金额"栏内所列数字填列。如果上年该期利润表规定的各个项目的名称和内容同本期不一致，应对上年该期利润表各项目的名称和数字按照本期的规定进行调整，填入利润表中的"上期金额"栏内。

（二）"本期金额"栏的填列方法

利润表"本期金额"栏内各项数字，除"基本每股收益"和"稀释每股收益"项目外，一般应当根据损益类账户的发生额分析填列。

（1）"营业收入"项目反映企业经营主要业务和其他业务所确认的收入总额。本项目应根据"主营业务收入"和"其他业务收入"账户的发生额分析填列。企业一般应当以"主营业务收入"和"其他业务收入"总账账户的贷方发生额之和，作为利润表中"营业收入"的项目金额。当年发生销售退回的，应以冲减销售退回主营业务收入后的金额，填列"营业收入"项目。

（2）"营业成本"项目反映企业经营主要业务和其他业务所发生的成本总额。本项目应根据"主营业务成本"和"其他业务成本"账户的发生额分析填列。企业一般应当以"主营业务成本"和"其他业务成本"总账账户的借方发生额之和，作为利润表中"营业成本"的项目金额。当年发生销售退回的，应加上销售退回商品成本后的金额，填列"营业成本"项目。

（3）"税金及附加"项目反映企业经营业务应负担的消费税、城市维护建设税、资源税、土地增值税、教育费附加及房产税、城镇土地使用税、车船税、印花税等。本项目应根据"税金及附加"账户的发生额分析填列。

（4）"销售费用"项目，反映企业在销售商品过程中发生的包装费、广告费等费用和为销售本企业商品而专设的销售机构的职工薪酬、业务费等经营费用。本项目应根据"销售费用"账户的发生额分析填列。

（5）"管理费用"项目，反映企业为组织和管理生产经营发生的管理费用。本项目应根据"管理费用"的发生额分析填列。

（6）"财务费用"项目，反映企业为筹集生产经营所需资金等而发生的筹资费用。本项目应根据"财务费用"账户的发生额分析填列。

（7）"资产减值损失"项目，反映企业各项资产发生的减值损失。本项目应根据"资产减值损失"账户的发生额分析填列。企业应当以"资产减值损失"总账账户借方发生额减去贷方发生额后的余额，作为利润表中"资产减值损失"的项目金额。

(8)"公允价值变动收益"项目，反映企业应当计入当期损益的资产或负债公允价值变动收益。本项目应根据"公允价值变动损益"账户的发生额分析填列。企业应当以"公允价值变动损益"总账账户贷方发生额减去借方发生额后的余额，作为利润表中"公允价值变动收益"的项目金额。相减后如为负数，表示（借方）净损失，本项目以"-"号填列。

(9)"投资收益"项目，反映企业以各种方式对外投资所取得的收益。本项目应根据"投资收益"账户的发生额分析填列。如为（借方）投资损失，本项目以"-"号填列。

(10)"其他收益"项目，反映收到的与企业日常活动相关的计入当期收益的政府补助。本项目应根据"其他收益"账户的发生额分析填列。

(11)"营业利润"项目，反映企业实现的营业利润。如为亏损，本项目以"-"号填列。

(12)"营业外收入"项目，反映企业发生的与经营业务无直接关系的各项收入。本项目应根据"营业外收入"账户的发生额分析填列。

(13)"营业外支出"项目，反映企业发生的与经营业务无直接关系的各项支出。本项目应根据"营业外支出"账户的发生额分析填列。

(14)"利润总额"项目，反映企业实现的利润。如为亏损，本项目以"-"号填列。

(15)"所得税费用"项目，反映企业应从当期利润总额中扣除的所得税费用。本项目应根据"所得税费用"账户的发生额分析填列。

(16)"净利润"项目，反映企业实现的净利润。如为亏损，本项目以"-"号填列。

(17)"其他综合收益的税后净额"项目，反映企业根据企业会计准则规定未在当期损益中确认的各项利得和损失扣除所得税影响后的净额。其他综合收益的税后净额包括两类内容：

①"以后会计期间不能重分类进损益的其他综合收益"项目，主要包括重新计量设定受益计划净负债或净资产导致的变动、权益法下在被投资单位不能重分类进损益的其他综合收益中享有的份额等。

②"以后将重分类进损益的其他综合收益"项目，主要包括：权益法下在被投资单位以后将重分类进损益的其他综合收益中所享有的份额、可供出售金融资产公允价值变动损益、持有至到期投资重分类为可供出售金融资产损益、现金流量套期损益的有效部分、外币财务报表折算差额等。

其中，"其他综合收益税后净额"是指其他综合收益各项目分别扣除所得税影响后的净额的合计数。

(18)"综合收益总额"项目，反映企业净利润和其他综合收益税后净额的合计金额。

(19)"基本每股收益"项目，基本每股收益只考虑当期实际发行在外的普通股股份，按照归属于普通股股东的当期净利润除以当期实际发行在外的普通股的加权平均数计算确定。

(20)"稀释每股收益"项目，是以基本每股收益为基础，假设企业所有发行在外的稀释性潜在普通股均已转换为普通股，从而分别调整归属于普通股股东的当期净利润以及发行在外的普通股的加权平均数计算而得的每股收益。

潜在普通股是指赋予其持有者在报告期或以后期间享有取得普通股权利的一种金融工具或其他合同。目前我国企业发行的潜在普通股主要有可转换公司债券、认股权证、股份期权等。

稀释性潜在普通股，是指假设当期转换为普通股会减少每股收益的潜在普通股。对于亏损企业而言，稀释性潜在普通股是指假设当期转换为普通股会增加每股亏损金额的潜在普通股。计算稀释每股收益时只考虑稀释性潜在普通股的影响，而不必考虑不具有稀释性的潜在普通股。

【例14-2】甲股份有限公司（以下简称甲公司）为增值税一般纳税企业，适用的增值税税率为17%，适用的所得税税率为25%，假设该公司不存在纳税调整事项，甲公司2015年12月相关损益类账户发生额见表14-5。

表14-5 有关损益账户发生额   单位：元

账户名称	借方发生额	贷方发生额
主营业务收入		1 100 000
其他业务收入		800 000
投资收益		142 000
营业外收入		420 000
主营业务成本	750 000	
其他业务成本	200 000	
销售费用	150 000	
管理费用	122 000	
财务费用	123 000	
税金及附加	65 000	
营业外支出	122 000（处置非流动资产损失）	

编制甲公司2015年12月份的利润表，见表14-6。

表14-6 利润表   会企02表

编制单位：甲公司   2015年12月   单位：元

项目	本期金额
一、营业收入	1 900 000
减：营业成本	950 000
税金及附加	65 000
销售费用	150 000
管理费用	122 000
财务费用	123 000
资产减值损失	
加：公允价值变动收益（损失以"－"号填列）	
投资收益（损失以"－"号填列）	142 000
其中：对联营企业和合营企业的投资收益	
资产处置收益（损失以"－"号填列）	
其他收益	
二、营业利润（亏损以"－"号填列）	632 000
加：营业外收入	420 000
减：营业外支出	122 000
三、利润总额（亏损总额以"－"号填列）	930 000

续表

项目	本期金额
减：所得税费用	232 500
四、净利润（净亏损以"－"号填列）	697 500

第四节　现金流量表

一、现金流量表概述

（一）现金流量表的概念

现金流量表是指反映企业在一定会计期间现金和现金等价物流入和流出的报表。其中，现金是指企业库存现金以及可以随时用于支付的存款，包括库存现金、银行存款和其他货币资金（如外埠存款、银行汇票存款、银行本票存款等）等。不能随时用于支付的存款不属于现金。现金等价物，是指企业持有的期限短、流动性强、易于转换为已知金额现金、价值变动风险很小的投资。期限短，一般是指从购买日起三个月内到期。现金等价物通常包括三个月内到期的短期债券等。权益性投资变现的金额通常不确定，因而不属于现金等价物。企业应当根据具体情况，确定现金等价物的范围，一经确定不得随意变更。

现金流量是指一定会计期间内企业现金和现金等价物的流入和流出。企业从银行提取现金、用现金购买短期到期的国库券等现金和现金等价物之间的转换不属于现金流量。

（二）现金流量表的作用

（1）现金流量表有助于评价企业的支付能力、偿债能力和周转能力。
（2）现金流量表有助于预测企业未来的现金流量。
（3）现金流量表有助于分析企业收益质量及影响现金净流量的因素。

（三）现金流量表的内容

1. 经营活动产生的现金流量

经营活动是指企业投资活动和筹资活动以外的所有交易事项。经营活动产生的现金流量主要包括销售商品、提供劳务、购买商品、接受劳务、收到的税费返还、经营性租赁、支付工资、支付广告费、交纳税款等流入和流出的现金和现金等价物。

2. 投资活动产生的现金流量

投资活动，是指企业长期资产的购建和不包括在现金等价物范围内的投资及其处置活动。投资活动产生的现金流量主要包括取得和收回投资、购建和处置固定资产、购买和处置无形资产、处置子公司及其他营业单位等流入和流出的现金和现金等价物。

3. 筹资活动产生的现金流量

筹资活动，是指导致企业资本及负债规模和构成发生变化的活动。筹资活动产生的现金流量主要包括吸收投资、发行股票、分配利润、取得和偿还银行借款、发行和偿还债券等流入和流出的现金和现金等价物。偿还应付账款、应付票据等应付款项属于经营活动，不属于筹资活动。

二、现金流量表的结构

我国企业现金流量表采用报告式结构,分类反映经营活动产生的现金流量、投资活动产生的现金流量和筹资活动产生的现金流量。现金流量表汇总反映企业在某一会计期间现金及现金等价物的净增加额。一般企业现金流量表的格式见表14-7。

表 14-7　现金流量表　　　　　　　　　　　　会企03表

编制单位：　　　　　　　　　　　年　月　　　　　　　　　　　　　单位：元

项目	本期金额	上期金额
一、经营活动产生的现金流量		
销售商品、提供劳务收到的现金		
收到的税费返还		
收到其他与经营活动有关的现金		
经营活动现金流入小计		
购买商品、接受劳务支付的现金		
支付给职工以及为职工支付的现金		
支付的各项税费		
支付其他与经营活动有关的现金		
经营活动现金流出小计		
经营活动产生的现金流量净额		
二、投资活动产生的现金流量		
收回投资收到的现金		
取得投资收益收到的现金		
处置固定资产、无形资产和其他长期资产收回的现金净额		
处置子公司及其他营业单位收到的现金净额		
收到其他与投资活动有关的现金		
投资活动现金流入小计		
购建固定资产、无形资产和其他长期资产支付的现金		
投资支付的现金		
取得子公司及其他营业单位支付的现金净额		
支付其他与投资活动有关的现金		
投资活动现金流出小计		
投资活动产生的现金流量净额		
三、筹资活动产生的现金流量		
吸收投资收到的现金		
取得借款收到的现金		
收到其他与筹资活动有关的现金		
筹资活动现金流入小计		
偿还债务支付的现金		

续表

项目	本期金额	上期金额
分配股利、利润或偿付利息支付的现金		
支付其他与筹资活动有关的现金		
筹资活动现金流出小计		
筹资活动产生的现金流量净额		
四、汇率变动对现金及现金等价物的影响		
五、现金及现金等价物净增加额		
加：期初现金及现金等价物余额		
六、期末现金及现金等价物余额		

现金流量表的补充资料见表14-8。

表14-8 现金流量表补充资料

补充资料	本期金额	上期金额
1. 将净利润调节为经营活动现金流量：		
净利润		
加：资产减值准备		
固定资产折旧、油气资产折耗、生产性生物资产折旧		
无形资产摊销		
长期待摊费用摊销		
处置固定资产、无形资产和其他长期资产的损失（收益以"－"号填列）		
固定资产报废损失（收益以"－"号填列）		
公允价值变动损失（收益以"－"号填列）		
财务费用（收益以"－"号填列）		
投资损失（收益以"－"号填列）、		
递延所得税资产减少（增加以"－"号填列）		
递延所得税负债增加（减少以"－"号填列）		
存货的减少（增加以"－"号填列）		
经营性应收项目的减少（增加以"－"号填列）		
经营性应付项目的增加（减少以"－"号填列）		
其他		
经营活动产生的现金流量净额		
2. 不涉及现金收支的重大投资和筹资活动：		
债务转为资本		
一年内到期的可转换公司债券		
融资租入固定资产		
3. 现金及现金等价物净变动情况：		
现金的期末余额		

补充资料	本期金额	上期金额
减：现金的期初余额		
加：现金等价物的期末余额		
减：现金等价物的期初余额		
现金及现金等价物净增加额		

三、现金流量表的编制基础及披露内容

现金流量表的编制基础是收付实现制。编制现金流量表时，应当调整那些由于运用权责发生制原则而增减了本期的净利润但并没有增加或者减少现金的一些收益和费用、支出以及存货、应收应付等项目。

现金流量表附注主要披露以下三个方面的内容：

（1）企业应当采用间接法在现金流量表附注中披露将净利润调节为经营活动现金流量的信息；

（2）企业应当披露当期取得或处置子公司及其他营业单位的有关信息；

（3）企业应当披露现金及现金等价物的有关信息。

第五节 所有者权益变动表

一、所有者权益变动表的内容

所有者权益变动表是指反映构成所有者权益的各组成部分当期增减变动情况的报表。根据《企业会计准则第30号——财务报表列报》的规定，所有者权益变动表应当反映构成所有者权益的各组成部分当期的增减变动情况。在所有者权益变动表中，综合收益和与所有者（或股东，下同）的资本交易导致的所有者权益的变动，应当分别列示。

与所有者的资本交易，是指企业与所有者以其所有者身份进行的、导致企业所有者权益变动的交易。

所有者权益变动表至少应当单独列示反映下列信息的项目：

（1）综合收益总额，在合并所有者权益变动表中还应单独列示归属于母公司所有者的综合收益总额和归属于少数股东的综合收益总额；

（2）会计政策变更和前期差错更正的累积影响金额；

（3）所有者投入资本和向所有者分配利润等；

（4）按照规定提取的盈余公积；

（5）所有者权益各组成部分的期初和期末余额及其调节情况。

二、所有者权益变动表的结构

（一）以矩阵的形式列报

为了清楚地表明构成所有者权益的各组成部分当期的增减变动情况，所有者权益变动表

应当以矩阵的形式列示：一方面，列示导致所有者权益变动的交易或事项，改变了以往仅仅按照所有者权益的各组成部分反映所有者权益变动情况，而是从所有者权益变动的来源对一定时期所有者权益变动情况进行全面反映；另一方面，按照所有者权益各组成部分（包括实收资本、资本公积、盈余公积、其他综合收益、未分配利润和库存股）及其总额列示交易或事项对所有者权益的影响。

（二）列示所有者权益变动的比较信息

根据财务报表列报准则的规定，企业还需要提供比较所有者权益变动表，因此，所有者权益变动表还就各项目再分为"本年金额"和"上年金额"两栏分别填列。

我国一般企业所有者权益变动表具体格式见表14-9。

表14-9　所有者权益（股东权益）变动表　　　　　　　　　会企04表

编制单位　　　　　　　　　　　年度　　　　　　　　　　　　单位：元

项目	本年金额							上年金额						
	实收资本（或股本）	资本公积	减：库存股	其他综合收益	盈余公积	未分配利润	所有者权益合计	实收资本（或股本）	资本公积	减：库存股	其他综合收益	盈余公积	未分配利润	所有者权益合计
一、上年年末余额														
加：会计政策变更														
前期差错更正														
二、本年年初余额														
三、本年增减变动金额（减少以"－"号填列）														
（一）综合收益总额														
（二）所有者投入和减少资本														
1. 所有者投入资本														
2. 股份支付计入所有者权益的金额														
3. 其他														
（三）利润分配														
1. 提取盈余公积														
2. 对所有者（或股东）的分配														
3. 其他														
（四）所有者权益内部结转														
1. 资本公积转增资本（或股本）														

续表

项目	本年金额							上年金额						
	实收资本（或股本）	资本公积	减：库存股	其他综合收益	盈余公积	未分配利润	所有者权益合计	实收资本（或股、本）	资本公积	减：库存股	其他综合收益	盈余公积	未分配利润	所有者权益合计
2. 盈余公积转增资本（或股本）														
3. 盈余公积弥补亏损														
4. 其他														
四、本年年末金额														

第六节 财务报表附注

一、财务报表附注概述

附注是对在资产负债表、利润表、现金流量表和所有者权益变动表等报表中列示项目的文字描述或明细资料，以及对未能在这些报表中列示项目的说明等。

通过附注与资产负债表、利润表、现金流量表和所有者权益变动表等报表中列示项目的相互参照关系，以及对未能在财务报表中列示项目的说明，财务报表使用者可以全面了解企业的财务状况、经营成果和现金流量以及所有者权益的情况。此外，提供财务报表附注还具有突出财务报表信息的重要性、提高报表内信息的可比性、增加报表内信息的可理解性三个方面的重要意义。

二、财务报表附注披露的内容

按《企业会计准则第30号——财务报表列报》的规定，财务报表附注应当按照下列顺序披露附注内容：

（1）企业的基本情况；
（2）财务报表的编制基础；
（3）遵循企业会计准则的声明；
（4）重要会计政策和会计估计；
（5）会计政策和会计估计变更以及差错更正的说明；
（6）账务报表重要项目的说明；
（7）或有和承诺事项、资产负债表日后非调整事项、关联方关系及其交易等需要说明的事项；
（8）有助于财务报表使用者评价企业管理资本的目标、政策及程序的信息；
（9）其他需要披露的说明。

第十五章

财务报表分析

第一节 财务报表分析概述

一、财务报表分析的概念与目的

财务报表分析是指企业相关利益主体以财务报表为基本依据，结合一定的标准，运用科学系统的方法，对企业的财务状况、经营成果和现金流量情况进行的全面分析，主要目的是为相关决策者提供信息支持。财务报表分析已经成为企业众多相关利益主体进一步获取有价值的信息并对未来进行决策的主要手段和方法。

财务报表分析的目的取决于人们使用会计信息的目的，不同主体出于不同的利益考虑，对财务分析信息有着各自不同的要求。会计信息使用者主要包括债权人、投资者、企业经营管理者、员工、业务关联单位、政府部门等。就短期利益而言，债权人比较重视债务人偿债能力，股东优先关注企业的盈利能力。就长期利益而言，所有的报表使用者都需要关注企业的管理水平、市场占有率、产品质量或服务水平、品牌信誉等企业发展前途的决定性因素。而财务报表分析恰能提供用于评价管理水平的综合分析指标体系。

二、财务报表分析的内容

（一）偿债能力分析

偿债能力是指企业偿还债务和支付本金的能力，该能力的强弱直接影响企业资金的安全性和盈利水平。通过偿债能力分析，报表分析人员能够判断企业财务风险的高低，了解企业经营的安全性，以便做出正确的决策。

（二）营运能力分析

营运能力反映了企业对资产的利用和管理能力。企业的生产经营过程就是利用资产取得收益的过程。资产是企业生产经营活动的经济资源，对资产的利用和管理能力直接影响企业的收益，它体现了企业的经营能力。对营运能力进行分析，可以了解到企业资产的保值和增值情况，分析企业资产的利用效率、管理水平、资金周转状况、现金流量状况等，为评价企业的经营管理水平提供依据。

（三）获利能力分析

获利能力是指企业从其经营活动、投资活动中能够获得多少回报的能力，通常同一规模的企业获得的回报越高说明其获利能力越强。企业存在的基础就是获取回报，这些回报构成了社会财富的基础，因此在某种意义上讲，所有的财务报表分析人员都会关注企业的盈利能力，判断企业获利能力的发展趋势。

（四）发展能力分析

发展能力是指企业未来成长壮大的可能性，它反映企业在原有基础上的增长空间。财务报表分析人员通过分析企业的发展能力不但能了解企业过去的获利能力，还能预测未来一段时间的盈利趋势，帮助投资人了解企业长期的发展趋势，判断管理层的经营行为是进行了价值创造还是造成了价值毁损。

三、财务报表分析的方法

财务报表分析的方法是指完成财务报表分析的方式和手段。财务报表分析最常见的基本方法包括比较分析法、比率分析法、因素分析法和趋势分析法。

（一）比较分析法

财务报表的比较分析法是指将两个或几个有关的可比数据进行对比，从而揭示财务指标存在的差异或矛盾的一种分析方法。

1. 按照比较内容分类

按照比较内容的不同，财务报表的比较分析法可以分为：

（1）总金额的比较，也就是对总资产、净资产、净利润等总量指标的时间序列分析，根据其变化趋势确定其增长潜力。

（2）结构百分比比较，例如，分析资产负债表、利润表中的各个项目占某个合计数的比重。

（3）财务比率比较，财务比率是相对数，由于排除了规模的影响，因而便于不同企业之间的比较。

2. 按照比较对象分类

按照比较对象的不同，财务报表的比较分析法可以分为：

（1）纵向比较分析法，又称趋势分析法，是指将同一企业连续若干期的财务状况进行比较，确定其增减变动的方向、数额和幅度，以此来揭示企业财务状况的发展变化趋势的分析方法。

（2）横向比较分析法，是指将本企业的财务状况与其他企业的同期财务状况进行比较，确定其存在的差异及其程度，以此来揭示企业财务状况中所存在问题的分析方法。

（3）预算差异分析法，即把实际执行结果与计划指标进行比较。

（二）比率分析法

比率分析法是指将企业同一时期的财务报表中的相关项目进行对比，得出一系列财务比率，以此来揭示企业财务状况的分析方法。财务比率主要包括构成比率、效率比率和相关比率三大类。

1. 构成比率

构成比率又称结构比率，是指反映某项经济指标的各个组成部分与总体之间关系的财务比率，如流动资产与资产总额的比率、流动负债与负债总额的比率。

2. 效率比率

效率比率是指反映某项经济活动投入与产出之间关系的财务比率，如资产报酬率、销售净利率等。利用效率比率可以考察各项经济活动的经济效益，从而揭示企业的盈利能力。

3. 相关比率

相关比率是指反映经济活动中某两个或两个以上相关项目比值的财务比率，如流动比率、速动比率等，利用相关比率可以考察各项经济活动之间的相互关系，从而揭示企业的财务状况。

（三）因素分析法

比较分析法和比率分析法主要是确定财务报表中各项指标发生变动的差异，而因素分析法则是探求这种差异产生的原因以及对差异的影响水平。因素分析法是通过分析影响财务指标的各项因素，从数量上确定各种因素对财务指标影响程度的一种方法，因素分析法说明财务指标变化情况以及差异的主要原因。其主要方法有连环代替法和差额计算法。

（四）趋势分析法

趋势分析法又称水平分析法，是指将两期或连续数期财务报表中的相同指标进行对比，确定其增减变动的方向、数额和幅度，以说明企业财务状况和经营成果的变动趋势的一种方法。趋势分析的目的在于决定：

（1）引起财务和经营变动的主要项目；

（2）判断变动趋势的性质是否有利；

（3）预测将来的发展趋势。

四、财务报表分析的基础

财务报表分析以企业的会计核算资料为基础，通过对会计所提供的核算资料进行加工整理，得出一系列科学的、系统的财务指标，以便进行比较、分析和评价。本章提供了永信实业有限责任公司（以下简称永信公司）的资产负债表、利润表以及现金流量表（分别见表 15-1 ~ 表 15-3），供各位进行财务报表分析使用。

表 15-1 资产负债表　　　　　　　　　　　　　　　会企 01 表

编制单位：永信公司　　　2017 年 12 月 31 日　　　　单位：万元

资产	年初余额	年末余额	负债和所有者权益（或股东权益）	年初余额	年末余额
流动资产：			流动负债：		
货币资金	680	980	短期借款	800	840
以公允价值计量且其变动计入当期损益的金融资产	60	160	以公允价值计量且其变动计入当期损益的金融负债		

续表

资产	年初余额	年末余额	负债和所有者权益（或股东权益）	年初余额	年末余额
应收票据	40	30	应付票据	100	140
应收账款	1 287	1 366.2	应付账款	528	710
预付款项	28	28	预收款项	40	20
应收利息	6		应付职工薪酬	1.6	1.2
应收股利	10		应交税费	80	100
其他应收款	27	9.8	应付利息	24	
存货	1 160	1 380	应付股利	16	
持有待售资产			其他应付款	40.4	48.8
一年内到期的非流动资产	60		持有待售负债		
其他流动资产	62	6	一年内到期的非流动负债	160	124
流动资产合计	3 420	3 960	其他流动负债	10	16
非流动资产：			流动负债合计	1 800	2 000
可供出售金融资产	40	40	非流动负债：		
持有至到期投资	60	60	长期借款	1 000	800
长期应收款	20	20	应付债券	640	840
长期股权投资	60	180	长期应付款	180	300
投资性房地产	40	60	专项借款	28	100
固定资产	3 600	4 300	预计负债		100
在建工程	200	160	递延所得税负债		
工程物资	60	100	其他非流动负债		
固定资产清理	22		非流动负债合计	1 848	2 140
生产性生物资产	18	40	负债合计	3 648	4 140
油气资产			所有者权益（或股东权益）：		
无形资产	40	64	实收资本（或股本）	3 000	3 000
开发支出			其他权益工具		
商誉			资本公积	262	482
长期待摊费用	20	16	减：库存股		
递延所得税资产			盈余公积	440	918
其他非流动资产			未分配利润	250	462
非流动资产合计	4 180	5 040	所有者权益（或股东权益）合计	3 952	4 860
资产总计	7 600	9 000	负债和所有者权益（或股东权益）总计	7 600	9 000

表 15-2　利润表

编制单位：永信公司　　　2017 年 12 月　　　会企 02 表　　单位：万元

项目	本期金额	上期金额
一、营业收入	18 742.80	16 514
减：营业成本	8 380.80	7 420
税金及附加	1 352	1 124
销售费用	2 740	2 510
管理费用	2 100	1 624
财务费用	650	616
资产减值损失		
加：公允价值变动收益（损失以"－"）		
投资收益（损失以"－"号填列）	126	136
其中：对联营企业和合营企业的投资收益		
资产处置收益（损失以"－"号填列）		
其他收益		
二、营业利润（亏损以"－"号填列）	3 646	3 356
加：营业外收入	17	19.60
减：营业外支出	31	10.80
三、利润总额（亏损总额以"－"号填列）	3 632	3 364.80
减：所得税费用	1 112	1 016.80
四、净利润（净亏损以"－"号填列）	2 520	2 348
五、其他综合收益的税后净额		
六、综合收益总额		
七、每股收益		
（一）基本每股收益/元	1.68	1.56
（二）稀释每股收益/元	1.68	1.56

表 15-3　现金流量表

编制单位：永信公司　　　2017 年 12 月　　　会企 03 表　　单位：万元

项目	本期金额	上期金额
一、经营活动产生的现金流量		略
销售商品、提供劳务收到的现金	20 940	
收到的税费返还	900	
收到其他与经营活动有关的现金	600	
经营活动现金流入小计	22 440	
购买商品、接受劳务支付的现金	13 260	

续表

项目	本期金额	上期金额
支付给职工以及为职工支付的现金	516	
支付的各项税费	5 084	
支付其他与经营活动有关的现金	940	
经营活动现金流出小计	19 800	
经营活动产生的现金流量净额	2 640	
二、投资活动产生的现金流量		
收回投资收到的现金	210	
取得投资收益收到的现金	130	
处置固定资产、无形资产和其他长期资产收回的现金净额	10	
处置子公司及其他营业单位收到的现金净额	8	
收到其他与投资活动有关的现金	12	
投资活动现金流入小计	370	
购建固定资产、无形资产和其他长期资产支付的现金	1 710	
投资支付的现金	152	
取得子公司及其他营业单位支付的现金净额	20	
支付其他与投资活动有关的现金	8	
投资活动现金流出小计	1 890	
投资活动产生的现金流量净额	−1 520	
三、筹资活动产生的现金流量		
吸收投资收到的现金		
取得借款收到的现金	700	
收到其他与筹资活动有关的现金		
筹资活动现金流入小计	700	
偿还债务支付的现金	660	
分配股利、利润或偿付利息支付的现金	706	
支付其他与筹资活动有关的现金	54	
筹资活动现金流出小计	1 420	
筹资活动产生的现金流量净额	−720	
四、汇率变动对现金及现金等价物的影响		
五、现金及现金等价物净增加额	400	
加：期初现金及现金等价物余额	740	
六、期末现金及现金等价物余额	1 140	

第二节 偿债能力分析

一、偿债能力分析概述

企业的偿债能力是指企业偿还各种到期债务的能力。企业法人不能清偿到期债务，并且资产不足以清偿全部债务或者明显缺乏清偿能力的，必须按照《中华人民共和国企业破产法》的规定清理债务。企业偿债能力的高低也是许多企业的利益相关者所关心的重要问题。对于债权人来说，企业的偿债能力关系到债权能否及时收回，利息能否按期取得；对于投资者来说，如果偿债能力不足会使资金用于偿债而影响生产经营活动从而使企业的盈利受到影响，从而也会影响到投资者的利益；对于企业而言，一旦偿债能力大幅度下降，就可能会导致企业破产。

根据负债的偿还期限，企业偿债能力分析主要包括两方面内容：一是短期偿债能力分析，主要是了解企业偿还一年内或一个营业周期内到期债务的能力，判断企业的财务风险；二是长期偿债能力分析，主要是了解企业偿还全部债务的能力，判断企业整体的财务状况、债务负担和企业偿还债务的保障程度。

二、短期偿债能力分析

短期偿债能力是指企业以流动资产偿还流动负债的能力，它反映企业偿付到期短期债务的能力。企业的流动资产与流动负债的关系以及资产的变现速度是影响短期偿债能力的主要因素。短期债务一般需要以现金偿还，所以，企业短期偿债能力应注重一定时期的流动资产变现能力的分析。而按照权责发生制原则计算得到的会计利润并不能反映企业现金流量的大小，故短期债权人不太注重企业盈利能力分析，而更关注短期偿债能力的分析。

企业短期偿债能力分析主要采用比率分析法，主要的比率指标有四个：流动比率、速动比率、现金比率和现金流量比率。

（一）流动比率

流动比率是指流动资产与流动负债的比率，表明每1元流动负债有多少流动资产作为偿债保障，反映了企业的流动资产偿还流动负债的能力。它要求企业的流动资产在清偿完流动负债以后，还有余力来应付日常经营活动中的其他资金需要。其计算公式如下：

$$流动比率 = 流动资产 \div 流动负债$$

流动资产主要包括货币资金、交易性金融资产、应收及预付款项、存货和一年内到期的非流动资产等，一般用资产负债表中的期末流动资产总额表示；流动负债主要包括短期借款、交易性金融负债、应付及预收款项、各种应交税费、一年内到期的非流动负债等，通常也用资产负债表中的期末流动负债总额表示。

【例15-1】根据表15-1永信公司资产负债表中的流动资产和流动负债的年末余额，计算该公司2017年的流动比率。

$$流动比率 = 3\,960 \div 2\,000 = 1.98$$

这表示永信公司每有1元的流动负债，就有1.98元的流动资产作为安全保障。

流动比率越大，表明企业可用于抵债的流动资产越多，企业的短期偿债能力越强；反之，则说明企业的短期偿债能力较弱。影响流动比率的主要因素一般认为是营业周期、流动资产中的应收账款数额和存货周转速度。根据经验判定,流动比率应在 2 以上,这样才能保证企业既有较强的偿债能力,又能保证企业生产经营顺利进行。在运用流动比率评价企业财务状况时,应注意到各行业的经营性质、营业周期不同,对资产流动性要求也不一样,因此 2 的流动比率标准,并不是绝对的,只是一般性认识。

(二) 速动比率

构成流动资产的各项目,流动性差别很大。其中,货币资金、交易性金融资产和各种应收款项等,可以在较短时间内变现,称为速动资产;另外的流动资产包括存货、预付款项、一年内到期的非流动资产及其他流动资产等,称为非速动资产。

非速动资产的变现金额和时间具有较大的不确定性:一是存货的变现速度比应收款项要慢得多,部分存货可能已毁损报废、尚未处理,存货估价有多种方法,可能与变现金额相差很多;二是一年内到期的非流动资产和其他流动资产的金额有偶然性,不代表正常的变现能力。因此,将可偿债资产定义为速动资产,计算短期债务的速动比率更可信。

速动资产与流动负债的比值,称为速动比率。通过用速动比率来判断企业短期偿债能力比用流动比率更进了一步,因为它不统计变现能力较差的存货。速动比率越高,说明企业的短期偿债能力越强。其计算公式如下:

速动比率 = 速动资产 ÷ 流动负债 = (流动资产 − 存货) ÷ 流动负债

【例 15-2】 根据表 15-1 中的有关数据,计算永信公司 2017 年的速动比率。

速动比率 = (3 960 − 1 380) ÷ 2 000 = 1.29

一般认为,速动比率为 1 时较为合适,永信公司的速动比率为 1.29,应属于正常范围之内。但在实际分析时,应该根据企业性质和其他因素来综合判断,不可一概而论。

速动比率假设速动资产是可以用于偿债的资产,表明每 1 元流动负债有多少速动资产作为偿债保障。与流动比率一样,不同行业的速动比率差别很大。例如,大量现销的商店几乎没有应收款项,速动比率低于 1 也属正常。相反,一些应收款项较多的企业,速动比率可能要大于 1。

影响速动比率可信性的重要因素是应收款项的变现能力。账面上的应收款项未必都能收回变现,实际坏账可能比计提的准备多;季节性的变化,可能使报表上的应收款项金额不能反映平均水平。这些情况,外部分析人员不易了解,而内部人员可能做出合理的估计。

(三) 现金比率

在速动资产中,流动性最强、可直接用于偿债的资产称为现金资产。与其他速动资产不同,现金资产本身就是可以直接偿债资产,而其他速动资产需要等待不确定的时间,才能转换为不确定金额的现金。

现金与流动负债的比值称为现金比率。其计算公式如下:

现金比率 = (货币资金 + 交易性金融资产) ÷ 流动负债

【例 15-3】 根据表 15-1 中的有关数据,永信公司 2017 年的现金比率。

现金比率 = (980 + 160) ÷ 2 000 = 0.57

现金比率表明 1 元流动负债有多少现金资产作为偿债保障,可以反映企业的直接偿付能力。现金比率越高,说明企业有较好的支付能力,对偿还债务是有保障的。

三、长期偿债能力分析

长期偿债能力是指企业偿还非流动负债的能力。企业的非流动负债主要有长期借款、应付债券、长期借款、专项借款、预计负债等。一般情况下，长期偿债能力分析与短期偿债能力分析有一定的差别，短期偿债能力分析主要着眼于企业所拥有的流动资产对流动负债的保障程度，因此要关注流动资产和流动负债的规模与结构，同时关注流动资产的周转情况；而对于长期偿债能力分析来说，企业借入非流动负债的目的不是希望借入非流动负债所形成的资产直接来保证非流动负债的偿还，而是通过对该资产的运营实现盈利与增值，来保障非流动负债的偿还。因此，分析企业长期偿债能力除了关注企业资产和负债的规模与结构外，还需要关注企业的盈利能力。

反映企业长期偿债能力的财务比率主要有资产负债率、权益乘数、产权比率和利息保障倍数。

（一）资产负债率

资产负债率又称负债比率，它是企业负债总额与资产总额的比率。资产负债率表明企业在资产总额中，债权人提供资金所占的比重，以及企业的资产对债权人的保障程度。这一比率越小，表明企业的长期偿债能力越强。其计算公式如下：

$$资产负债率 = 负债总额 \div 资产总额 \times 100\%$$

【例15-4】根据表15-1中的有关数据，计算永信公司2017年的资产负债率为

$$资产负债率 = 4\,140 \div 9\,000 \times 100\% = 46\%$$

这表明，2017年永信公司的资产有46%源于负债；或者说，永信公司每46元的债务就有100元的资产作为偿还债务的保障。

资产负债率反映总资产中有多大比例是通过负债取得的。它可用于衡量企业清算时资产对债权人利益的保障程度。资产负债率越低，企业偿债越有保证，负债越安全。资产负债率还代表企业的举债能力。一个企业的资产负债率越低，企业举债越容易。当资产负债率高到一定程度，由于财务风险过大，债权人往往就不再对企业提供贷款了，这也就意味着企业的举债能力已经用尽了。此外，企业资产负债率的高低对企业的债权人、股东的影响是不同的。

（二）权益乘数

权益乘数，即资产总额是股东权益总额的多少倍，它表明每1元股东权益拥有的总金额。权益乘数反映了企业财务杠杆的大小，权益乘数越大，说明股东投入的资本在资产中所占的比重越小，财务杠杆越大。其计算公式如下：

$$权益乘数 = 资产总额 \div 股东权益总额 \times 100\%$$

【例15-5】根据表15-1中的有关数据，计算永信公司2017年的权益乘数。

$$权益乘数 = 9\,000 \div 4\,860 = 1.85$$

（三）产权比率

产权比率是负债总额与股东权益总额的比值。其计算公式如下：

$$产权比率 = 负债总额 \div 股东权益总额$$

【例15-6】根据表15-1中的有关数据，计算永信公司2017年的产权比率。

产权比率 = 4 140 ÷ 4 860 = 0.85

产权比率实际上是资产负债率的另一种表现形式。它表明每1元股东权益相对于负债的金额。产权比率反映了债权人所提供资金与股东所提供资金的对比关系，因此可以揭示企业的财务风险以及股东权益对债务的保障程度。该比率越低，说明企业长期财务状况越好，债权人贷款的安全性越有保障，企业财务风险越小。

（四）利息保障倍数

利息保障倍数是指息税前利润相对于利息费用的倍数。其计算公式如下：

利息保障倍数 = 息税前利润 ÷ 利息费用
= （净利润 + 利息费用 + 所得税费用）÷ 利息费用

其中分母"利息费用"是指本期的全部应付利息，不仅包括计入利润表财务费用的利息费用，还应包括计入资产负债表固定资产等成本的资本化利息。

【例15-7】 根据表15-2中的有关数据（假定永信公司的财务费用都是利息费用，并且固定资产成本中不含资本化利息），计算永信公司2017年的利息保障倍数。

利息保障倍数 = （3 632 + 650）÷ 650 = 6.59

非流动债务通常不需要每年还本，但往往需要每年付息。利息保障倍数表明每1元利息费用有多少倍的息税前利润作为偿付保障。它可以反映债务政策风险的大小。如果企业一直保持按时付息的信誉，则非流动负债可以延续，举借新债也比较容易。利息保障倍数越大，利息支付越有保障。如果利息支付尚且缺乏保障，归还本金就更难指望了。因此，利息保障倍数可以反映长期偿债能力。

如果利息保障倍数小于一，表明企业自身产生的经营收益不能支持现有的债务规模。利息保障倍数等于一也是很危险的，因为息税前利润受经营风险的影响，是不稳定的，但利息支付却是固定数额。利息保障倍数越大，企业拥有的偿还利息的缓冲资金越多。

第三节　营运能力分析

一、营运能力分析概述

企业的营运能力主要是指企业营运资产的效率。营运资产的效率通常是指资产的周转速度，反映企业资金利用的效率，表明企业管理人员经营管理、运用资金的能力。企业生产经营资金周转的速度越快，表明企业资金利用的效果越好，效率越高，企业管理人员的经营能力越强。

评价企业营运能力常用的财务比率有应收账款周转率、存货周转率和总资产周转率等。

二、应收账款周转情况分析

（一）应收账款周转率

应收账款周转率又称应收账款周转次数，是指企业一定时期赊销收入净额与应收账款平均余额的比率。应收账款周转率是评价应收账款流动性大小的一个重要财务比率。它反映了应收账款在一个会计年度内的周转次数,可以用来分析应收账款的变现速度和管理效率。其计算公式如下:

$$应收账款周转率 = 赊销收入净额 \div 应收账款平均余额$$

$$应收账款平均余额 = (期初应收账款 + 期末应收账款) \div 2$$

其中,赊销收入净额是指销售收入净额扣除现销收入之后的余额;销售收入净额是指销售收入扣除了销售退回、销售折扣及折让后的余额。在利润表中,营业收入等于销售收入。

【例15-8】根据表15-1和表15-2中的有关数据,计算永信公司2017年的应收账款周转率。

$$应收账款平均余额 = (1\ 287 + 1\ 366.2) \div 2 = 1\ 326.6(万元)$$

$$应收账款周转率 = 18\ 742.8 \div 1\ 326.6 = 14.13(次)$$

上式中,永信公司应收账款周转率为14.13次,表明该公司一年内应收账款周转次数为14.13次。

应收账款周转率反映了企业应收账款的周转速度,该比率越高,说明企业收回应收账款的速度越快,可以减少坏账损失,提高资产的流动性,企业的短期偿债能力也会得到增强,这在一定程度上可以弥补流动比率低的不利影响。

(二)应收账款周转期

应收账款周转期又称应收账款周转天数,是指计算期天数与应收账款周转率之比。应收账款周转期表示应收账款周转一次所需天数,周转期越短,说明企业的应收账款周转速度越快。应收账款周转期与应收账款周转率呈反比例变动。其计算公式如下:

$$应收账款周转期 = 360 \div 应收账款周转率$$

$$= 应收账款平均余额 \times 360 \div 赊销收入净额$$

【例15-9】根据永信公司的应收账款周转率,计算应收账款的周转期。

$$应收账款周转期 = 360 \div 14.13 = 25.48(天)$$

通过计算得知,永信公司的应收账款周转期为25.48天,说明永信公司从赊销产品到回收应收账款的平均天数为25.48天。

三、存货周转情况分析

(一)存货周转率

存货周转率又称存货周转次数,是指企业一定时期内营业成本或销售成本与存货平均余额的比率,是反映企业销售能力和存货周转速度的一个指标,也是衡量企业生产经营各环节中存货运营效率的一个综合性指标。其计算公式如下:

$$存货周转率 = 营业成本 \div 存货平均余额$$

$$存货平均余额 = (存货余额年初数 + 存货余额年末数) \div 2$$

【例15-10】根据表15-1和表15-2的有关数据,计算永信公司2017年的存货周转率。

$$存货平均余额 = (1\ 160 + 1\ 380) \div 2 = 1\ 270(万元)$$

$$存货周转率 = 8\ 380.8 \div 1\ 270 = 6.60(次)$$

通过计算得知，永信公司的存货周转率为6.60次，表明该公司一年内存货周转6.60次。

存货周转率说明了一定时期内企业存货周转的次数，可以用来测定企业存货的变现速度，衡量企业的销售能力及存货是否过量。存货周转率反映了企业的销售效率和存货使用效率。一般来讲，存货周转率越高越好。存货周转率越高，说明企业存货从投入资金到被销售收回的时间越短，其变现速度越快，短期偿债能力越强，用于存货上的资金越少，资金的利用效率越高，相应的获利能力也就越大。

（二）存货周转期

存货周转期又称存货周转天数，是反映存货周转情况的另一个重要指标。其计算公式如下：

$$存货周转期 = 360 \div 存货周转率$$
$$= 存货平均余额 \times 360 \div 营业成本$$

【例15-11】根据上例数据，计算永信公司2017年的存货周转期。

$$存货周转期 = 360 \div 6.60 = 54.55（天）$$

通过计算得知，永信公司的存货周转期为54.55天，这表明永信公司存货周转一次需要的时间是54.55天，也就是存货转换成现金平均需要的时间是54.55天。

四、总资产周转情况分析

（一）总资产周转率

总资产周转率又称总资产利用率，是指企业一定时期的营业收入与全部资产平均余额之间的比例关系。其计算公式如下：

$$总资产周转率 = 营业收入 \div 平均资产总额$$

其中：

$$平均资产总额 = (期初资产总额 + 期末资产总额) \div 2$$

【例15-12】根据表15-1和表15-2的有关数据，计算永信公司2017年的总资产周转率。

$$平均资产总额 = (7\ 600 + 9\ 000) \div 2 = 8\ 300（万元）$$
$$总资产周转率 = 18\ 742.8 \div 8\ 300 = 2.26（次）$$

总资产周转率反映了企业全部资产的周转快慢，说明企业全部资产的综合利用效率。因此，总资产周转率越高越好。总资产周转率指标越高，说明企业全部资产的管理水平越高，相应的企业的偿债能力和获利能力就越高。反之，表明企业利用全部资产进行经营活动的能力差、效率低，最终将影响企业的盈利能力。

（二）总资产周转天数

总资产周转天数是反映企业所有资产周转情况的另一个重要指标。其计算公式如下：

$$总资产周转天数 = 计算期天数 \div 总资产周转率$$
$$= (总资产平均余额 \times 360) \div 营业收入$$

值得注意的是，参照上述比率的分析思路，在国内同类教材中提到了流动资产周转率、固定资产周转率等指标，鉴于其原理与上述分析指标大同小异，此处从略。

第四节　盈利能力分析

一、盈利能力分析概述

盈利能力又称获利能力，是指企业在一定时期内获取利润的能力。它是企业持续经营和发展的保证，不仅关系到企业所有者的投资报酬，也是企业偿还债务的一个重要保障，因此，企业的债权人、所有者以及管理者都十分关心企业的盈利能力。盈利能力分析是企业财务分析的重要组成部分，也是评价企业经营管理水平的重要依据。企业的各项经营活动都会影响盈利，如营业活动、对外投资活动、营业外收支活动等都会引起企业利润的变化。

二、盈利能力分析指标

评价企业盈利能力的财务比率主要有资产报酬率、净资产报酬率、销售毛利率、销售净利率等，对于股份有限公司，还应分析每股收益、每股净资产和市盈率等。

三、盈利能力分析指标计算

（一）资产报酬率

资产报酬率又称资产收益率，是指企业在一定时期内的净利润额与平均资产总额的比率。资产报酬率主要是用来衡量企业利用资产获取利润的能力。其计算公式如下：

$$资产报酬率 = 净利润 \div 平均资产总额 \times 100\%$$

显然，资产报酬率越高，说明企业的获利能力越强。

【例 15-13】 根据表 15-1 和表 15-2 的有关数据，计算永信公司 2017 年的资产报酬率。

$$平均资产总额 = (7\,600 + 9\,000) \div 2 = 8\,300（元）$$

$$资产报酬率 = 2\,520 \div 8\,300 \times 100\% = 30.36\%$$

通过计算可得，永信公司的资产报酬率为 30.36%，这说明永信公司每 100 元的资产可以为股东赚取 30.36 元的净利润。这一比率越高说明企业的盈利能力越强。

净利润可以直接从利润表中得到，它是企业所有者获得的剩余收益，企业的经营活动、投资活动、筹资活动以及国家税收政策的变化都会影响净利润。因此，资产净利率通常用于评价企业对股权投资的回报能力。股东分析企业资产报酬率时通常采用资产净利率。

资产报酬率的高低并没有一个绝对的评价标准，在分析企业的资产报酬率时，通常采用横向比较或纵向比较的方法。如果企业的资产报酬率偏低，说明该企业经营效率较低，经营管理存在问题，应该调整经营方针，加强经营管理，提高资产的利用效率。

（二）净资产报酬率

净资产报酬率，又称股东权益报酬率，是企业在一定时期内的净利润与平均净资产总额之间的比值。其计算公式如下：

$$净资产报酬率 = 净利润 \div 平均净资产总额 \times 100\%$$

$$平均净资产总额 = (期初净资产 + 期末净资产) \div 2$$

【例 15-14】 根据表 15-1 和表 15-2 的有关数据，计算永信公司 2017 年的净资产报酬率。

$$平均净资产 = (3\,952 + 4\,860) \div 2 = 4\,406（万元）$$

$$净资产报酬率 = 2\,520 \div 4\,406 \times 100\% = 57.19\%$$

通过计算可得，永信公司的净资产报酬率为 57.19%，这表明股东每投入 100 元资本可获得 57.19 元的净利润。

净资产报酬率是评价企业自有资本及其积累获取报酬水平的最具综合性与代表性的指标，反映企业资本运营的综合效益。一般认为，净资产报酬率越高，企业获取收益的能力就越强，运营效益越好，股东投入的资金所获得的收益也就越高。

（三）销售毛利率与销售净利率

1. 销售毛利率

销售毛利率是指企业的销售毛利与营业收入净额的比值。其计算公式如下：

$$销售毛利率 = 销售毛利 \div 营业营业收入净额 \times 100\%$$
$$= (营业收入净额 - 营业成本) \div 营业收入净额 \times 100\%$$

【例 15-15】 根据表 15-2 的有关数据，计算永信公司 2017 年的销售毛利率。

$$销售毛利率 = (18\,742.8 - 8\,380.8) \div 18\,742.8 \times 100\% = 55.29\%$$

通过计算可得，永信公司 2017 年的销售毛利率为 55.29%，这说明每 100 元的营业收入可以为该公司创造 55.29 元的毛利。

销售毛利是指企业营业收入净额与营业成本的差额，可以根据利润表计算得出。营业收入净额是指营业收入扣除销售退回、销售折扣与折让后的净额。销售毛利率反映的是企业营业收入的获利水平，销售毛利率越高，说明企业营业成本控制得越好，盈利能力就越强。

销售毛利率指标具有明显的行业特点。一般来说，营业周期短、固定费用低的行业的销售毛利率水平比较低；营业周期长、固定费用高的行业，则要求有较高的销售毛利率，以弥补其巨大的固定成本。

2. 销售净利率

销售净利率是指企业净利润与营业收入净额的比值，是在企业盈利能力分析中使用最广的一项评价指标。其计算公式如下：

$$销售净利率 = 净利润 \div 营业收入净额 \times 100\%$$

【例 15-16】 根据表 15-2 的有关数据，计算永信公司 2017 年销售净利率。

$$销售净利率 = (2\,520 \div 18\,742.8) \times 100\% = 13.45\%$$

通过计算可得，永信公司的销售净利率为 13.45%，这说明每 100 元的营业收入可以为该公司创造 13.45 元的净利润。

公式中的净利润是指企业各项收益与各项成本费用配比后的净利，所以各年的数额会有较大的变动，应注意结合盈利结构增减变动分析来计算销售净利率指标。

销售净利率表明企业每 100 元营业收入可实现的净利润是多少，它可以评价企业通过销售赚取利润的能力。销售净利率越大，说明企业通过扩大销售获取报酬的能力就越强。

值得注意的是，在实际工作中，有些企业根据上述指标的思路设计出"成本费用利润率"，该指标是企业的利润总额与成本费用总额的比值，它反映企业生产经营过程中发生的耗费与获得的报酬之间的关系。其计算公式如下：

$$成本费用利润率 = 利润总额 \div 成本费用总额 \times 100\%$$

【例 15-17】根据表 15-2 的有关数据，计算永信公司 2017 年的成本费用总额和成本费用利润率。

成本费用总额 = 8 380.8 + 1 352 + 2 740 + 2 100 + 650 + 1 112 = 16 334.8（万元）

成本费用利润率 = 2 520 ÷ 16 334.8 × 100% = 15.43%

通过计算可得，永信公司的成本费用利润率为 15.43%，这说明该公司每耗费 100 元，可获取 15.43 元的净利润。

成本费用总额包括营业成本、税金及附加、销售费用、管理费用和财务费用等。在企业获利水平一定的情况下，成本费用总额越小，成本费用利润率就越高，则说明企业盈利能力越强。类似地，当企业的成本费用总额一定时，利润总额越高，则说明成本费用利润率就越高，企业的盈利能力就越强。

（四）每股收益

每股收益又称每股利润或每股盈余，是指每股发行在外的普通股所能分摊到的净收益额，它是股份公司税后利润分析的一项重要指标。每股收益等于净利润扣除优先股股利之后的余额，除以发行在外的普通股平均股数。其计算公式如下：

每股利润 =（净利润 − 优先股股利）÷ 发行在外的普通股平均股数

【例 15-18】根据表 15-1 和表 15-2 的有关数据，永信公司发行在外的普通股平均股数为 1 500 万股，并且没有优先股，计算永信公司 2017 年的普通股每股利润。

每股利润 = 2 520 ÷ 3 000 = 0.84（元）

每股利润的概念仅适用于普通股，优先股股东除规定的优先股股利之外，对收益没有要求权，因此用于计算每股利润的分子必须等于可分配给普通股股东的净利润，即从净利润中扣除当年宣告或累积的优先股股利。每股利润是评价上市公司投资报酬的核心指标，因此它具有引导投资、增加市场评价功能、简化财务指标体系的作用。一般来说，每股利润越高，企业的盈利能力就越强。

（五）每股股利

普通股每股股利简称每股股利，每股股利又称每股现金股利，是指普通股分配的现金股利总额与期末发行在外普通股股数的比值。其计算公式如下：

每股股利 = 普通股现金股利总额 ÷ 发行在外的普通股股数

= （现金股利总额 − 优先股股利）÷ 发行在外的普通股股数

每股股利反映的是上市公司每一股普通股所获取现金股利的大小。每股股利越高，说明普通股获取的现金报酬越多。每股股利并不完全反映企业的盈利情况和现金流量状况，因此股利分配状况不仅取决于企业的盈利水平和现金流量状况，还与企业的股利分配政策相关。对于偏好现金股利的投资者而言，在充分了解企业财务状况和股利政策的基础上分析比较企业历年的每股股利是非常必要的。

（六）每股净资产

每股净资产又称每股账面价值或每股收益，是指公司股东权益总额与期末发行在外普通股股数之间的比值。其计算公式如下：

每股净资产 = 年末普通股股东权益 ÷ 期末发行在外普通股股数

【例 15-19】根据表 15-1 的有关数据，计算永信公司 2017 年年末的每股净资产。

$$每股净资产 = 4\,860 \div 3\,000 = 1.62（元）$$

每股净资产反映了发行在外的每一普通股所能分配的企业账面净资产的价值。这里所说的账面净资产是指企业账面上的总资产减去负债后的余额，即股东权益总额。

严格地讲，每股净资产并不是衡量公司盈利能力的指标，但是，它会受公司盈利的影响。如果公司利润较高，每股净资产就会随之较快地增长。从这个角度看，该指标与公司盈利能力有密切关系。投资者可以比较分析公司历年的每股净资产的变动趋势，来了解公司的发展趋势和盈利状况。

（七）市盈率

市盈率又称价格盈余比率或价格与收益比率，是指上市公司普通股每股市价相对于每股利润的倍数，反映了投资者对上市公司每股净利润愿意支付的价格，可以用来估计股票的投资报酬和风险。其计算公式如下：

$$市盈率 = 每股市价 \div 每股利润$$

【例15-20】假定永信公司2017年年末的股票价格为每股16元，计算其股票市盈率。

$$市盈率 = 16 \div 0.84 = 19.05$$

市盈率是反映公司市场价值与盈利能力之间关系的一项重要财务比率，投资者对这个比率十分重视。资本市场并不存在一个标准市盈率，对市盈率的分析要结合行业特点和企业的盈利前景。

一般来说，市盈率高，说明投资者对该公司的发展前景看好，愿意出较高的价格购买该公司股票，所以成长性好的公司股票市盈率通常要高一些，而盈利能力差、缺乏成长性的公司股票市盈率要低一些。但是，如果某一种股票的市盈率过高，也意味着这种股票具有较高的投资风险。

第五节 综合分析

一、财务报表综合分析概述

财务报表分析的最终目的在于全方位地了解企业经营理财的状况，并借以对企业经济效益的优劣做出系统、合理的评价。单独分析任何一项财务比率或企业的任何一张报表，都难以全面评价企业的财务状况和经营成果。要想对企业的财务状况和经营成果有一个总的评价，就必须进行相互关联的分析，采用适当的标准进行综合性的评价。

财务报表综合分析是指将企业的偿债能力、盈利能力、营运能力和发展能力等方面的分析纳入一个有机的整体，对企业的各个方面进行系统、全面和综合地分析，从而对企业的财务状况、经营成果和现金流量等做出整体的评价与判断。

企业的经济活动是一个有机的整体，各个方面并不是孤立的，而是相互联系的，因此财务报表综合分析的关键在于综合。对财务报表进行综合分析有利于把握不同财务指标之间的相互关系，有利于正确地评判企业的财务状况和经营成果。联系性、完整性、相关性和发展性是财务报表综合分析的要求和特点，常用的财务报表的综合分析方法有杜邦分析法和财务比率综合评分法。

二、杜邦分析法

杜邦分析法又称杜邦财务分析体系，是指利用各主要财务比率指标间的内在联系，对企业财务状况及经济效益进行综合系统分析和评价的一种方法。该体系是以净资产收益率为龙头，以总资产净利率和权益乘数为分支，重点揭示企业获利能力及权益乘数对净资产收益率的影响，以及各相关指标间的相互作用关系。因这种分析法是由美国杜邦公司首先使用的，故称杜邦分析法。杜邦分析法结构如图15-1所示。

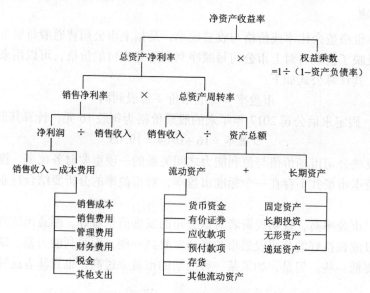

图15-1　杜邦分析结构图

杜邦分析法的核心指标是净资产收益率，也就是权益净利率，该指标具有很好的可比性，可用于不同企业之间的比较。

净资产收益率不仅具有很强的可比性，而且也具有很强的综合性。净资产收益率可以从以下几个分解指标入手：

净资产收益率 = 总资产净利率 × 权益乘数

而资产报酬率又可以拆分为总资产周转率与销售净利率的乘积，即

总资产净利率 = 总资产周转率 × 销售净利率

其中：销售净利率 = 净利润 ÷ 销售收入

总资产周转率 = 销售收入 ÷ 平均资产总额

权益乘数 = 平均资产总额 ÷ 股东权益总额

上述公式表明，决定净资产收益率的指标有三个：销售净利率、总资产周转率以及权益乘数，无论提高其中的哪个比率，净资产收益率都会提高。其中，"销售净利率"是利润表的一种概括表示，"净利润"和"销售收入"两者相除可以概括企业经营成果；"总资产周转率"把利润表和资产负债表联系起来，使净资产收益率可以综合分析评价整个企业的经营成果和财务状况；"权益乘数"是资产负债表的一种概括表示，表明资产、负债和股东权益之间的比例关系，可以反映企业最基本的财务状况。在对指标进行分解之后就可以将影响

净资产收益率这一综合指标升降变化的原因加以具体化，进而可以全面、系统地揭示企业的经营成果和财务状况。

三、财务比率综合评分法

财务比率综合评分法又称沃尔评分法，是指通过对选定的几项财务比率进行评分，然后计算出综合得分，并据此评价企业的综合财务状况的方法。因为最早采用这种方法的是亚历山大·沃尔，故称沃尔评分法。1928年亚历山大·沃尔在《信用晴雨表研究》和《财务报表比率分析》两本著作中采用评分方法对企业的信用状况进行综合评价，并提出了信用能力指数的概念。他选择了七个财务比率，包括流动比率、产权比率、固定资产比率、存货周转率、应收账款周转率、固定资产周转率和股权资本周转率，并且对各项财务比率分别给定不同的权重，然后以行业平均数为基础确定各项财务比率的标准值，将各项财务比率的实际值与标准值进行比较，得出一个关系比率，将此关系比率与各项财务比率的权重相乘得出总评分，以此来评价企业的信用状况。在沃尔之后，这种方法不断发展，成为对企业进行财务综合分析的一种重要方法。

参 考 文 献

[1] 中华人民共和国财政部．企业会计准则［M］．北京：经济科学出版社，2006．
[2] 中华人民共和国财政部．企业会计准则——应用指南［M］．北京：经济科学出版社，2006．
[3] 中国注册会计师协会．会计［M］．北京：中国财政经济出版社，2017．
[4] 孙丽雅，王洪丽．会计学［M］．大连：东北财经大学出版社，2018．
[5] 路国平，黄中生．中级财务会计［M］．2版．北京：高等教育出版社，2017．
[6] 刘永泽．中级财务会计［M］．5版．大连：东北财经大学出版社，2016．
[7] 企业会计准则编审委员会．企业会计准则［M］．上海：立信会计出版社，2017．
[8] 企业会计准则编审委员会．企业会计准则应用指南［M］．上海：立信会计出版社，2017．
[9] 企业会计准则编审委员会．企业会计准则案例讲解［M］．上海：立信会计出版社，2017．
[10] 徐经长，孙蔓莉，周华．会计学［M］．4版．北京：中国人民大学出版社，2017．
[11] 刘永泽．会计学［M］．5版．大连：东北财经大学出版社，2016．
[12] 陆正飞，黄慧馨，李琦．会计学［M］．3版．北京：北京大学出版社，2016．
[13] 陈信元．会计学［M］．2版．上海：上海财经大学出版社，2005．
[14] 财政部会计资格评价中心．初级会计实务［M］．北京：经济科学出版社，2017．
[15] 胡玉明．会计学：经理人视角［M］．北京：中国人民大学出版社，2017．
[16] 魏亚平，张慧敏，李瑛．会计学基础［M］．北京：经济科学出版社，2006．
[17] 曹明成，谭文．财务指标解析与实践［M］．北京：中国宇航出版社，2018．
[18] 葛家澍．中级财务会计［M］．北京：中国人民大学出版社，1999．
[19] 注册会计师全国统一考试中心．会计［M］．北京：人民邮电出版社，2018．
[20] 全国会计专业技术资格考试专用教材编委会：中级财务会计实务［M］．北京：中国铁道出版社，2017．
[21] 财政部会计资格评价中心．初级会计实务［M］．北京：经济科学出版社，2017．
[22] 仲怀公，陈宏．基础会计［M］．南京：河海大学出版社，2010．